Integrationspotenziale von Religion und Zivilgesellschaft

Religion – Wirtschaft – Politik

—

—

Band 14 – 2016

Edmund Arens | Martin Baumann | Antonius Liedhegener

Integrationspotenziale von Religion und Zivilgesellschaft

Theoretische und empirische Befunde

Nomos

Bibliografische Informationen der Deutschen Nationalbibliothek

Die Deutsche Nationalbibliothek verzeichnet diese Publikation in der Deutschen Nationalbibliografie; detaillierte bibliografische Daten sind im Internet über http://dnb.d-nb.de abrufbar.

Druck: ROSCH-BUCH, Scheßlitz

Pano Verlag, Zürich www.pano.ch
Nomos Verlagsgesellschaft, Baden-Baden www.nomos.de

ISBN 978-3-290-22036-5 Pano Verlag
ISBN 978-3-8487-3188-6 Nomos Verlag (Print)
ISBN 978-3-8452-7552-9 Nomos Verlag (ePDF)

Inhalt

Einleitung

Die verstärkte Aufmerksamkeit, die Religion und Religionsgemeinschaften in den Gegenwartsgesellschaften Europas in Medien, Politik und Wissenschaft zukommt, ist mittlerweile nicht mehr erklärungsbedürftig. Zu sehr ist in den Medien und den politischen Gremien die Pluralität von religiösen Gemeinschaften, kontrovers diskutierten religiösen Symbolen in der Öffentlichkeit und nicht zuletzt religiös begründeten Attentaten in Paris, den USA, im Irak und in Nigeria zu einem Hauptthema geworden. Galt Religion in Westeuropa im ausgehenden 20. Jahrhundert angesichts von Säkularisierungs- und Individualisierungsprozessen Politikern, Journalisten und vielen Sozialwissenschaftlern auf dem unweigerlichen Weg des Verschwindens – trotz gegenläufiger Befunde wie der iranischen Revolution 1979, dem Erstarken der *Christian Right* in den USA der 1980er-Jahre oder dem Fortbestehen starker katholischer Bindungen in Polen –, umso verunsicherter zeigen sich breite Bevölkerungskreise, Meinungsmacher und Entscheidungsträger heute.[1] Das Pendel der Wahrnehmung gesellschaftlicher Bedeutung von Religion scheint nach dem Ausschlag in Richtung Niedergang und Verschwinden nun stärker in Richtung hohe Vitalität und religiöse Potenz auszuschlagen.

Auffallend und für eine adäquate Einschätzung erschwerend ist dabei jedoch eine in der breiten Bevölkerung zu konstatierende «generelle Religionsdistanziertheit», ein «religiöser Analphabetismus».[2] Dieser vermag religiöse Symbole, Inhalte, Deutungen und den gesellschaftlichen Stellenwert von Religion nur noch unzureichend einzuordnen; er begegnet selbstbewusst vertretener Religiosität mit Befremden, Verunsicherung und Abwehr. Mit Blick auf den hohen Stellenwert, den Medien und Politik der Religion und den Religionsgemeinschaften angesichts schwindendem Gemeinwohlengagement als «Bindekitt» für den Zusammenhalt der Gesellschaft, jedoch auch als Gefahr für Destabilisierung und Desintegration zurechnen, betont Christoph Bochinger, «möglichst zurückhaltend mit religiösen Begründun-

1 Zur besseren Lesbarkeit wird lediglich ein Geschlecht genannt und wie an dieser Stelle üblich sind selbstverständlich alle Geschlechter mitgemeint.

2 Bochinger, Religionen, Staat und Gesellschaft, 232. Die Befunde für die Schweiz dürften in unterschiedlichem Ausmaß auch für viele weitere Länder Europas gelten.

gen für gesellschaftliche Problemlagen umzugehen».[3] Nicht bei allen Themen wie etwa Geschlechterungleichbehandlung, Kriminalitätsraten, Bildungs- und Integrationsfragen besitzt Religion die ihr vorschnell zugeschriebene Relevanz.

Um einen sensiblen und in den Analysen und Interpretationen abwägenden Umgang mit dem gesellschaftlichen Stellenwert von Religion und Religionsgemeinschaften in der Schweiz und in ausgewählten Ländern Europas geht es dem universitären Forschungsschwerpunkt REGIE. Das Akronym steht für «Religion und gesellschaftliche Integration in Europa», dem Ende 2009 an der Universität Luzern eingerichteten interdisziplinären Forschungsverbund. Der mit einer Laufzeit von fünf, später auf sieben Jahre verlängerte Forschungsschwerpunkt hat zum Ziel, im gesellschaftlichen Spannungsfeld von individueller Religionsdistanziertheit und medialpolitischer Religionsdramatisierung das Leistungsvermögen von Religion zur gesellschaftlichen Integration oder Desintegration zu erforschen. Anders formuliert, untersucht der Forschungsverbund, wie und unter welchen Bedingungen Religion und Religionen sich positiv oder negativ auf den Zusammenhalt und die Stabilität demokratisch-rechtsstaatlicher Gesellschaften auswirken. Die Beantwortung der Grundfrage kann angesichts zeitlicher, finanzieller und personeller Begrenzungen dabei nur in thematischen Ausschnitten und exemplarischen Tiefenbohrungen erfolgen. Beteiligt sind fünf Teilprojekte aus fünf disziplinären bzw. fachlichen Perspektiven: Fundamentaltheologie, Dogmatik, Kirchengeschichte, Politikwissenschaften und Religionswissenschaft. Die Mitglieder des Forschungsverbunds, Edmund Arens, Wolfgang W. Müller, Markus Ries, Antonius Liedhegener und Martin Baumann, verfolgen in ihren Teilprojekten einander ergänzend je unterschiedliche theoretische, historische, empirische und/oder systematische Zugänge, um einen Beitrag zur Fragestellung zu leisten. Darüber hinaus bestehen Kooperationen zu interdisziplinären Zentren und Forschungsclustern, so insbesondere zum Zentrum für Religion, Wirtschaft, Politik (ZRWP) der Universitäten Luzern, Zürich, Basel, Lausanne und Fribourg,[4] dem Exzellenzcluster Religion und Politik an der Universität Münster[5] und der gemeinsam mit Religionsforschern von der Universität

3 Ebd., 231. Bochinger war Präsident der Leistungsgruppe des Nationalen Forschungsprogramms «Religionsgemeinschaften, Staat und Gesellschaft» (NFP 58, 2007–2010) des Schweizerischen Nationalfonds.

4 Siehe im Detail www.zrwp.ch.

5 Siehe im Detail www.religion-und-politik.de.

Leipzig getragenen Forschergruppe «New Dynamics in Religion, Politics and Society in Europe».

Der vorliegende Band 2 *Integrationspotenziale von Religion* ist Teil der auf drei Bände konzipierten Publikation der Resultate mehrjähriger Zusammenarbeit des Forschungsschwerpunkts REGIE. Der erste Band *Integration durch Religion?*[6] führt wichtige Ergebnisse des internationalen Kongresses zusammen, den der Forschungsschwerpunkt im Juni 2012 an der Universität Luzern organisierte. Die versammelten elf Beiträge heben in historischer, gesellschaftlicher und rechtlicher Perspektive die Vielschichtigkeit sowohl der Integrationsfrage sowie -grade als auch der Verortung der Bedeutung von Religion in diesem Zusammenhang hervor. Ein Resultat verschiedener Beiträge ist, dass Religion und Religionsgemeinschaften über die Bildung von Gemeinschaften soziales Vertrauen, freiwilliges Engagement und Beziehungen bzw. Netzwerke zwischen Personen und Gruppen bilden. Auf dieser Grundlage fördern sie gesellschaftliche Kooperation und dadurch Integration. Religion als Beitrag zu gesellschaftlicher Integration kommt hier erst indirekt über Beziehungs- und Kommunikationsformen als soziale Institution und Gelegenheitsstruktur zum Tragen. Je nach Konjunktur gesellschaftlich dominant bearbeiteter Fragen können Religionsgemeinschaften dabei als Teil der Zivilgesellschaft staatliche Ordnungspolitik komplementär unterstützen oder in kritischer Distanz sozialen Protest und Veränderung fördern. Der Rechtsstaat räumt Religionsgemeinschaften dazu Freiräume ein, definiert zugleich jedoch in einem «rechtlichen Inkorporationsregime» – ein Begriff, der bewusst den Integrationsbegriff vermeidet – Wege und Spielräume der Kooperation von Staat und Religionsgemeinschaften. Über religiöse Vergemeinschaftung kann schließlich auch eine Selbstisolation und damit gesellschaftliche Absonderung erfolgen (Desintegration), wobei historisch gesehen bis auf wenige Ausnahmen im Laufe der Jahrzehnte solche religiösen «Sondergesellschaften» und Milieus den Weg in die bürgerliche Gesellschaft fanden.

Auf der Grundlage dieser Resultate und neuerer Forschungsliteratur fragt der vorliegende Band 2 spezifisch nach den Potenzialen von Religion, Prozesse gesellschaftlicher Teilhabe und Integration in gegenwärtigen Kontexten entweder zu hemmen, zu ermöglichen oder zu fördern. In welchen Ausprägungen von Religion – als privat individuell, gruppenbasiert oder öffentlich –, in welchen zivilgesellschaftlichen Einbindungen von Religion und in welchen gesellschaftlichen Kontexten kommen stärkere, schwächere

6 Arens et al., Hg., Integration durch Religion?

oder gar keine Integrationspotenziale von Religion und Religionen zum Tragen? Der abschließende Band 3 *Integration und Identität* wird den unterschiedlichen identitären Sozialformen und Konfigurationen nachgehen und deren Bedeutung für gesellschaftliche Integrationsprozesse untersuchen. Das Erscheinen des dritten Bandes ist für das Frühjahr 2017 geplant.

Zwei Schlüsselbegriffe des Titels, jene im Kompositum «Integrationspotenzial», gilt es vor der Vorstellung der drei im vorliegenden Buch versammelten Studien zu klären. Während der Begriff des Potenzials, der aus den Naturwissenschaften stammt und mittlerweile im allgemeinen Wortschatz gängig ist, mit den Bedeutungen von Vermögen, Stärke und Fähigkeit zur Entwicklung erläutert werden kann, scheint es beim Begriff der «Integration» deutlich schwieriger, die semantischen Bedeutungen einzugrenzen. Der alltägliche Gebrauch des Begriffs betont Themen der Anpassung an übliche Gewohnheiten und des Eingliederns in bestehende soziale Zusammenhänge. Die Bringschuld der Integration wird dabei alleinig den Zugezogenen, «Fremden» und Immigranten aufgebürdet. In diesem Verständnis nimmt Integration weitgehend die Bedeutung von Assimilation mit Aufgabe von Eigenem zugunsten des gesellschaftlich und im engeren Sozialumfeld Vorgefundenen an.

Im deutlichen Unterschied zu diesen (Alltags-)Verständnissen legt der Forschungsschwerpunkt REGIE ein breites sozial- und geisteswissenschaftliches Verständnis von Integration zugrunde.[7] Für gegenwärtige, demokratisch-rechtsstaatliche Gesellschaften beziehen wir den Begriff der Integration auf unterschiedliche Teilbereiche: Wir sprechen von sozialer Integration im Sinne der Einbeziehung von Individuen und kleineren sozialen Gruppen in übergeordnete (kleinere wie größere) Gruppen sowie im Sinne eines Mindestmaßes an Teilhabe von allen Gesellschaftsmitgliedern, die dies möchten, an den grundlegenden materiellen und kulturellen Gütern einer Gesellschaft.[8] Unter politischer Integration verstehen wir die Einbindung von Personen, Gruppen und Organisationen in die politische Ge-

7 In sozial- und geisteswissenschaftlicher Literatur sind Bestimmungen und Differenzierungen zum Integrationsbegriff zahlreich, hier sollen nur einige wenige Studien genannt sein, die für unsere gemeinsamen Forschungen anregend und hilfreich waren: Friedrichs/Jagodzinski, Theorien sozialer Integration; Klein, Zivilgesellschaft und Sozialkapital; Krech, Integrationstheorie, religionswissenschaftlich; Luft/Schimany, Integration von Zuwanderern; Mammey, Der Integrationsbegriff; Münch, Elemente einer Theorie der Integration, Nohlen, Integration sowie Schimank, Integration. Unsere nachfolgenden definitorischen Klärungen bauen darauf auf.

8 Dazu einschlägig Vortkamp, Integration durch Teilhabe.

meinschaft einer regionalen, nationalen oder supranationalen politischen Ordnung. Dies setzt in Demokratien die (erfolgreiche) Aggregation politischer Interessen und deren Umwandlung im politischen Entscheidungsprozess und die Akzeptanz sicherlich nicht jeder einzelnen erzielten politischen Entscheidung, aber zumindest doch der grundlegenden politischen Ordnungsentscheide einer Gesellschaft voraus. Politische Integration setzt also auf die Integration von Einzelnen und Gruppen durch Beteiligung am politischen Wettbewerb in eine politische Ordnung und das sie tragende politische System als solches. Für die Transmission sowohl von Forderungen und Beteiligungswünschen in die Politik als auch für die Vermittlung politischer Unterstützung für eine politische Ordnung und ihrer Institutionen und Entscheidungsträger ist die Zivilgesellschaft als Teil des intermediären Raums in ausdifferenzierten Gesellschaften eine zentrale Größe. Auch in anderen Teilsystemen moderner, differenzierter Gesellschaften werden Integrationsleistungen erbracht. So verstehen wir etwa die Entstehung funktionierender nationaler bzw. transnationaler Märkte als Ergebnis wirtschaftlicher Integration. Und schließlich verstehen wir unter systemischer Integration die Funktionstüchtigkeit der einzelnen gesellschaftlichen Teilsysteme sowie vor allem das Zusammenwirken der Teilsysteme; im Idealfall stützen sich die gesellschaftlichen Teilsysteme in ihrer jeweiligen Funktionserfüllung wechselseitig, zumindest aber muss man für ein Mindestmaß an systemischer Integration verlangen, dass die Teilsysteme nicht dauerhaft dysfunktional aufeinander einwirken. Ein Wirtschaftssystem, das nur unzureichende Leistungen erbringt oder dessen Erträge zahlreiche Gesellschaftsmitglieder nicht erreichen, löst in aller Regel destabilisierende Wirkungen aus, die nur bedingt durch Politik, Zivilgesellschaft oder Familien und kleine Lebensgemeinschaften ausgeglichen werden können. Soziale, politische, wirtschaftliche und systemische Integration müssen nicht nur für sich, sondern immer auch in ihrem Zusammenwirken begriffen werden. Die Gesamtheit solcher Integrationsleistungen von Individuen, Gruppen und Organisationen in Teilsystemen sowie der Teilsysteme auf systemischer Ebene soll hier als gesellschaftliche Integration bezeichnet werden.

Die sich daraus ergebenden Untersuchungsmöglichkeiten sind zahlreich. Im Blick auf Religion eröffnet etwa die Perspektive der sozialen und politischen Integration die Möglichkeit, danach zu fragen, wie und unter welchen Bedingungen Religion bzw. Religionsgemeinschaften sich positiv oder negativ auf den Zusammenhalt von Gesellschaft und demokratischem Staat auswirken: eine Zentralfrage von REGIE. Zugrunde gelegt hat der Forschungsschwerpunkt dazu vergleichende – diachrone und synchrone –

Zugänge, wobei die international geführten, vielfach von amerikanischen Forschungszusammenhängen ausgehenden Theoriedebatten zu Religion, Zivilgesellschaft, Öffentlichkeit und Politik als Referenzpunkte nicht außer Acht gelassen wurden. Als wichtig zeigt sich hier der Anschluss unter anderem an José Casanovas Konzept der *Public religions*,[9] Jürgen Habermas' Begriff der postsäkularen Gesellschaft[10] und Robert Putnams Überlegungen zum Zusammenhang von Religion und bürgerschaftlichem Engagement.[11]

Beiträge des Bandes

Dieser Band versammelt drei ausführliche, als Resümee jeweiliger Teilprojekte konzipierte Beiträge. Die Beiträge der im Forschungsschwerpunkt beteiligten Kollegen Markus Ries aus der Kirchengeschichte und Wolfgang W. Müller aus der Dogmatik werden aufgrund thematisch besserer Passung in den Nachfolgeband 3 *Integration und Identität* aufgenommen. Die drei hier folgenden Texte behandeln aus unterschiedlichen Perspektiven die zugrunde liegende Frage, welche Rolle Religion und Religionsgemeinschaften angesichts der Gegenwartsgeschichte Europas heute für die soziale und politische Integration demokratischer Gesellschaften spielen.

Programmatisch spricht der Titel von *Integrationspotenzialen von Religion*, und dies in mehrfacher Hinsicht: Historisch wie gegenwärtig kann durch Religionen einerseits eine starke Integration ihrer Mitglieder nach innen, d.h. mehr oder weniger exklusiv in die jeweilige Gemeinschaft erfolgen. Dies zeigt sich etwa am Beispiel ultramontaner Milieus in Belgien, Deutschland und der Schweiz im 19. Jahrhundert. Im Kontext gesellschaftlicher Marginalisierung im Kulturkampf boten die ultramontanen Gemeinschaften den Mitgliedern einen sicheren Rückzugsort.[12] Auch in religiösen Gemeinschaften von Immigranten in der gegenwärtigen Schweiz, ebenso in anderen europäischen Ländern oder den USA, bieten Moscheen, christlich-orthodoxe Kirchen, Tempel und Pagoden den Zuwanderern eine Binnenintegration und kleine Heimat in der Fremde, wie Martin Baumann in seinem Beitrag aufzeigt. Diese Binnenintegration kann Voraussetzung für Schritte

9 Vgl. Casanova, Public Religions, sowie Casanova, Public Religions Revisited.

10 Vgl. Habermas, Glauben und Wissen, sowie Habermas, Vorpolitische Grundlagen des demokratischen Rechtsstaates?.

11 Vgl. Putnam, Bowling Alone, sowie Putnam/Campbell, American Grace.

12 Vgl. Altermatt, Katholizismus und Moderne; Damberg, Moderne und Milieu, Liedhegener, Christentum und Urbanisierung, sowie Borutta, Antikatholizismus.

zu einer gesellschaftlichen Teilhabe sein und beinhaltet damit Integrationspotenziale. Andererseits kann eine Binnenintegration gekoppelt mit einem Überlegenheitsanspruch und religiös legitimierter Ablehnung der Werte und Ideale demokratisch-rechtstaatlicher Gesellschaften auch zu Prozessen sozialer Absonderung bis hin zu Radikalisierung führen. Der liberale Rechtsstaat ermöglicht nicht nur Religionsfreiheit, sondern auch die Freiheit zu bewusst gesuchter religiöser Desintegration. Diese Freiheit endet jedoch auch in demokratischen Gemeinwesen, sobald die «dunkle Seite des *sacré*» und damit die zerstörerischen Aspekte von Religion mit gewaltsamen Mitteln die gesellschaftliche Ordnung bedrohen oder angreifen.[13] Nicht jede starke Binnenintegration religiöser Gruppen wirkt automatisch desintegrierend auf ihr größeres gesellschaftliches Umfeld, aber scharfe, religiös begründete oder konnotierte Abgrenzungen können den gesellschaftlichen Zusammenhalt belasten oder gar sprengen, etwa wenn sie zur Legitimation und Mobilisierung von Bürgerkriegen dienen.

Religion kann andererseits Potenziale zur gesellschaftlichen Integration bereitstellen. Edmund Arens widmet sich aus einer systematisch-theoretischen Perspektive der Bedeutung von Öffentlichkeit für Religion und Religionen und argumentiert im Anschluss an José Casanova, dass gerade öffentliche Religionen in der Zivilgesellschaft Möglichkeiten zur Integration eröffnen. Antonius Liedhegener wendet sich in seinem Beitrag aus politikwissenschaftlicher Perspektive dem Stellenwert von Religionen in der Zivilgesellschaft und ihren Potenzialen für die soziale und systematische Integration zu. Seine Analysen zeigen, dass selbst in einem vergleichsweise säkularen Land von den verschiedenen Dimensionen von Religion und Religiosität positive Effekte auf das zivilgesellschaftliche Engagement und damit auf wesentliche Ressourcen des gesellschaftlichen Zusammenhalts ausgehen. Martin Baumann schließlich weist in seiner religionswissenschaftlichen Untersuchung religiöser Gemeinschaftsorte von Immigranten auf, dass im Gegensatz zu «einfachen» Mitgliedern und Gläubigen gerade Funktionsträger wie Priester, Imame oder Vereinspräsidenten aufgrund ihrer Positionen und damit ermöglichter Kontakte zu Behörden, Politikern und Vertretern anderer Religionen erhöhte Optionen zur gesellschaftlichen Teilhabe und Mitsprache und damit Integration haben.

13 Zitat Maroquín/Seiwert, Das Collège de Sociologie, 143.

Die Beiträge widmen sich im Einzelnen in unterschiedlichen systematischen, empirischen und theoretischen Zugängen der Auslotung von Integrationspotenzialen von Religion und Religionen in Gesellschaft und Zivilgesellschaft. Der erste Beitrag, verfasst vom Fundamentaltheologen Edmund Arens, will die Bedeutung von Öffentlichkeit für Religion und Religionen herausstellen. Der Autor argumentiert, dass Religion eine öffentliche Angelegenheit ist. Religionen sind in der Öffentlichkeit präsent; sie agieren im öffentlichen Raum; sie beanspruchen darin Platz und Präsenz, um so ihre Anliegen, Überzeugungen und Praktiken zur Geltung zu bringen.

Arens greift auf vier wichtige Konzeptionen von Öffentlichkeit zurück, wie sie Jürgen Habermas, Niklas Luhmann, Jeffrey Alexander sowie Volker Gerhardt erarbeitet haben. Darin erscheinen die diskursive, mediale, performative sowie politisch organisierte Öffentlichkeit als zu berücksichtigende Dimensionen. Im Weiteren wird die Öffentliche Religion in postsäkularer Gesellschaft thematisiert. Zudem kommen vor allem im Anschluss an José Casanova[14] öffentliche Religionen zur Sprache, die sich insbesondere in der Zivilgesellschaft verorten. Öffentlichen Religionen sind Potenziale eigen, welche die gesellschaftliche Integration erleichtern und befördern. Abschließend wird die Öffentliche Theologie thematisiert. Bei dieser, so der Autor, handle es sich um eine Reflexionsinstanz öffentlicher Religion(en), die Prozesse der Integration sowohl zu stimulieren als auch kritisch zu reflektieren vermag.

Im zweiten Beitrag wendet der Religionswissenschaftler Martin Baumann den Blick in die Gegenwart mit der Zielsetzung, mögliche Integrationspotenziale religiöser Gemeinschaften von Immigranten und Immigrantinnen zu analysieren. Immigranten und ihre Gemeinschaften werden im gesellschaftlichen Diskurs des ausgehenden 20. und frühen 21. Jahrhunderts vielfach als nicht oder nur ansatzweise zur Gesellschaft gehörig wahrgenommen. Gerade Moscheen und islamische Gebetsräume werden von einigen Medienvertretern und konservativen Politikern und Politikerinnen als gesellschaftlich desintegriert und latent gefährlich beargwöhnt. Entgegen diesem Gefährdungs- und Defizitdiskurs argumentiert der Beitrag, dass religiöse Gemeinschaften Integrationsprozesse von Immigranten und Immigrantinnen unterstützen können. Den Grad eines stärkeren oder schwächeren Integrationsvermögens analysiert Baumann mithilfe des Integrationskonzepts von Wolfgang Vortkamp. Der Sozialwissenschaftler versteht

14 Vgl. Casanova, Public Religions.

Integration als unterschiedliche, aktive oder passive Formen der Teilhabe an den Möglichkeiten und Ressourcen der Gesellschaft.[15] Inwiefern tragen Angebote und Dienstleistungen in Moscheen, christlich-orthodoxen Kirchen und hinduistischen Tempeln zu Schritten einer gesellschaftlichen Teilhabe bei? Der Beitrag verdeutlicht, dass viele Dienstleistungen zuvorderst der Binnenintegration dienen und lediglich zu Formen schwacher Integration und nur anfänglichen Schritten gesellschaftlicher Teilhabe beitragen. Funktionsträger wie Imame, Priester und Vorstandspersonen können jedoch aufgrund ihrer Positionen vielfältige Kontakte zu Behörden, Vertretern anderer Religionen, Medien und Politikern aufbauen. Diese Beziehungsarbeit ermöglicht ihnen Formen stärkerer Teilhabe und leistet damit in den Begriffen Vortkamps eine aktive Integration.

Der dritte Beitrag von Antonius Liedhegener thematisiert aus politikwissenschaftlicher Perspektive die Beziehung von Religion zu Zivilgesellschaft und gesellschaftlicher Integration. Exemplarisch wird dies erstmals detailliert für die Schweiz untersucht. Liedhegener nutzt die besonders guten Survey-Daten des Freiwilligenmonitors 2009 für eine Sekundäranalyse des Zusammenhangs von Religion und zivilgesellschaftlichem Engagement. Dazu wird Religion entlang mehrerer Dimensionen operationalisiert. Auf der Ebene der Individuen wird Religion sowohl durch den klassischen sozialstrukturellen Indikator der Religions- bzw. Konfessionszugehörigkeit erfasst als auch im Anschluss an jüngere religionssoziologische Arbeiten als eine (höchst) individuelle Haltung bzw. lebenspraktisch relevante Form der Sinngebung, die sich typologisch über die Kombination von öffentlicher religiöser Praxis und individueller Religiosität beschreiben lässt. Mit bivariaten und multivariaten Verfahren wird der Einfluss von Religion als sozialstrukturelles Gruppenmerkmal sowie über die gebildeten Typen von Religiosität auf das zivilgesellschaftliche Engagement und die Motivation zum zivilgesellschaftlichen Handeln gemessen. Auch bei Kontrolle auf Drittvariablen bleibt Religion in beiden Varianten für das zivilgesellschaftliche Engagement eine förderliche Größe. Religion wirkt als solche. Religion macht für die Zivilgesellschaft der Schweiz einen kleinen, aber feinen Unterschied. Der aufgrund der politischen Geschichte der Schweiz und insbesondere der historischen gezeigten Bedeutung des katholischen Milieus[16] zu vermutende, besondere Beitrag von religiösen Bindungen für ein (partei-)politisches Engagement lässt sich für die Gegenwart freilich nicht mehr nachweisen.

15 Vgl. Vortkamp, Integration durch Teilhabe.

16 Vgl. Altermatt, Katholizismus und Moderne; Seitz, Geschichte der politischen Gräben.

Eine fortschreitende gesellschaftliche Integration fördert über Religions- und Weltanschauungsgrenzen hinweg, so könnte man diesen Befund interpretieren, die Angleichung von politischen Handlungsmustern und deren Verteilung in der Bevölkerung.

Die Verantwortlichen des Forschungsschwerpunkts REGIE danken allen Personen, die an der Erstellung dieses zweiten REGIE-Bandes mitgewirkt haben. Gedankt sei zuallererst dem Rektor der Universität Luzern, Herrn Prof. Dr. Paul Richli, der die Weiterführung des universitären Forschungsschwerpunkts «Religion und gesellschaftliche Integration in Europa» von 2014 bis Ende 2016 ermöglicht hat. Ein spezieller Dank gebührt der Koordinatorin des Forschungsschwerpunkts REGIE, Frau Daria Serra, sowie ihrer Vertretung, Frau Lea Schläfli, für ihre ebenso zuverlässige wie kompetente Mitarbeit bei der Organisation der jährlichen REGIE-Forschungstage und insbesondere bei der Vorbereitung des vorliegenden Buches.

Zudem haben wir uns bei den Personen zu bedanken, die uns auf dem Weg zur Publikation ebenso tatkräftig wie zuverlässig unterstützt haben: Frau Dr. Monika Glavac verdanken wir die Lektorierung und Formatierung der Beiträge sowie die Erstellung der Druckvorlage, Frau Beate Bernstein und Frau Frauke Schafft von der Nomos Verlagsgesellschaft die zügige Drucklegung und zusammen mit dem Verlag TVZ/Pano die erfreuliche Begleitung bei der Veröffentlichung.

Luzern, im Mai 2016
Edmund Arens
Martin Baumann
Antonius Liedhegener

Literatur

Altermatt, Urs, Katholizismus und Moderne. Zur Sozial- und Mentalitätsgeschichte der Schweizer Katholiken im 19. und 20. Jahrhundert, Zürich [2]1991.

Arens, Edmund/Baumann, Martin/Liedhegener, Antonius/Müller, Wolfgang W./Ries, Markus, Hg., Integration durch Religion? Geschichtliche Befunde, gesellschaftliche Analysen, rechtliche Perspektiven, Zürich 2014.

Bochinger, Christoph, Religionen, Staat und Gesellschaft: Weiterführende Überlegungen, in: ders., Hg., Religionen, Staat und Gesellschaft. Die Schweiz zwischen Säkularisierung und religiöser Vielfalt, Zürich 2012, 209–241.

Borutta, Manuel, Antikatholizismus. Deutschland und Italien im Zeitalter der Kulturkämpfe, Göttingen 2011.

Casanova, José, Public Religions in the Modern World, Chicago 1994.

Casanova, José, Public Religions Revisited, in: de Vries, Hent, Hg., Religion. Beyond a Concept. New York 2008.

Damberg, Wilhelm, Moderne und Milieu 1802–1998, Münster 1998.

Friedrichs, Jürgen/Jagodzinski, Wolfgang, Theorien sozialer Integration, in: Dies., Hg., Soziale Integration (= KZSS, Sonderheft 39), Opladen 1999.

Habermas, Jürgen, Glauben und Wissen. Friedenspreis des deutschen Buchhandels 2001, Frankfurt a. M. 2001.

Habermas, Jürgen, Vorpolitische Grundlagen des demokratischen Rechtsstaates?, in: ders., Zwischen Naturalismus und Religion, Frankfurt a. M. 2005, 106–118.

Klein, Ansgar, Hg., Zivilgesellschaft und Sozialkapital. Herausforderungen politischer und sozialer Integration, Wiesbaden 2004.

Krech, Volkhard, Integrationstheorie, religionswissenschaftlich, in: Religion in Geschichte und Gegenwart, Bd. 4, Tübingen [4]2008, 182.

Liedhegener, Antonius, Christentum und Urbanisierung. Katholiken und Protestanten in Münster und Bochum 1830-1933, Paderborn u.a. 1997.

Luft, Stefan/Schimany, Peter, Hg., Integration von Zuwanderern. Erfahrungen, Konzepte, Perspektiven, Bielefeld 2010.

Mammey, Ulrich, Der Integrationsbegriff in der deutschsprachigen Sozial- und Politikwissenschaft, in Haug, Sonja/Diehl, Claudia, Hg., Aspekte der Integration. Eingliederungsmuster und Lebenssituation italienisch- und türkischstämmiger junger Erwachsener in Deutschland, Wiesbaden, 2005, 23–49.

Marroquín, Carlos/Seiwert, Hubert, Das Collège de Sociologie: Skizze einer Religionstheorie moderner Gesellschaften, in: Zeitschrift für Religionswissenschaft 4, 1996, 135–150.

Münch, Richard, Elemente einer Theorie der Integration moderner Gesellschaften. Eine Bestandsaufnahme, in: Berliner Journal für Soziologie 1, 1995, 5–24.

Nohlen, Dieter, Integration, in: ders., Hg., Lexikon der Politik, Bd. 7: Politische Begriffe, München 1998, 277–279.

Putnam, Robert D., Bowling Alone. The Collapse and Revival of American Community, New York et al. 2000.

Putnam, Robert D./Campbell, David E., American Grace. How Religion Divides and Unites Us, New York 2010.

Schimank, Uwe, Integration, gesellschaftliche, in: Gosepath, Stefan/Hinsch, Wielfried/Rössler, Beate, Hg., Handbuch der Politischen Philosophie und Sozialphilosophie, Bd. 1, Berlin 2008, 554–557.

Seitz, Werner, Geschichte der politischen Gräben in der Schweiz. Eine Darstellung anhand der eigenössischen Wahl- und Abstimmungsergebnisse von 1848 bis 2012, Zürich/Chur 2014.

Vortkamp, Wolfgang, Integration durch Teilhabe. Das zivilgesellschaftliche Potential von Vereinen, Frankfurt a. M. 2008.

Edmund Arens

Going public – Öffentliche Religionen und Öffentliche Theologie

1. Einleitung

Religion ist eine öffentliche Angelegenheit. Religionen sind in der Öffentlichkeit präsent; sie bewegen sich und sie agieren im öffentlichen Raum; sie beanspruchen darin Platz und Präsenz, bringen darin ihre Anliegen, Überzeugungen und Praktiken ein und suchen sie zugleich zur Geltung zu bringen. Religiöse Gruppen, Gemeinschaften, Organisationen und Institutionen machen ihre Themen und Interessen publik. Sie machen von der öffentlichen Sphäre Gebrauch, um darin für ihre Überzeugungen einzutreten, dafür zu werben, diese zu verkündigen, zu verteidigen, zu rechtfertigen und dafür zu streiten.

In der Öffentlichkeit gelangen Religionsgemeinschaften zu Sichtbarkeit und Zugänglichkeit. Öffentlichkeit ist nicht nur ein Raum der Artikulation sowie der Repräsentation, sondern zugleich eine Arena von Konflikten, Austragungsort von religionsinternen und interreligiösen Auseinandersetzungen zwischen Gläubigen, Andersgläubigen und Nichtgläubigen. In der öffentlichen Sphäre werden zudem Beziehungen und Verbindungen zwischen religiösen Individuen und Gemeinschaften hergestellt, bestätigt, bestritten und verweigert; damit werden einerseits Barrieren errichtet und zementiert, andererseits Brücken gebaut und ausgebaut. Öffentlichkeit erscheint zudem auch als Ort der theologischen Reflexion auf Religion.

Dieser Beitrag möchte die Bedeutung verschiedener Dimensionen von Öffentlichkeit für Religion und Religionen herausstellen. Er will aufzeigen, dass öffentliche Religionen sich in mehrfacher Hinsicht in der Zivilgesellschaft verorten und dass ihnen Potenziale eigen sind, welche die gesellschaftliche Integration erleichtern und befördern. Zudem soll öffentliche Theologie als Reflexionsinstanz öffentlicher Religion(en) zur Sprache kommen, welche die Prozesse der Integration sowohl stimulieren als auch kritisch reflektieren kann.

2. Konzeptionen von Öffentlichkeit

Vier teils aufeinander bezogene, teils rivalisierende Konzeptionen von Öffentlichkeit treten im gegenwärtigen Denken hervor, die in ihren Grundzügen skizziert und charakterisiert werden sollen. Während beim Philosophen Jürgen Habermas insbesondere die diskursive Öffentlichkeit zum Zuge kommt, steht beim Soziologen Niklas Luhmann die mediale Öffentlichkeit im Fokus. Der Soziologe Jeffrey C. Alexander bedenkt hingegen im Rahmen seiner kultursoziologischen Theorie der Zivilsphäre die Rolle und Relevanz der zivilgesellschaftlichen Öffentlichkeit. Demgegenüber hebt der Philosoph Volker Gerhardt auf die öffentliche Form des Bewusstseins sowie die politisch organisierte Öffentlichkeit ab.

2.1. Diskursive Öffentlichkeit

Der Frankfurter Philosoph Jürgen Habermas hat sich sein Leben lang sowohl theoretisch-reflexiv mit Öffentlichkeit befasst, als auch praktisch-publizistisch in diese interveniert.[1] Der frühe Habermas hat bereits Anfang der 1960er-Jahre in seiner Habilitationsschrift eine ebenso viel beachtete wie heftig diskutierte ideen- und sozialgeschichtliche Studie zum «Strukturwandel der Öffentlichkeit»[2] vorgelegt, in der er die vormodern-feudale repräsentative Öffentlichkeit, in der Macht habende Personen ihre Herrschaft mittels Statusmerkmalen vor dem Volk repräsentieren, von der bürgerlichen Öffentlichkeit abhebt. In letzterer kommen das Interesse des liberal-aufgeklärten Bürgertums an Privatautonomie, der Anspruch auf allgemeinen Zugang, das öffentliche Räsonnement der zum Publikum versammelten Privatleute, die Intention der gewaltlosen Ermittlung der öffentlichen Meinung sowie das Ziel der persönlichen und gesellschaftlichen Selbstbestimmung bzw. Selbstregierung zusammen. Dem liberalen Modell bürgerlicher Öffentlichkeit hält Habermas nicht nur den ideologiekritischen Spiegel vor; er unterstreicht auch dessen Potenziale in der von Ökonomisierung und Vermachtung bedrohten politischen Öffentlichkeit.

Als Habermas sich in den 1970er-Jahren an die Erarbeitung seiner «Theorie des kommunikativen Handelns» macht, ersetzt er den ihm inzwischen suspekt gewordenen ideologiekritischen Ansatz des «Strukturwan-

1 Vgl. Müller-Doohm, Habermas.

2 Vgl. Habermas, Strukturwandel. Erstausgabe 1962; hier wird die um ein ausführliches Vorwort erweiterte Neuauflage von 1990 zitiert; dazu: Calhoun, Hg., Public Sphere; Peters, Sinn; Gerhardt, Öffentlichkeit.

dels» durch eine sprachpragmatische Konzeption kommunikativen Handelns und kommunikativer Rationalität, um so «die normativen Grundlagen der kritischen Gesellschaftstheorie tiefer zu legen»[3]. Die diskurstheoretische Reflexion auf die Voraussetzungen, Verfahren und Implikationen argumentativer bzw. diskursiver Verständigung erscheint ihm nunmehr als aussichtsreicher, um normative Überlegungen etwa zur Unterscheidung der Geltungsansprüche sowie zur Differenzierung von pragmatischen, ethischen und moralischen Diskursen mit empirisch-soziologischen Untersuchungen zu verknüpfen.

In neueren Arbeiten zur politischen Öffentlichkeit und zur deliberativen Demokratie[4] hält der Denker der kommunikativen Vernunft fest, bei der Öffentlichkeit handle es sich weder um eine Institution noch um ein System. Sie lässt sich ihm zufolge «am ehesten als ein Netzwerk für die Kommunikation von Inhalten und Stellungnahmen, also von *Meinungen* beschreiben; dabei werden die Kommunikationsflüsse so gefiltert und synthetisiert, daß sie sich zu themenspezifisch gebündelten *öffentlichen* Meinungen verdichten»[5]. Als hochkomplexes Netzwerk bildet die Öffentlichkeit, die sich in sachlich und räumlich differenzierte Teilöffentlichkeiten gliedert, die freilich füreinander porös bleiben, einen für alle potenziell Teilnehmenden prinzipiell zugänglichen, offenen und als solchen öffentlichen Raum.

Habermas begreift die politische Öffentlichkeit als intermediäre Ebene zwischen dem politischen System einerseits und den privaten Sektoren der Lebenswelt andererseits. Sie kann nur in dem Maße ihre Funktion, gesamtgesellschaftliche Probleme wahrzunehmen und zu thematisieren, erfüllen, «wie sie sich aus den Kommunikationszusammenhängen der *potentiell Betroffenen* bildet»[6]. Die politische Öffentlichkeit ordnet der Frankfurter Philosoph der Zivilgesellschaft zu, deren Kern ein Assoziationswesen bildet, das «problemlösende Diskurse zu Fragen allgemeinen Interesses im Rahmen veranstalteter Öffentlichkeiten institutionalisiert»[7]. In den öffentlichen Diskursen der Zivilgesellschaft, in der soziale Bewegungen, Bürgerinitiativen, politische Vereinigungen, Kirchen und andere Assoziationen relevante

3 Habermas, Strukturwandel, 34.

4 Vgl. Habermas, Faktizität; dazu differenzierend: Peters, Sinn; kritisch: Gerhardt, Öffentlichkeit.

5 Habermas, Faktizität, 436.

6 Ebd., 441.

7 Ebd., 443f.

Anliegen und Themen zur Sprache bringen, in der argumentativen Auseinandersetzung interpretieren und evaluieren und so zur diskursiven Meinungsbildung beitragen, wird die Funktion einer unverzerrten Öffentlichkeit wahrgenommen und gegenwärtig gehalten. Darin kommt die kritische und dynamisierende, innovative und integrative Kraft der «Produktivkraft Kommunikation»[8] zum Zuge. Darin zeigt sich ihm zufolge zugleich der normative Gehalt der Öffentlichkeit, der auf Inklusion, die gegen alle Formen der Exklusion und der Repression von Minderheiten und Randgruppen gerichtete, ebenso egalitär wie universalistisch ausgerichtete, solidarische Einbeziehung aller, gerade auch der ausgegrenzten Anderen, angelegt ist.[9]

2.2. Mediale Öffentlichkeit

In der Systemtheorie Niklas Luhmanns kommt der Öffentlichkeit keine tragende Rolle zu.[10] Dennoch hat der Bielefelder Soziologe wichtige Beobachtungen insbesondere zu deren medialer Dimension gemacht. Laut Luhmann hat sich mit der Entwicklung der Massenmedien ein eigenständiges gesellschaftliches Funktionssystem ausdifferenziert, das operativ geschlossen ist, über einen eigenen Code, spezifische Programme und Schemata verfügt und das für das Gesellschaftssystem eine bestimmte Funktion erfüllt. Die Massenmedien thematisiert der Systemtheoretiker vor allem in ihrem Verhältnis zur Öffentlichkeit sowie zur öffentlichen Meinung.[11]

Als Massenmedien gelten ihm alle Einrichtungen, «die sich zur Verbreitung von Kommunikation technischer Mittel der Vervielfältigung bedienen»[12], wobei durch die Unterbrechung der Interaktion unter Anwesenden ein Überschuss an Kommunikationsmöglichkeiten entsteht, «der nur noch systemintern durch Selbstorganisation und durch eigene Realitätskonstruktionen kontrolliert werden kann»[13]. Der Code des Systems der Massenmedien besteht in der Unterscheidung zwischen Information und Nichtinformation. Was Aufmerksamkeit erzeugt, ist massenmedial relevant. Dafür sind als Kriterien der Selektion von Information deren Überraschungs- und damit Neuigkeitswert, deren Konfliktgehalt, die Quantität des zu Berich-

8 Habermas, Strukturwandel, 36; vgl. ebd., 39.

9 Vgl. Habermas, Einbeziehung.

10 Vgl. Peters, Sinn; Gerhardt, Öffentlichkeit.

11 Vgl. Luhmann, Realität; ders., Öffentliche Meinung; ders., Gesellschaft, 1096–1109.

12 Luhmann, Realität, 10.

13 Ebd., 11.

tenden, zum Beispiel von Katastrophen, sowie die Skandalisierung von Normverstößen entscheidend.

Laut Luhmann liegt die Funktion der Massenmedien in der Selbstbeobachtung des Gesellschaftssystems; das schließt die Beobachtung der Beobachtung anderer Systeme ein. Genau dies geschieht in der medialen Öffentlichkeit, die insofern als ein allgemeines gesellschaftliches Reflexionsmedium fungiert. Mit der medialen Öffentlichkeit steht der Gesellschaft ein Spiegel zur Selbstbeobachtung zur Verfügung, in dem in Form der «öffentlichen Meinung» eine Realität konstruiert und sichtbar gemacht wird, an der die Gesellschaft sich ausrichtet. Massenmedien selektieren Selbstbeschreibungen und sie erzeugen damit Realität. «Sie lassen die Illusion einer kognitiv zugänglichen Realität unangetastet.»[14]

In der öffentlichen Meinung erkennt Luhmann ein ebenso konstruiertes wie kontingentes Ereignis. Als Resultat bisheriger Kommunikation ist sie genauso Bedingung künftiger Kommunikation. Öffentlichkeit und öffentliche Meinung sind ihm zufolge keineswegs Medium der Aufklärung oder Ausdruck von erzieltem Konsens. In ihnen geht es einzig darum, Kommunikation in Gang zu bringen, zu registrieren und weiterzuführen. «Es geht um eine operative Bedingung der Fortsetzung von Kommunikation unter hochkomplexen, rasch sich ändernden Bedingungen.»[15] Die spezifischen Möglichkeiten der Massenmedien liegen Luhmann zufolge darin, dass solche hochmobilen Systeme besonders geeignet sind, trägere Systeme zu steuern, bisherige Beschreibungen der Welt und der Gesellschaft zu irritieren und zu mobilisieren.

Die öffentliche Meinung versteht Luhmann weder als bloße Mode der Meinungen noch als Medium der Aufklärung. Vielmehr sei sie das Medium der jeweils aktuellen, ebenso ereignishaften wie nicht zentral zu steuernden Selbst- und Weltbeschreibung der modernen Gesellschaft. «Sie ist der ‚Heilige Geist' des Systems, die kommunikative Verfügbarkeit der Resultate von Kommunikation.»[16]

14 Ebd., 164; vgl. Luhmann, Gesellschaft, 1102: Massenmedien «*erzeugen* eine Beschreibung der Realität, eine Weltkonstruktion, und das *ist* die Realität, an der die Gesellschaft sich orientiert».

15 Luhmann, Gesellschaft, 1107.

16 Ebd., 1109; das Zitat im Zitat stammt aus Key, Public Opinion, 38.

2.3. *Performative Öffentlichkeit*

Der an der Yale University lehrende amerikanische Soziologe Jeffrey C. Alexander entwickelt im Rahmen seiner umfassenden Theorie der zivilen Sphäre bzw. der Zivilgesellschaft, in der er system- und handlungstheoretische Ansätze mit kultursoziologischen Untersuchungen und Überlegungen verbindet, eine ebenso brisante wie beachtenswerte Konzeption von Öffentlichkeit. Bei der Zivilgesellschaft handelt es sich ihm zufolge zum einen um eine reale, ausdifferenzierte, interaktionelle und institutionelle Sphäre moderner Gesellschaften; dabei geht es zum anderen um die normative, kulturell imprägnierte Symbolik der Selbstbeschreibung, der Selbstverständigung sowie des Selbstverständnisses. Die Zivilgesellschaft stellt für ihn eine gegenüber Staat und Markt abgegrenzte, eigene Sphäre der Solidarität dar, «in which a certain kind of universalizing community comes to be culturally defined and to some degree institutionally enforced»[17]. Diese Sphäre ist durch spezifische kulturelle Codes, Institutionen und Interaktionsmuster gekennzeichnet. Der kulturelle Code ist binär strukturiert; er grenzt wünschenswerte zivile Motive, Beziehungen und Institutionen gegen unzivile, irrationale, eigensüchtige, betrügerische, machtförmige, repressive etc. ab. Die Zivilgesellschaft erscheint als ein Ort, an dem durch die kulturelle Konstruktion des Erwünschten und Gesollten festgelegt bzw. ausgehandelt wird, wer dazu gehört und wer draußen bleibt.

Zu den wichtigsten Strukturen der Zivilgesellschaft zählen nach Alexander die kommunikativen und die regulativen Institutionen. Zu ersteren rechnet er die öffentliche Meinung, die Massenmedien, die Meinungsforschung sowie die zivilgesellschaftlichen Vereinigungen, die einen wichtigen Teil der zivilgesellschaftlichen Öffentlichkeit bilden. Kommunikative Institutionen haben keine Macht und üben keine autoritative Kontrolle aus; sie nehmen indes Einfluss auf gesellschaftliche und politische Prozesse. Die öffentliche Meinung begreift Alexander mit George Gallup als den kritischen und experimentellen «pulse of democracy»[18]. Deren Rolle bestehe darin, zwischen den weitgefassten Binaritäten des Diskurses der Zivilgesellschaft und den institutionellen Bereichen des Soziallebens zu vermitteln. «Public opinion is the sea within which we swim, the structure that gives us the feeling of democratic life.»[19]

17 Alexander, Civil Sphere, 31.

18 Ebd., 73; unter Hinweis auf Gallup /Rae, Pulse of Democracy, 8.

19 Ebd., 75.

Eine wichtige kommunikative Institution sind die Massenmedien. Der Kultursoziologe differenziert zwischen fiktionalen und faktenorientierten Medien, wobei er nicht nur die Bedeutung der Nachrichtenmedien, sondern auch die Relevanz des Fiktiven und Narrativen, etwa von Emanzipations- bzw. Repressionserzählungen, -filmen und -fernsehserien für die Bildung bzw. auch Vergiftung der öffentlichen Meinung herausstellt.

Öffentliche Meinungsumfragen definieren die Konturen der Öffentlichkeit; sie aggregieren die Ansichten von Individuen in Gruppenform und verleihen der «öffentlichen» Meinung eine bestimmte Objektivität; sie liefern die «‚hard data' about the lifeworld of the civil sphere»[20], und sie repräsentieren diese Lebenswelt als eine von nachdenklichen Menschen reflektierte.

Zivilgesellschaftliche Vereinigungen umfassen sowohl problemorientierte Interessens- bzw. Lobbygruppen als auch dezidiert gemeinwohlorientierte Gruppierungen. Dabei kommt es auf deren kommunikative Absicht an. Sie müssen über rein funktionale Interessen hinaus vor dem «‚court of public opinion'»[21] breitere, zivile Angelegenheiten vertreten. Es handle sich jedoch nicht notwendig um «freiwillige Assoziationen»[22]. Entscheidend für die Zivilität der Vereinigung sei vielmehr die zivile und zivilgesellschaftliche Orientierung nach außen.

Neben den kommunikativen sind laut Alexander auch die regulativen Institutionen, zum einen in Gestalt von Wahlen, Parteien und Ämtern, zum anderen die zivile Macht des Rechts, Bestandteil der Zivilgesellschaft. Das Volk «spricht» ihm zufolge auch durch regulative Institutionen. In demokratischen Gesellschaften «regulatory institutions are the gatekeepers of political power. It is civil power that opens and closes the gate.»[23]

In «The Civil Sphere» widmet sich Alexander eingehend den sozialen Bewegungen in der Zivilgesellschaft. Anhand der amerikanischen Frauen- und der Bürgerrechtsbewegung zeigt er auf, dass und wie soziale Bewegungen in der und durch ihren Umgang mit der Öffentlichkeit Einfluss auf die öffentliche Meinung nehmen. Dies kann geschehen durch das Öffentlichmachen von Diskriminierung und Ausgrenzung, durch den öffentlichen Protest gegen Unrecht, durch das «gegenöffentliche» Ritualisieren, Inszenieren und Dramatisieren repressiv stillgestellter bzw. verdrängter sozialer

20 Ebd., 85.

21 Ebd., 92.

22 Ebd., 96; gegen Tocqueville, Demokratie; Putnam, Bowling Alone.

23 Alexander, Civil Sphere, 110.

Konflikte «auf der öffentlichen Bühne»[24], durch symbolische Aktionen wie durch die Übersetzung der jeweiligen Anliegen in den öffentlichen Diskurs. Soziale Bewegungen können damit auf längere Sicht beträchtlich zum «civil repair»[25], zu Reformen der kommunikativen sowie der regulativen Institutionen beitragen. Sie können performative Kräfte zu einer auf erweiterte Inklusion, Solidarität und Rechte ausgerichteten Transformation der Zivilgesellschaft darstellen.

2.4. *Politisch organisierte Öffentlichkeit*

Eine weitgespannte Konzeption der Öffentlichkeit stammt von dem Berliner Philosophen Volker Gerhardt, der diese als sowohl für das individuelle Bewusstsein als auch für den gesellschaftlichen und politischen Raum konstitutiv und handlungsorientierend herausstellt. In seinem Werk «Öffentlichkeit» zeichnet Gerhardt zum einen die für ihn in der griechischen *polis* erfolgende Entstehung und Kultivierung des öffentlichen Raums nach, der sich im Zuge von Humanismus und Reformation entfaltet habe und über die Aufklärung zu ihrer modernen Gestaltung gelangt sei.[26] Mit den historischen Untersuchungen verbinden sich zum anderen systematische Reflexionen auf die Prinzipien, den sozialen und politischen Sinn sowie die philosophische Bedeutung und Reichweite der Öffentlichkeit.

Gerhardt versteht den öffentlichen als einen elementar offenen Raum und erkennt eine Parallele zwischen dem individuellen Bewusstsein sowie der gesellschaftlichen Öffentlichkeit gerade im Akt der Öffnung. Erst im öffentlichen Raum komme es zu einem Weltbegriff, «in dem sich der Mensch als Teil eines Zusammenhangs versteht»[27]. Die auf Öffentlichkeit angelegte, soziale Verfassung des individuellen Bewusstseins unterstelle nicht nur einen gemeinsamen Verständigungsraum aller Wesen, sondern beziehe sich immer auch auf die Gesamtheit aller Menschen, auf eine allen Individuen gemeinsame sowie alles umfassende Welt. Im Begriff der Öffentlichkeit sei somit jener der Weltöffentlichkeit des Bewusstseins und des weltbürgerlichen Handelns angelegt.

24 Vgl. ebd., 250. Gegen Habermas macht er geltend: «Publicness should be seen more in dramaturgical terms. Upon the public stage, performances are projected to audiences of citizens» (ebd.); dazu: Alexander/Giesen/Mast, Hg., Social Performance.

25 Alexander, Civil Sphere, 235 u. ö.

26 Vgl. Gerhardt, Öffentlichkeit.

27 Ebd., 27.

Im Anschluss an Kant ist für Gerhardt «das Offene der Öffentlichkeit» entscheidend als «der ursprüngliche Ort der Menschwerdung» bzw. als «*die Atmosphäre möglicher vernünftiger Einsicht*»[28]. Er wendet sich gegen jede Forderung nach einer Beschränkung der Öffentlichkeit, die er von Hegel bis Habermas konstatiert. Letzterer lasse der Öffentlichkeit gerade nicht freien Lauf, sondern suche sie zum einen durch Diskursregeln zu reglementieren und als «deliberative» zum anderen auf den Teilbereich politischer Willensbildung zu beschränken. Bei aller Kritik am Diskurstheoretiker und dessen Defizit «einer autoritär halbierten Rationalität»[29] erkennt Gerhardt freilich die Bedeutung von Habermas' Werk «Strukturwandel» an, das für ersteren die wohl «meistdiskutierte, aber auch die am besten widerlegte Habilitationsschrift der deutschen Wissenschaftsgeschichte»[30] darstellt.

Auch Luhmanns systemtheoretische Erfassung der Öffentlichkeit wird vom Berliner Philosophen als defizitär gekennzeichnet. Zwar erfasse dessen Beschreibung der für das Gesellschaftssystem relevanten Leistungen von Öffentlichkeit durchaus wichtige Momente ihrer gesellschaftlichen Wirkung, doch bleibe einer Theorie, die Absichten und Handlungsziele für alteuropäisch-überholt halte, der Sinn von Öffentlichkeit verschlossen. Für die interessierte Anteilnahme der Individuen am allgemeinen Geschehen sowie das «in die öffentliche Aufmerksamkeit eingelassene Bewusstsein der privaten Existenz»[31] fehle der Systemtheorie das adäquate Instrumentarium. Ihr entscheidendes Defizit liege darin, dass sie keinen «Begriff für das Ineinander von Individualität und Sozialität»[32] habe, der allerdings grundlegend sei für das Phänomen der Öffentlichkeit.

Gerhardt begreift Öffentlichkeit als Rahmen des kulturellen Lebens sowie der Politik. Letztere gilt ihm als organisierte Öffentlichkeit, die durch die vier Prinzipien der Partizipation, der Repräsentation, der Konstitution und eben der Öffentlichkeit bestimmt ist. Als das grundlegende Prinzip der Politik qualifiziert er die Partizipation. «Es überführt die *Selbstbestimmung von Einzelnen* in die *Mitbestimmung von Vielen*, so dass die darauf beruhende Aktivität der Gemeinschaft als deren *Selbstbestimmung* begriffen werden kann.»[33] Durch Partizipation, verbänden sich die Willen der Einzelnen zu einem

28 Ebd., 233.

29 Ebd., 506; vgl. ebd., 227; besonders bezogen auf Habermas, Faktizität.

30 Ebd., 225.

31 Ebd., 244.

32 Ebd.; vgl. ebd., 506.

33 Ebd., 341; vgl. Gerhardt, Partizipation.

übergreifenden Willen der Gemeinschaft, ohne ihre Geltung zu verlieren. Die Politik ziele auf die Beteiligung aller Bürger. Durch das Prinzip der Partizipation werde die Politik einer umfassenden öffentlichen Erwartung auf öffentliche Begründung, öffentlichen Vollzug sowie öffentliche Kontrolle unterstellt.

Laut dem Berliner Philosophen lässt sich Partizipation nur unter den Bedingungen der Repräsentation realisieren. Alle Politik bewegt sich ihm zufolge im Modus der Repräsentation und erlaube, das Ganze vertretende Körperschaften aufzubauen, wobei er personelle, institutionelle und ideelle Momente unterscheidet. Personen werden dabei durch Personen repräsentiert, Probleme durch Ämter und die «möglichst Alle umfassenden Ziele durch Ideen»[34]. Repräsentation, die nur unter den Bedingungen der öffentlichen Verständigung zum Staatsaufbau führe, wirke sowohl von unten nach oben als auch umgekehrt.

Der Begriff der Konstitution bezieht sich bei Gerhardt nicht nur auf die Verfassung, sondern umfasst alle staatlichen Organe, wobei er die Rechtsförmigkeit einer politischen Ordnung bezeichnet. Damit trete das Recht selbst als wesentliches Element politischer Ordnung hervor. Erst in der Form des Rechts erhalten Partizipation und Repräsentation verbindlichen Charakter. «Politische Organisation beruht auf dem realen Vollzug von Partizipation und Repräsentation unter den Konditionen des Rechts.»[35] Das Recht ist für Gerhardt zugleich auf Öffentlichkeit angewiesen. Letztere stelle die «basale Legitimitätsbedingung des Politischen»[36] dar. Öffentlichkeit ist ihm zufolge Institution der Politik und zugleich deren Lebenselement; ihr kommt ein konstitutioneller Ort zu. Und Öffentlichkeit ist schließlich «der Horizont, in dem das Insgesamt einer Rechtsordnung Geltung beanspruchen kann»[37].

Gerhardt sucht in seinem gleichnamigen Werk die Öffentlichkeit als jenes vierte Prinzip der Politik herauszustellen, das die ersten drei Prinzipien der Partizipation, der Repräsentation und der Konstitution, die er zugleich als Leistungen des individuellen Bewusstseins identifiziert, im Vollzug hervortreten lässt und damit die Bedingung der Möglichkeit gemeinsamen Handelns und eines einheitlichen politischen Willens bietet. Im Medium der Öffentlichkeit vollzieht sich nicht nur Politik, sondern geschieht die Men-

34 Gerhardt, Öffentlichkeit, 341.

35 Ebd., 347.

36 Ebd., 349.

37 Ebd., 354.

schwerdung des Menschen als qua Bewusstsein immer schon weltöffentlicher, heute zunehmend weltbürgerlicher *homo publicus*.

3. Öffentliche Religion in postsäkularer Gesellschaft

3.1. Postsäkulare Präsenz von Glaubensgemeinschaften

Den Begriff der «postsäkularen Gesellschaft» hat Jürgen Habermas geprägt und in seiner Frankfurter Friedenspreisrede 2001 öffentlichkeitswirksam eingeführt. Seither wird in der Philosophie und in den Sozialwissenschaften unter dem Stichwort der Postsäkularität über die Präsenz von Religion in modernen Gesellschaften reflektiert und gestritten. Mit dem Prädikat «postsäkular» wollte Habermas in der Paulskirche gegenüber einer fortschrittsoptimistischen Deutung der Säkularisierung entsprechend dem Verdrängungsmodell wie gegen das verfallstheoretische Enteignungsmodell eine Gesellschaft charakterisieren, «die sich auf das Fortbestehen religiöser Gemeinschaften in einer sich fortwährend säkularisierenden Umgebung einstellt»[38]. Der Begriff bezieht sich zum einen auf die soziale Tatsache, dass Religion aus der gegenwärtigen Gesellschaft weder verschwunden ist noch so weit privatisiert ist, dass sie jede öffentliche Bedeutung eingebüßt hat. Zum anderen wird damit ein Bewusstseinswandel angesprochen, der in weitgehend säkularisierten Gesellschaften im Blick auf die Wahrnehmung von Religion im Gange ist. Darüber hinaus impliziert Postsäkularität eine kognitive und normative Herausforderung für den Umgang der säkularen und der religiösen Seite miteinander. Der Frankfurter Philosoph stellt fest, dass der Ausdruck «‚postsäkular'» «kein genealogisches, sondern ein soziologisches Prädikat»[39] sei.

Gegenüber der undifferenzierten Rede von der Wiederkehr der Religion meldet Habermas Vorbehalte an. Gleichwohl konstatiert er in der Gegenwart eine weltweite «Vitalität des Religiösen»[40]. Diese zeigt sich ihm zufolge zum einen im missionarischen Elan der großen Weltreligionen, wobei sowohl innerhalb der monotheistischen Religionen als auch im Hinduismus und im Buddhismus vor allem orthodoxe bzw. konservative Gruppen auf dem Vormarsch seien. Zum anderen führt er schnell wachsende religiöse Bewegungen an, die in dezentralisierten Netzwerken operieren und die

38 Habermas, Glauben, 13; vgl. ders., Naturalismus; ders., Nachmetaphysisches Denken II; zur Kritik: Joas, Religion; dazu: Höhn, Postsäkular; Casanova, Exploring.

39 Habermas, Nachmetaphysisches Denken II, 101.

40 Ebd., 310; vgl. ders., Revitalisierung.

Moderne entweder wie die radikalen Muslime bekämpfen oder sich wie die Pfingstkirchen aus ihr zurückziehen. Beide lassen sich seiner Auffassung nach am ehesten als fundamentalistisch einstufen. Als drittes Phänomen nennt er die politische Instrumentalisierung von Religion, die eine politische Entbindung religiöser Gewaltpotenziale beinhalte, die am spektakulärsten im islamistischen Terrorismus zutage trete, sich aber auch in der Mobilmachung der religiösen Rechten in den USA zum Irakkrieg dokumentiere.

Den mit «postsäkular» bezeichneten Bewusstseinswandel macht Habermas insbesondere an drei Sachverhalten fest. Dazu gehört eine signifikante Veränderung des öffentlichen Bewusstseins durch die medial vermittelte Wahrnehmung der weltweiten Konflikte, die als religiös induziert bzw. imprägniert gelten. Die mediale Präsentation entweder andauernder oder gar forcierter religiöser Aktivitäten und Konflikte bringt «die säkular*istische* Überzeugung vom *absehbaren Verschwinden* der Religion»[41] ins Wanken. Religion gewinne auch innerhalb nationaler Öffentlichkeiten an Bedeutung, insofern Religionsgemeinschaften in die öffentlichen Meinungs- und Willensbildungsprozesse säkularer Gesellschaften intervenieren und sich darin mit ihren Beiträgen profilieren. Schließlich ist der postsäkulare Bewusstseinswandel auch auf die verstärkte Arbeits- und Flüchtlingsimmigration aus Ländern mit traditional geprägten Kulturen zurückzuführen, in deren Gefolge sich für die Einwanderungsgesellschaften «Dissonanzen zwischen verschiedenen *Religionen* mit der Herausforderung eines *Pluralismus von Lebensformen*» verbinden, der über einen konfessionellen «Pluralismus von Glaubensrichtungen»[42] hinausgeht. In europäischen Einwanderungsgesellschaften wird laut Habermas die Frage des toleranten Zusammenlebens unterschiedlicher Religionsgemeinschaften durch das «Problem der gesellschaftlichen Integration von Einwandererkulturen verschärft»[43].

Habermas verortet Religion in der Öffentlichkeit der postsäkularen Gesellschaft. Gegen den säkularistischen Ausschluss religiöser Äußerungen und Gemeinschaften aus dem öffentlichen Leben plädiert er für die Einbeziehung religiöser Themen und Subjekte. Nicht nur erkennt er Religion und Religionen als de facto in der medialen Öffentlichkeit präsent, virulent und vital, sondern er fordert auch deren Beteiligung an öffentlichen Diskursen, in die sie ihre Positionen und Perspektiven einzubringen vermögen. Die

41 Habermas, Nachmetaphysisches Denken II, 313.

42 Ebd., 314.

43 Ebd.

Säkularität des modernen, demokratischen Staates widerspricht nicht der Beteiligung religiöser Bürger und Gemeinschaften an der zivilgesellschaftlichen und politischen Öffentlichkeit, in der für die säkulare wie für die religiöse Seite auf der Basis reziproker Anerkennung und des Bewusstseins, «einer inklusiven Gemeinschaft gleichberechtigter Bürger anzugehören»[44], komplementäre Lernprozesse möglich sind. Gleichzeitig verlangt Habermas mit Blick auf die staatlichen Institutionen der Beratung und Entscheidungsfindung einen institutionellen Filter, der nur in die allgemein zugängliche Sprache der Vernunft übersetzte, «also säkulare Beiträge aus dem babylonischen Stimmengewirr der Öffentlichkeit zu den Agenden der staatlichen Institutionen durchlässt»[45].

3.2. Public Religions

Der spanisch-amerikanische Religionssoziologe José Casanova hat in den 1990er-Jahren den Begriff der *public religion* in Umlauf gebracht, um deutlich zu machen, dass Religion in der Moderne weder der Säkularisierung zum Opfer fällt noch in Individualisierungsprozessen verdampft, sondern sich am Ende des zwanzigsten Jahrhunderts ausgesprochen präsent und potent gezeigt hat.[46] Öffentliche Religion betrachtet Casanova als das Resultat eines zweigleisigen Prozesses, bei dem es einerseits zu einer Entprivatisierung des Religiösen kommt. Damit ist das Heraustreten der Religion aus der Privatsphäre als dem ihr von Seiten der Aufklärung, des Liberalismus und Laizismus zugewiesenen Bereichs gemeint. Andererseits beinhaltet das *going public* die Absage an alle Formen von Staatsreligion, also die Aufgabe jedes Monopolanspruchs, der sich aus der exklusiven Verbindung mit dem Staat ableitet. In der Ausdifferenzierung der weltlichen Sphäre und ihrer Ablösung von der Kontrolle durch religiöse Institutionen und Normen erkennt Casanova den unaufgebbaren Kern des neuzeitlichen Säkularisierungsprozesses, der in den gängigen Säkularisierungstheorien undifferenziert als ein irreversibler, universaler, linearer, auf die Privatisierung des Religiösen hinauslaufender Prozess verstanden werde.

Casanova liefert in «Public Religions in the Modern World» fünf empirische Fallstudien zum nachfrankistischen Spanien, zum Polen der Solidarnosc-Bewegung, zur befreiungstheologisch geprägten Bewegung für

44 Ebd., 318.

45 Ebd., 326; vgl. ders., Naturalismus, bes. 119–154, dazu kritisch: Arens, Was die moderne Gesellschaft.

46 Vgl. Casanova, Public Religions.

Demokratie und einer «Kirche des Volkes» in Brasilien, zum evangelikalen Protestantismus und zum öffentlich werdenden Katholizismus in den USA. Dabei konstatiert er signifikante Veränderungen der religionspolitischen Landschaften, nämlich Tendenzen einer Entstaatlichung des spanischen und polnischen Katholizismus sowie einer Entprivatisierung sowohl des amerikanischen evangelikalen Protestantismus als auch des Katholizismus in den Vereinigten Staaten. In allen fünf Fällen wird die Zivilgesellschaft zum bevorzugten bzw. entscheidenden Raum religiöser Präsenz und religiös-kirchlichen Engagements. Bei der öffentlichen Religion tritt an die Stelle der Beschränkung auf den Privatbereich bzw. der Beanspruchung staatlicher Privilegien und politischer Macht deren Lokalisierung in der Zivilgesellschaft. Letztere wird zum Ort, an dem Religionen ihre Anliegen, Beiträge, Perspektiven und Potenziale öffentlich einbringen und im Diskurs mit anderen zivilgesellschaftlichen Akteuren zur Geltung bringen können.

Gut ein Jahrzehnt nach der Veröffentlichung von «Public Religions» sieht Casanova seine These, dass es einen nahezu globalen Prozess der Entprivatisierung der Religion gebe, von den gesellschaftlichen Entwicklungen «eindrucksvoll bestätigt»[47]. Zugleich nimmt er eine Selbstkorrektur und Erweiterung des ursprünglich auf christliche Religionsgemeinschaften und stark auf den Katholizismus bezogenen Begriffs der öffentlichen Religion vor. Er unterstreicht zunächst, die Säkularisierung müsse über den Westen hinaus gedacht und in eine vergleichende globale Perspektive gestellt werden, wobei er im Anschluss an Eisenstadts Modell der *multiple modernities* nunmehr auch von «multiplen Säkularisierungen»[48] ausgeht. Zum Zweiten erkennt Casanova selbstkritisch an, dass sich die Entprivatisierung der Religionen weder auf die Zivilgesellschaft noch auf den Nationalstaat und noch auf die Entmachtung der Kirchen beschränken lässt. Er hält nun das von Alfred Stepan entworfene Modell der «twin tolerations»[49], also eines gegenseitigen Tolerierens staatlicher Institutionen und religiöser Autoritäten auf der Basis der Freiheit und Rechtsstaatlichkeit für adäquater. Casanova kommt zu dem Schluss: Es gibt «öffentliche Religionen jenseits von *Disestablishment* und Zivilgesellschaft»[50]. Als dritte Erweiterung lenkt

47 Casanova, Revisited, 313.

48 Ebd., 317; vgl. 319; ders., Europas Angst, 83–119; dazu: Eisenstadt, Hg., Modernities.

49 Vgl. Stepan, Religion.

50 Casanova, Revisited, 320. Vgl. kritisch zur Beschränkung auf die Zivilgesellschaft bereits Liedhegener, Plural und politisch, 54f., 69–72; dazu den Beitrag von Liedhegener in diesem Band, Kap. 2.

Casanova gegenüber den nationalen Fallstudien in «Public Religions» den Blick auf transnationale Religionen, zu denen er sowohl den transnationalisierten und entterritorialisierten heutigen Katholizismus zählt als auch Pfingstbewegungen und insbesondere globale Weltreligionen wie den Buddhismus oder den Islam.

3.3. Aspekte und Merkmale öffentlicher Religionen

Die bahnbrechenden Untersuchungen von Casanova zu *public religions*, die an seinen Vorschlag anschließende Debatte[51] und die oben vorgestellten vier Konzeptionen von Öffentlichkeit erlauben es, die Frage nach Aspekten, Merkmalen und möglicherweise Kriterien öffentlicher Religion und Religionen zu stellen. Wenn wir die eingangs differenzierte diskursive, mediale, performative und politische organisierte Öffentlichkeit zugleich als Dimensionen derselben auffassen, dann lassen sich meiner Auffassung nach öffentliche Religionen mit Blick auf diese Dimensionen beschreiben und verstehen.

Öffentliche Religionen zeigen, verorten und bewegen sich im öffentlichen Raum. Zu ihren Kennzeichen gehört ihre Sichtbarkeit. Bei ihnen handelt es sich, wie immer sie sich selbst verstehen, jedenfalls nicht um Fälle privatisierter «unsichtbarer Religion» im Sinne Luckmanns.[52] Vielmehr ist ihnen Visibilität eigen, und zwar materiale, mediale und soziale. Ihre öffentliche Wahrnehmung ist zum einen Folge ihrer materialen Präsenz durch repräsentative Gebäude, Kulträume, Versammlungsorte und weiterer architektonischer Denkmäler und Merkmale, die als Orte und Zeichen religiöser Präsenz erkennbar sind und anerkannt werden wollen. Konflikte zwischen etablierten und marginalisierten Religionsgemeinschaften um repräsentative Gotteshäuser und der Kampf um religiöse Bauten von Immigrantenreligionen zeigen, dass der öffentliche Raum gerade auch auf der Ebene der materialen Sichtbarkeit umstritten ist.[53]

Die soziale Sichtbarkeit von Religionen geschieht vor allem durch deren offizielle amtliche Repräsentanten einerseits und jene charismatischen Köpfe andererseits, die eine Religionsgemeinschaft öffentlichkeitswirksam dar-

51 Vgl. Gabriel, Hg., Religionen.

52 Vgl. Luckmann, Unsichtbare Religion. Dazu bildet Casanova, Public Religions, eine religionssoziologische Antithese.

53 Vgl. Baumann, Umstrittene Sichtbarkeit; Baumann/Tunger-Zanetti, Häuser; vgl. auch den Beitrag von Baumann in diesem Band, Kap. 3.3; dazu: Göle/Ammann, Hg., Islam in Sicht.

stellen und ihr ein öffentliches Gesicht geben.[54] Sozial sichtbar werden Religionen durch ihre Autoritäten und Instanzen sowie durch ihre Gruppierungen, Gemeinschaften und Organisationen und deren vor allem medial vermittelten Auftritte.

Die materiale wie die soziale Visibilität impliziert zugleich eine mediale. Materiale Artefakte sind ebenso wie Repräsentanten Medien einer *message*. Durch die modernen Massenmedien und insbesondere die elektronischen Medien weitet sich der – eben auch Facetten von Religion sichtbar machende – «Raum medialer Öffentlichkeit»[55]. Spektakuläre Auftritte prominenter Religionsführer, religiöse Großveranstaltungen, Skandale und Fehltritte religiöser Repräsentanten, professionell inszenierte Religionskonflikte, religiös konnotierte Gewalttaten, terroristische Anschläge «im Namen Gottes» und «Religionskriege»[56] finden weltweite mediale Aufmerksamkeit. In der medialen Öffentlichkeit werden allerdings auch bedeutende religiöse Rituale, Feiern und Manifestationen sowie interreligiöse Veranstaltungen sichtbar, die Religionsgemeinschaften eine willkommene, öffentliche mediale Präsenz verschaffen.

Visibilität macht Religion öffentlich, aber noch keine öffentliche Religion. Gleiches gilt für die Performanz bzw. performative Öffentlichkeit. Nicht nur öffentliche, sondern auch private Religion bzw. Religiosität[57] ist mit Performanzen verbunden. Zu den persönlichen Vollzügen des Gebets, der Meditation und der Ausführung weiterer mehr oder weniger ritualisierter Handlungen kommen in diversen Religionsgemeinschaften gemeinschaftliche Aktivitäten wie Rituale, Gebete, Gottesdienste, Liturgien oder Zeremonien hinzu. Prozessionen und Wallfahrten, Manifestationen, Trauerzeremonien und Protestmärsche, Massenversammlungen, öffentliche und gegenöffentliche Inszenierungen stellen gemeinschaftliche und öffentliche Vollzüge von Religion dar, die wichtige Anlässe religiösen Handelns bilden und Anliegen religiöser Gemeinschaften darstellen, repräsentieren und artikulieren. Zu den öffentlichen Performanzen von Religionen zählen auch deren diakonische, bildungsbezogene, advokatorische, prophetische und politische Tätigkeiten.

54 Mit Blick auf religiöse Autoritäten in Immigrantengemeinschaften vgl. den Beitrag von Baumann in diesem Band, Kap. 3.2; dazu: Nagel (Hg.), Religiöse Netzwerke.

55 Gabriel, Säkularisierung, 28.

56 Vgl. Kippenberg, Gewalt.

57 Zur Unterscheidung vgl. Casanova, Public Religions, 40–74; Arens, Gottesverständigung, 118–135.

Religion findet in modernen Gesellschaften immer auch in der diskursiven Öffentlichkeit statt. Religionen, religiöse Institutionen, Organisationen, Gruppierungen und Gemeinschaften positionieren sich selbst und beziehen Position in der Öffentlichkeit. Sie machen darin ihre Anliegen und Ansprüche geltend, setzen sich in Beziehung zu anderen, artikulieren ihren Dissens gegenüber fremden Positionen und suchen den Konsens mit nahen. Religiöse Akteure agieren auf vielfältige Weise im Raum diskursiver Öffentlichkeit, den sie erstens als Forum der Artikulation ihrer Auffassungen vom guten und richtigen Leben und Zusammenleben, von Gerechtigkeit und Solidarität, Heil und Unheil gebrauchen, zweitens zur Auseinandersetzung mit anderen Religionsgemeinschaften, Andersgläubigen sowie Nichtreligiösen verwenden und in dem sie sich drittens womöglich zur gemeinsamen Beratung, Willensbildung und Verständigung mit anderen zusammenfinden.

Die diskursive Öffentlichkeit umfasst insbesondere den intermediären zivilgesellschaftlichen Bereich zwischen Privatsphäre und Staat. Darin sind, freilich nicht exklusiv, öffentliche Religionen lokalisiert. Sie intendieren, je nach den vorherrschenden religionspolitischen Regimes in einem Staat der gegenseitigen Respektierung, der kooperativen Trennung oder gar im «religionsfreundlichen Staat»[58] durch wichtige Voten, Beschlüsse und Interventionen politische Wirkungen zu erzielen; sie übernehmen, insbesondere wenn Religionsgemeinschaften gemeinsam agieren, bisweilen auch «zivilreligiöse Funktionen der Stabilisierung prekärer Ordnungen angesichts öffentlicher Ohnmachtserfahrungen»[59]. Repräsentanten und ExpertInnen öffentlicher Religionen wirken in staatlichen Beratungsgremien mit, setzen sich für den öffentlichen Auftrag ihrer Gemeinschaften ein und beteiligen sich an den zivilgesellschaftlichen und staatlich-politischen Debatten, Willensbildungs- und Entscheidungsfindungsprozessen um elementare Lebensfragen. Öffentliche Religionen wirken demnach, entsprechend den jeweiligen religionsrechtlichen Konstellationen, auch in der politischen bzw. der politisch organisierten Öffentlichkeit.

Als öffentliche Religionen kommen primär Religionsgemeinschaften in Frage, die nicht nur um das persönliche Heil ihrer Anhänger und Mitglieder besorgt sind, sondern zugleich das gesellschaftliche Zusammenleben und Wohlergehen, das Gemeinwohl und damit soziale Gerechtigkeit und Soli-

58 Vgl. Nolte, Religion und Bürgergesellschaft.

59 Gabriel, Säkularisierung, 32, mit Bezug auf Liedhegener, Plural und politisch; vgl. dazu: Arens, Schweiz.

darität im Blick haben. Das ist nicht nur bei den christlichen Kirchen der Fall, sondern auch beim Islam und beim Judentum, die sich im öffentlichen Raum bewegen bzw. zu den öffentlichen Religionen zählen.[60]

Bei den Akteuren öffentlicher Religion kann es sich einerseits um Gemeinschaften handeln, die sich vorbehaltlos auf die Zivilgesellschaft einlassen, sich die Prozeduren des zivilgesellschaftlichen Diskurses aneignen und selbst Verfahren demokratischer Auseinandersetzung und Willensbildung praktizieren. Andererseits kommen dafür auch Gruppierungen in Frage, welche die Öffentlichkeit als Arena begreifen, in der sie im Konflikt mit anderen zivilgesellschaftlichen Akteuren für ihre dissidenten Überzeugungen, Wertvorstellungen und Praktiken kämpfen.[61] Zu den potenziellen Trägern öffentlicher Religion können folglich auch fundamentalistische Bewegungen zählen, sofern sie sich nicht separatistisch von der gesellschaftlichen Öffentlichkeit abschotten, und «solange sie die formalen Reziprozitätsbedingungen einer zivilen und egalitären Konflikt- und Diskurspraxis faktisch anerkennen»[62].

Öffentlich wird Religion dann, wenn eine religiöse Gemeinschaft den von ihr vertretenen und gelebten Überzeugungen eine gesellschaftliche Bedeutung beimisst und dies in ihrer religiösen Praxis bekundet, was sich in der Bereitschaft manifestiert, sich an den gesellschaftlichen Auseinandersetzungen um Grundfragen menschlichen Lebens und Zusammenlebens zu beteiligen. Über die Teilnahme an öffentlichen Auseinandersetzungen wird ein «public encounter»[63] mit anderen möglich, was längerfristig zu Lernprozessen und zur Verständigung der verschiedenen Religionen miteinander führen kann.

Öffentlichen Religionen geht es darum, die in ihnen tradierten und aktualisierten Glaubensüberzeugungen, moralischen Einsichten und ethischen Wertvorstellungen zu bewahren, sichtbar zu machen und öffentlich darzustellen und damit ebenfalls ihre Vorstellungen vom guten Leben und gerechten Zusammenleben in den gesellschaftlichen und politischen Diskurs einzubringen. Indem sie ihre substanziellen Auffassungen über soziale Gerechtigkeit und Gemeinwohl, Solidarität und Anerkennung, Fürsorge und

60 Vgl. Casanova, Public Religions; ders., Europas Angst; Göle/Ammann, Hg., Islam in Sicht; Schulze, Islam; Wild, Orthopraxie; Platti, Islam; Salvatore, Public Sphere; Behloul, Thema; Sacks, Dignity.

61 Vgl. Baumann, Religion.

62 Große Kracht, Koexistenz, 262; vgl. ders., Offene Fragen.

63 Casanova, Civil Society, 1048f.

Verantwortung füreinander sowie für andere in ihrer eigenen gemeinschaftlichen Praxis zum Ausdruck bringen und zudem in gesellschaftliche Meinungs- und Willensbildungsprozesse einspeisen, erweisen sie sich als wichtige Akteure im Raum der Zivilgesellschaft. Indem sie «die persönliche Moral mit öffentlichen Problemen und die Öffentlichkeit mit Fragen der privaten Moral konfrontieren, nötigen sie moderne Gesellschaften dazu, sich reflexiv auf ihre normativen Grundlagen zu beziehen und diese zu rekonstruieren»[64]. Mit ihren Interventionen leisten sie eine immanente normative Kritik bestimmter moderner Entwicklungen. Sowohl mit ihren prophetischen Herausforderungen als auch mit ihren moralischen Optionen und Interventionen tragen öffentliche Religionen zur Vitalisierung der Zivilgesellschaft bei. Sie mobilisieren moralische Ressourcen, deren auch eine moderne pluralistische Gesellschaft und ein säkularer Staat bedürfen, die beide auf die politisch-kulturellen Moralbestände «intakter gesellschaftlicher Moral- und Gesinnungsgemeinschaften»[65] angewiesen sind.

Öffentliche Religionen sind im öffentlichen Raum materiell, medial und sozial sichtbare Religionsgemeinschaften, die sich darin zugleich performativ durch ihre vielfältigen rituellen, diakonischen, prophetischen und deliberativen Vollzüge artikulieren. Sie bringen ihre Auffassungen, Anliegen und Ansprüche diskursiv in die jeweiligen Öffentlichkeiten ein, wirken damit unter Umständen auf die politische Beratung und Willensbildung ein und tragen zivilgesellschaftlich und politisch zur Debatte und Verständigung über elementare Themen und Orientierungen gerechten und solidarischen Zusammenlebens bei.

4. Ausprägungen öffentlicher Theologie

Öffentliche Theologie kommt hier als Reflexionsinstanz öffentlicher Religion in den Blick. Sie nimmt Bezug auf, entwickelt sich im Rahmen von und zielt auf öffentliche Religionen. Sie bedenkt die Möglichkeiten und Chancen, die sich aus einer wissenschaftlichen Reflexion der Präsenz und der Potenziale von Religion im Rahmen von Religionsgemeinschaften, zivilen Gesellschaften und demokratisch verfassten Staaten ergeben. Im Folgenden werden fundamentaltheologische, sozialethische, transformationsgesellschaftliche und politisch-theologische Ansätze öffentlicher Theologie berücksichtigt.

64 Casanova, Chancen, 191f.

65 Große Kracht, Koexistenz, 249.

4.1. Theologie in ihren Öffentlichkeiten

Zu den Pionieren der Öffentlichen Theologie gehört der Chicagoer Theologe David Tracy. Bereits in den 1970er-Jahren hatte er die Theologie als «public discourse»[66] bezeichnet, und er hat diese Einsicht danach in seinem Hauptwerk «The Analogical Imagination» zu einem dreidimensionalen Modell theologisch relevanter Öffentlichkeiten ausgearbeitet.[67]

Tracy, «der Fundamentaltheologe unter den Öffentlichen Theologen»[68], stellt in seiner fundamentaltheologischen Grundlegung den genuin öffentlichen Charakter jeder Theologie heraus und begreift diese als einen fachlich differenzierten öffentlichen Diskurs. Ihm zufolge stellen die Wissenschaft, die Kirche sowie die Gesellschaft die drei für die Theologie maßgebenden Öffentlichkeiten dar, die er jeweils bestimmten theologischen Teildisziplinen zuordnet. Laut Tracy ist für die Fundamentaltheologie hauptsächlich jene Öffentlichkeit relevant, die sich im akademischen Raum an der Universität konstituiert und manifestiert: die wissenschaftliche Öffentlichkeit. Fundamentaltheologie sucht und führt vor allem das an Kriterien der Rationalität zu bemessende Gespräch mit den anderen Wissenschaften. Systematische Theologie, die Tracy von der Fundamentaltheologie unterscheidet, ist hingegen vorwiegend auf jene Öffentlichkeit bezogen, die in der Kirche zutage tritt. Systematische Theologie versteht der Chicagoer Theologe insbesondere als an die Kirche adressierte theologische Reflexion, die sich auf die Sinn- und Wahrheitsansprüche der christlich-kirchlichen Tradition und deren Interpretation konzentriert. Praktische Theologie habe primär die Öffentlichkeit der Gesellschaft im Blick, die nach Tracy den technisch-ökonomischen, den politischen sowie den kulturellen Bereich umfasst. Praktische Theologie beschäftige sich mit den gegenwärtigen sozialen, politischen, kulturellen und pastoralen Bewegungen, sei an diese adressiert und widme sich deren Anliegen und deren Problematik. Der Fundamentaltheologe hält freilich an der Einsicht fest, dass ungeachtet der unterschiedlichen fachlichen Akzentsetzungen alle Ausrichtungen aufeinander bezogen bleiben und gerade in ihrer unabdingbaren Zuordnung und Verwiesenheit aufeinander gemeinsam demonstrieren, «that all theology is public discourse»[69].

66 Vgl.Tracy, Theology.

67 Tracy, Imagination. Vgl. Cady, Religion; Martinez, Mystery; Graham, Rock.

68 Höhne, Öffentliche Theologie, 79.

69 Tracy, Imagination, 3.

Auch wenn Tracys disziplinäre Aufteilung der Teilöffentlichkeiten auf die Fächer bzw. Fachbereiche der Theologie, die er freilich nicht als exklusiv versteht, fragwürdig sein mag, so kann die Bedeutung seiner Unterscheidung und Zuordnung dreier *publics*, in denen sich Theologie zugleich bewegt und in Bezug auf die sie sich öffentlich artikuliert, nur unterstrichen werden: Theologie darf weder ekklesial, noch szientifisch, noch soziologisch begrenzt bzw. reduziert werden. Als öffentlicher Diskurs vollzieht sie sich gleichzeitig in den Öffentlichkeiten der Wissenschaft, der Kirche sowie der Gesellschaft.

In einer neueren Veröffentlichung zur öffentlichen Theologie fokussiert sich Tracy auf drei verschiedene Sichtweisen öffentlicher Vernunft und setzt die öffentliche Theologie dazu ins Verhältnis. Der Chicagoer Theologe unterscheidet nunmehr die «Öffentlichkeit Eins»[70] als freie Erkundung und rationale Ermittlung in Form von Argumentation und Dialektik, in der begründete Geltungsansprüche zählen, wozu für ihn auch religiöse Geltungsansprüche gehören, von der «Öffentlichkeit Zwei», in der ihm zufolge eine der Argumentation vorgängige «dialogische Vernunft»[71] am Werke ist. Diese führe das Gespräch «mit allen klassischen Äußerungen aller Traditionen»[72] der Religion, der Kunst und der Kultur, die ungeachtet ihrer partikularen Herkunft in ihrem Anspruch und in ihrer Wirkung wirklich öffentlich seien. Die «Öffentlichkeit Drei»[73] umfasst laut Tracy die kritischen Theorien, wozu für ihn die «Kritische Theorie» der Frankfurter Schule ebenso gehört wie der Dekonstruktivismus Derridas, Freuds psychoanalytische Theorie oder die lacansche Theorie, die von politischen, feministischen und Befreiungstheologien im Sinne einer Hermeneutik des Verdachts fruchtbar gemacht werden. Nach Tracys Auffassung befindet sich die Öffentlichkeit in unseren Gesellschaften in einem beschädigten Zustand. «In einer solchen Situation sollten sich TheologInnen von neuem überlegen, wie die reichhaltigen Ressourcen religiöser Traditionen zum Wohle der Gesellschaft auch öffentlich gemacht werden können»[74].

70 Tracy, Religion, 189.

71 Ebd., 193. Die Priorität des Gesprächs gegenüber der Argumentation betont Tracy in Auseinandersetzung mit Habermas insbesondere in Tracy, Theology.

72 Tracy, Religion, 193. Dahinter steht das in Tracy, Imagination, 99–229, entwickelte Konzept der Klassiker.

73 Tracy, Religion, 201.

74 Ebd., 207.

4.2. Sozialethische Theologie

Im deutschsprachigen Raum ist die Diskussion um Öffentliche Theologie primär im Bereich der Sozialethik angesiedelt und mit dem Namen des lutherischen Ethikers und späteren Bischofs von Berlin-Brandenburg, Wolfgang Huber, und dessen Schülern verbunden. Huber hat das Anliegen durch eine von ihm mitinitiierte und mitherausgegebene Buchreihe «Öffentliche Theologie» profiliert, die seit 1993 erscheint und in der Grundlagen und Aspekte öffentlicher Theologie etwa mit Bezug auf öffentliche Religion und Zivilreligion, Menschenwürde und Menschenrechte, Inklusion und Exklusion, Lebensbeginn und Sterbehilfe, öffentliche Kirche und öffentliche Diakonie etc. eruiert und reflektiert werden.[75]

Huber selbst hat sich in primär sozialethischer Perspektive insbesondere mit den Grundlagen und Aufgaben der Öffentlichen Kirche befasst. Vor allem in «Kirche in der Zeitenwende»[76] macht er sich gegenüber der konformistischen «Selbstsäkularisierung der Kirche»[77] für eine öffentliche und offene Kirche stark, die als intermediäre Institution in der Zivilgesellschaft in kommunikativer und kooperativer Freiheit sowie wechselseitiger Verantwortung lebt. Zu erkennen ist sie an ihrer Bildungsverantwortung, ihrem Eintreten für ökonomische, soziale und internationale Gerechtigkeit sowie für eine Kultur des Helfens und der Barmherzigkeit.

Der Huber-Schüler Heinrich Bedford-Strohm hat in der Reihe «Öffentliche Theologie» eine bedeutsame Studie «Gemeinschaft aus kommunikativer Freiheit» veröffentlicht, die einen theologisch-ethischen Beitrag zum sozialen Zusammenhalt in der modernen Gesellschaft darstellt. Darin legt der frühere Bamberger Ethiker und heutige Bischof der Evangelisch-Lutherischen Kirche in Bayern eine ebenso dezidierte wie differenzierte Kritik der soziologischen Individualisierungstheorie von Ulrich Beck vor; er profiliert demgegenüber die «Zivilgesellschaft als Gestaltungsform kommunikativer Freiheit»[78] und schließt mit sieben Thesen zur öffentlichen Kirche in der Zivilgesellschaft, in denen er zum Schluss kommt, die Kirchen seien «von ihrer institutionellen Gestalt und von ihrer Botschaft her dazu prädes-

75 Vgl. Vögele, Zivilreligion; ders., Menschenwürde; Losansky, Öffentliche Kirche; Höhne, Öffentliche Theologie.

76 Huber, Kirche; vgl. ders., Öffentliche Kirche.

77 Huber, Kirche, 10.

78 Bedford-Strohm, Gemeinschaft, 420ff.

tiniert, eine aktive Rolle bei der Förderung und Pflege einer Kultur der Zivilgesellschaft zu übernehmen»[79].

Bei Bedford-Strohm wird die Öffentliche Theologie innerhalb der Zivilgesellschaft profiliert als eine sozialethisch akzentuierte Theologie, die sich für eine demokratische Kultur, für wirtschaftliche Gerechtigkeit, für den Vorrang der Armen und für eine Globalisierung einsetzt, die gegenüber der weltweiten Ungerechtigkeit die Notwendigkeit und die Chancen einer neuen globalen Verantwortlichkeit herausstellt. Im Rückgriff auf Wolfgang Vögeles Definition öffentlicher Theologie als «‚Reflexion des Wirkens und der Wirkungen des Christentums in die Öffentlichkeit der Gesellschaft hinein'»[80] bedenkt Bedford-Strohm etwa die Wirksamkeit kirchlichen Redens mit Blick auf wirtschaftliche Gerechtigkeit. Dazu gehört für ihn wesentlich, in den aktuellen politischen Auseinandersetzungen «die Positionen der grundsätzlichen Stellungnahmen durch öffentliche Einsprüche zu konkretisieren». Eben darin zeige sich die tagespolitische Seite von «‚Sozialethik als öffentlicher Theologie'»[81].

Für den Bamberger Ethiker markieren fünf in leichten Variationen vorgetragene Leitlinien die Grundlagen und Grundausrichtungen öffentlicher Theologie. Zum Ersten gründet Öffentliche Theologie in der christlichen Tradition und hat von daher Rechenschaft zu geben über die Bedeutung ihrer biblischen und theologisch-ethischen Quellen, aus denen sie sich speist. Im Vorrang der Armen und in der Option für die Armen erkennt er ein biblisch begründetes «Grundprinzip christlicher Ethik»[82]. Zum Zweiten hebt Bedford-Strohm die unverzichtbare Zweisprachigkeit öffentlicher Theologie hervor, die nicht nur der biblischen, sondern auch der damit vereinbaren Vernunftbegründung bedarf und mithilfe von Überlegungen der praktischen Vernunft allgemein kommunikabel und plausibel gemacht werden könne. Drittens wird die Interdisziplinarität der öffentlichen Theologie unterstrichen, die im Gespräch mit den anderen Wissenschaften stehe, um die gegenwärtigen gesellschaftlichen Realitäten angemessen wahrzunehmen sowie sachgemäß zu untersuchen. Vor allem die Einbeziehung der Ergebnisse der empirischen Soziologie sei für ein realistisches Verständnis gesellschaftlicher Prozesse unverzichtbar. An einer Stelle heißt es, öffentli-

79 Ebd., 459f.

80 Vögele, Menschenwürde, 23; zit. in Bedford-Strohm, Sozialethik 342; ders., Zivilgesellschaft, 226.

81 Bedford-Strohm, Sozialethik, 341.

82 Bedford-Strohm, Weltwirtschaft, 41.

che Theologie impliziere einen «engagierten Realismus», der «sowohl die *Idealisierung* des freien Marktes als auch seine *Verdammung*»[83] überwinde. Viertens hat öffentliche Theologie laut Bedford-Strohm kritisch-konstruktiv zu sein, wobei etwa die vorrangige Option für die Armen nicht mit einem ideologisch verbrämten wirtschaftspolitischen Programm verwechselt werden dürfe, sondern als kritischer Maßstab zur Überprüfung und Bewertung aller wirtschaftspolitischen Programme diene und auf die gerechte Teilhabe aller abziele. Kritisch-konstruktiv bedeutet für den Sozialethiker zudem, dass öffentliche Theologie weder in Fundamentalkritik noch in Idealisierung verharrt, sondern sich bei der reformorientierten verantwortlichen Gestaltung gerechter und menschenwürdiger gesellschaftlicher Verhältnisse engagiert. Schließlich stellt der Sozialethiker fünftens den universalen Horizont öffentlicher Theologie heraus, die sich in einem ebenso ökumenischen wie globalen Kontext bewege, von dem auch das öffentliche Reden der Kirchen nicht abstrahieren könne. «Die verstärkte Berücksichtigung der theologisch-ethischen Urteilsbildung in den weltweiten Zusammenschlüssen der Kirchen wie dem Ökumenischen Rat der Kirchen für die Beiträge der Kirchen im öffentlichen Diskurs hierzulande ist eine konkrete Konsequenz dieser Einsicht.»[84]

Die britische Sozialtheologin Elaine Graham verortet in ihrem Werk «Between a Rock and a Hard Place» die gegenwärtige Theologie zwischen dem Felsen der religiösen Erweckung und dem harten Pflaster des Säkularismus.[85] Sie macht sich für eine öffentliche Theologie stark, die zwischen diesen beiden Polen zu vermitteln sucht und unter post-säkularen Voraussetzungen zu Interventionen in die öffentliche Sphäre fähig ist. Sie möchte die öffentliche Theologie zugleich als eine Form zeitgenössischer christlicher Apologetik profilieren, die in der post-säkularen Gesellschaft einen anregenden Kontext für ein öffentlich-theologisches Engagement sowie ein soziales Zeugnis der christlichen Kirchen erkennt und in Gebrauch nimmt.

In der post-säkularen Gesellschaft nimmt Graham eine neue Sichtbarkeit von Religion wahr, wobei neben die abnehmende religiöse Zugehörigkeit mediatisierte Formen von Religion und privatisierter Spiritualität träten. Dennoch stellt sie mit José Casanova eine Hinwendung zur Öffentlichkeit von Seiten von Glaubensgemeinschaften fest, und sie unterstreicht für

83 Ebd., 45.

84 Bedford-Strohm, Zivilgesellschaft, 221.

85 Vgl. Graham, Rock. Zur britischen Sozialtheologie vgl. Atherton, Public Theology; Forrester, Action; dazu: Storrar/Morton, Hg., Public Theology.

Großbritannien das wohlfahrtsorientierte Sozialunternehmertum als «new interface between religion and state»[86]. Die anglikanische Theologin zeichnet ein breites Panorama postsäkularer öffentlicher Theologien. Dazu zählt sie nicht nur die liberalen Ansätze des katholischen Systematikers David Tracy und des reformierten Ethikers Max Stackhouse, welche die öffentliche Dimension und Relevanz von Religion betont haben. Selbst die von ihr als gefährlich eingestufte «evangelical identity politics»[87] wird als eine Art konfessorische öffentliche Theologie klassifiziert, wobei sie darauf hinweist, dass sich diese Politik in der mikro-öffentlichen Sphäre von Netzwerken formiere, einen Diskurs des Leidens und erlittener Verfolgung konstruiere sowie eine defensive und exklusive Ablehnung von Pluralismus beinhalte.

Laut Graham erhebt öffentliche Theologie in einer post-säkularen Kultur den Anspruch, eine Form christlicher Apologetik zu sein, in der die Kirche sich nicht nur konstruktiv und kritisch an der öffentlichen Debatte beteiligt, sondern zugleich auf ebenso reflexive wie transparente Weise die theologischen Quellen ihres Engagements artikuliert. Diese «apologetics of presence»[88] vollziehe sich in einem zunehmend umstrittenen und fragmentierten Kontext. Sie reiche über die institutionelle Kirche hinaus und sei nicht auf deren Selbsterhaltung konzentriert, sondern mache sich stark für «das Wohl der Stadt» (Jer 29,7) sowie das Recht der Armen und Ausgeschlossenen. Öffentliche Theologie finde dementsprechend ihren primären Ausdruck in transformativer Praxis. Die Autorin erkennt in solcher Theologie eine prophetische Anwaltschaft, die gegenüber der Macht die Wahrheit ausspreche. Beim «truth to power»[89] rekurriert Graham auf die patristische Apologetik in Form von Petitionen bzw. Appellen an die Herrscher. Öffentliche Theologie stehe in Solidarität mit dem Säkularen. Ihr gehe es darum, die Berufung der Kirche zum gesellschaftlichen Zeugnis in den Praktiken sowohl der *citizenship* als auch der *discipleship* deutlich zu machen und insbesondere die Laien als «Gesandte an Christi statt» (2 Kor 5,20) zu aktivieren, ihren Glauben ebenso authentisch wie partizipatorisch in die umstrittenen Räume öffentlicher Beratung einzubringen.

86 Graham, Rock, 22.
87 Ebd., 140.
88 Ebd., 210.
89 Ebd., 194.

4.3. Öffentliche Theologie in Transformationsgesellschaften

Transformationsgesellschaftliche Ansätze öffentlicher Theologie können erhellen, wozu theologische Reflexion und Begleitung gesellschaftlicher Transformationsprozesse von autoritär-diktatorischen Staaten hin zu demokratisch konsolidierten Gesellschaften dienen. Dabei kommen Kirchen und andere Religionsgemeinschaften als relevante zivilgesellschaftliche Akteure und Katalysatoren demokratischer Veränderungsprozesse hin zu inklusiven und integrativen politischen Ordnungen zur Geltung.

In ihrem Band «Kirche und Öffentlichkeit in Transformationsgesellschaften» untersuchen die Missionswissenschaftlerin Christine Lienemann-Perrin und der Sozialethiker Wolfgang Lienemann zusammen mit einem internationalen Team die Rolle, die organisierte Religionen von den 1970er- bis zu den 1990er-Jahren in gesellschaftlichen Transformationsprozessen gespielt haben, wobei sie besonders deren Beiträge zur politischen Öffentlichkeit eruieren.[90] Dies geschieht in sechs Fallstudien zu afrikanischen, lateinamerikanischen und asiatischen Ländern, die markante Transformationsprozesse von autoritären hin zu demokratischen und rechtsstaatlichen Ordnungen durchlaufen haben. Da Kirchen und Religionen in diesen Prozessen häufig als wichtige kollektive Akteure auftraten, wird jeweils nach dem Selbstverständnis, den Funktionen, Handlungsmöglichkeiten und Organisationsformen von Kirchen bzw. Religionsgemeinschaften in den politischen Umbrüchen und Aufbrüchen gefragt. Dazu werden einerseits Ansätze und Ergebnisse der politikwissenschaftlichen Transformationsforschung herangezogen: andererseits beziehen sich die Beiträge verschiedentlich auf eine öffentliche Theologie sowie eine ökumenische Sozialethik. Der Band beschäftigt sich insbesondere mit der theologischen Begleitung von und der kirchlichen Beteiligung an Transformationsprozessen und will eruieren, inwiefern die Kirchen als zivilgesellschaftliche Akteure in politischen Transformationsprozessen auftreten und wirksam zum Zuge kommen.

Die deskriptiven und normativen Grundlagen der politologischen Transformationsforschung werden von Béatrice Lienemann aufgezeigt. Im Anschluss an den Politikwissenschaftler und Transformationsforscher Wolfgang Merkel liefert sie eine Typologie politischer Systeme (demokratisch, autoritär, totalitär) sowie der drei Phasen des Systemwechsels (Ende des autokratischen Systems, Demokratisierung, Konsolidierung), differenziert Ebenen der demokratischen Konsolidierung und unterscheidet vier

90 Vgl. Lienemann-Perrin/Lienemann, Hg., Kirche.

Typen unvollständig konsolidierter Demokratien (exklusive Demokratie, illiberale Demokratie, delegative Demokratie sowie Enklavendemokratie).[91]

In ihrer Fallstudie zu Südafrika konzentrieren sich Katrin Kusmierz und James R. Cochrane auf öffentliche Kirche und öffentliche Theologie. Sie heben die Rolle hervor, welche die ökumenisch orientierten Kirchen bei der friedlichen politischen Transformation des autoritären Apartheidregimes zu einem demokratischen Staat gespielt haben. Ob Südafrika aber angesichts der nach wie vor massiven ökonomischen Ungleichheit wirklich eine konsolidierte Demokratie darstellt, erscheint ihnen fraglich. Kusmierz und Cochrane würdigen nicht nur die Rolle der Kirchen und ihrer kontextuellen, prophetisch-politischen Theologie im Übergang zur Demokratie, sondern sie widmen sich auch deren veränderter Funktion in der Post-Apartheid-Zeit. Die *Truth and Reconciliation Commission* unter dem Vorsitz von Erzbischof Desmond Tutu «sollte zu einem wesentlichen Markstein der politischen Transformation in Südafrika werden»[92] und zum *nation building* beitragen. Im Zuge der demokratischen Transformation können die Religionsgemeinschaften und Kirchen in Südafrika sich neu orientieren und selbst zu Akteuren der Zivilgesellschaft werden. Ihr Beitrag bestehe nun in einem konstruktiven und kritischen Engagement zur Förderung der individuellen Demokratie- und Zivilgesellschaftsfähigkeit sowie der Anerkennung und Akzeptanz von Multireligiosität.

Mit Blick auf den Beitrag der Theologie zum *nation building* treten laut Kusmierz und Cochrane drei Bereiche hervor: erstens gehe es um die Aufarbeitung der Vergangenheit; zweitens komme der Akzeptanz demokratischer Grundwerte wie Gerechtigkeit und Solidarität, Respekt und Toleranz eine bedeutende Rolle zu, wobei die Religionsgemeinschaften «zur Ausbildung dieses moralisch-ethischen Grundkonsenses, zur *moral fiber of the nation* beitragen»[93] könnten. Zum Dritten könnte die Theologie eine in der biblisch-prophetischen Tradition und im Gedanken des Reiches Gottes verankerte Vision und Motivation zur Transformation der Gesellschaft beisteuern. Mit einer an den Leitbegriffen *reconstruction*, *nation building*, Versöhnung, Demokratie und Zivilgesellschaft ausgerichteten Reflexion sei auch eine theologische Transformation geschehen. An die Stelle des Widerstands und der Konfrontation seien eher dialogische, auf Kooperation bedachte, konstruktive und partizipative Ansätze öffentlicher Theologie getreten. Wenn

91 Vgl. Lienemann, Grundlagen; mit Bezug besonders auf Merkel, Systemtransformation.

92 Kusmierz/Cochrane, Öffentliche Kirche, 199.

93 Ebd., 216.

Öffentlichkeit und Zivilgesellschaft zu Orten von Theologie und Kirche werden, gehe damit «eine Verschiebung von der ‚politischen-prophetischen' hin zur *public theology*»[94] einher.

In seiner Fallstudie zu Brasilien beleuchtet der in São Leopoldo lehrende reformierte Theologe Rudolf von Sinner die Bedeutung der Zivilgesellschaft und darin der Kirchen für den demokratischen Übergang von der Militärdiktatur zur konsolidierten Demokratie in Brasilien. Er hebt sowohl die Rolle der Kirchenleitungen, vor allem der katholischen Bischofskonferenz, als auch der christlichen Basisgemeinden und sonstigen Basisbewegungen hervor. Von Sinner erkennt die beachtlichen Beiträge der Kirchen auf drei Ebenen: erstens der vornehmlich von der katholischen Kirche aufgrund ihrer starken Stellung bereits während der Diktatur betriebenen «direkten Debatte mit der Regierung und deren Organen»[95], zweitens der durch soziale Bewegungen, NGOs und kirchliche Organisationen erfolgten Beteiligung an der Zivilgesellschaft. Drittens führt er «die Kirchen als ‚Schulen' für die *cidadania*»[96] an, wobei namentlich die Pfingstkirchen eine wichtige Rolle gespielt hätten. Von Sinner unterstreicht die Relevanz der Theologie der Befreiung, die bedeutende theoretische Grundlagen für soziales und politisches Handeln gelegt habe. Die inzwischen ausdifferenzierte und weiterentwickelte Befreiungstheologie stehe heute vor neuen Herausforderungen, die der reformierte Theologe im Anschluss an Überlegungen von Hugo Assmann, José Comblin und Clóvis Pinto de Castro als solche begreift, die am besten in einer Theologie der *cidadania*, das heißt in einer Theologie der Bürgerrechte und der Bürgerschaft zur Geltung gebracht werden. *Cidadania* ist laut von Sinner zum Schlüsselwort für Demokratie in Brasilien geworden. Erstere unterstreiche nicht nur das Recht, Rechte zu haben, sondern zugleich die realen Möglichkeiten, diese Rechte der Teilhabe am sozialen und politischen Leben Brasiliens auch tatsächlich wahrzunehmen und im Kampf gegen Segregation und Exklusion zu verwirklichen. Die Anliegen der *cidadania* versteht er «als eine adäquate Rekontextualisierung der befreiungstheologischen Einsichten»[97]. Weil aber der Begriff der Befreiung nicht umfassend genug sei und der Begriff der öffentlichen

94 Ebd., 222.

95 Sinner, Beitrag, 289.

96 Ebd.

97 Sinner, Theologie, 189.

Theologie allein zu unspezifisch, plädiert von Sinner «für eine Theologie der *Cidadania* als öffentlicher Theologie»[98].

Der südafrikanische Theologe John de Gruchy stellt am deutlichsten die Transformation von Politischen zu Öffentlichen Theologien heraus. Aus seiner Sicht waren mit der neuen Politischen Theologie von Johann Baptist Metz und Jürgen Moltmann verwandte und davon beeinflusste Politische Theologien im Kampf gegen die Apartheid bestimmend. Mit dem Übergang zu einem demokratischen Staat seien indes die Fragen nach dem Land, dessen Verteilung und Gebrauch sowie der Aufbau einer neuen, gerechten Nation ins Zentrum gerückt. Im Fokus habe nun nicht mehr der Befreiungskampf, sondern die demokratische Transformation Südafrikas zu einem demokratischen Staat und einer demokratischen Gesellschaft angesichts von eklatanter Ungleichheit und Armut gestanden. Der neue multireligiöse, multidisziplinäre theologische Diskurs nach dem Übergang «von einer totalitären rassistischen Oligarchie zu einer offenen multirassischen demokratischen Gesellschaft»[99] werde von Öffentlichen Theologien in lokalen Situationen in einem globalen Kontext geführt. Aufgabe öffentlicher Theologien und der Kirchen sei die Beteiligung an andauernder Veränderung. Es gehe nicht primär um die Legitimation von Demokratie, sondern darum, dieser eine Vision einzupflanzen im Engagement dafür, «was wir als Gottes Willen für die Welt glauben»[100].

4.4. *Politisch-Theologische Perspektiven*

Das Verhältnis von Öffentlicher Theologie und Politischer Theologie wird kontrovers diskutiert. Manche sehen in ersterer eine deutliche Alternative zur zweiten; andere hingegen betonen die Verbindung zwischen beiden und stellen Gemeinsamkeiten heraus. Der reformierte amerikanische Ethiker Max Stackhouse unterstreicht die Differenz. Ihm zufolge gilt: «the public is prior to the republic», da die «moral and spiritual fabric of civil society is and should be more determinative of politics than politics is for society and religion»[101]. Öffentliche Theologie sei gegenüber der an den Staat gebundenen, mit den politischen Institutionen und Prozessen befassten Politischen Theologie an den moralischen und theologischen Dimensionen einer Gesellschaft interessiert und wolle Einzelnen, Gemeinschaften und Gesell-

98 Ebd., 190.

99 De Gruchy, Theologie 119.

100 Ebd., 123.

101 Stackhouse, Globalization, 101; vgl. ders., Zivilreligion 63.

schaften eine normative, spirituelle und konstruktive Ausrichtung geben, «calling upon people to enter into the reconstruction of the social or cultural ethos»[102].

Der Huber-Schüler Wolfgang Vögele sieht die Öffentliche Theologie im Kontrast zur Politischen Theologie weder auf eine «prinzipielle Kritik der gesellschaftlichen Verhältnisse» fokussiert noch auf das «*politische* Engagement der Kirchen»[103]. Statt radikale Fundamentalkritik zu betreiben, sei Öffentliche Theologie neben notwendiger Kritik ausgerichtet an der konstruktiven Mitwirkung der Kirchen sowie auf die «orientierend-dialogische Partizipation an öffentlichen Debatten»[104].

John de Gruchy charakterisiert die neue Politische Theologie von Metz und Moltmann als eine distinkt europäische Theologie, die auf dem Hintergrund der europäischen Säkularisierung entstanden ist und von den kontextuellen Gegebenheiten des Kalten Krieges sowie der Shoah geprägt wurde, von woher ihre kritisch-theologische Reflexion der gesellschaftskritischen und transformatorischen Rolle von Theologie und Kirche in der modernen Welt zu verstehen sei.[105] Entsprechen für de Gruchy Öffentliche Theologien eher den kontextuellen Verhältnissen im neuen Südafrika nach der Apartheid als die für den Kampf gegen die Apartheid hilfreiche Politische Theologie, so verstehen andere die neue Politische Theologie von Metz und Moltmann gerade als Öffentliche Theologie.[106]

Die in der «Theologie der Welt» formulierte neue Politische Theologie des katholischen Fundamentaltheologen Johann Baptist Metz nimmt im kritischen Anschluss an die Aufklärung die Welt als Geschichte wahr, deren Gestaltung der menschlich-gesellschaftlichen Praxis aufgegeben sei.[107] Im eschatologischen Horizont sucht sie an die neuzeitliche Zukunftsorientierung produktiv anzuknüpfen. Unter dem Primat der Zukunft ergeben sich die Umrisse einer kritischen Eschatologie, die eine handlungsbezogene Theologie erfordert.

Für Metz wird das Verhältnis von Glaubensverständnis und gesellschaftlichem Handeln zum Grundproblem der Theologie. Seine frühe Poli-

102 Stackhouse, Globalization, 231; vgl. ders., Zivilreligion 59.

103 Vögele, Zivilreligion, 424.

104 Vögele, Menschenwürde, 24.

105 Vgl. de Gruchy, Theologie 110f.

106 Vgl. in Bezug auf Metz: Doak, Narrative, bes. 107–125; dazu: Arens, Schrei. In Bezug auf Moltmann vgl. Paeth, Theology.

107 Vgl. Metz, Theologie.

tische Theologie ist dezidiert öffentlichkeitsbezogen. Es geht ihr um die Entprivatisierung der christlichen Rede von Gott, sie betont die öffentlich-gesellschaftliche Dimension der biblischen Botschaft und der Praxis des Glaubens. Sie zielt darauf, die Heilsbotschaft der Evangelien in aller Öffentlichkeit unter den gegenwärtigen gesellschaftlichen Bedingungen zu formulieren. Dies geschieht in der Absicht, deren kritisch-befreiende Potenz öffentlich zur Sprache zu bringen und zu entfalten. Politische Theologie ist zudem auf ein neues Selbstverständnis von Kirche aus. Damit diese ihre kritisch-befreiende Aufgabe innerhalb der gesellschaftlichen Öffentlichkeit wahrnehmen kann, bedarf es des Aufbaus einer kritischen Öffentlichkeit in der Kirche.

Die Entwicklung von Metz' Politischer Theologie erweckt freilich den Anschein, als sei sie zunehmend öffentlichkeitskritisch geworden.[108] Im Zuge ihrer apokalyptischen Verschärfung formuliert sie immer mehr Vorbehalte gegen die Öffentlichkeit und den Diskurs, stellt deren Banalisierung, Ökonomisierung und kulturindustrielle Entwertung das zu schützende Arkanum des Glaubens und das Leidensapriori entgegen. Allerdings treten in «Memoria passionis» eine Reihe öffentlichkeitsbezogener Anliegen und Themen zutage, die an solche der frühen Politischen Theologie anschließen. Wenn Metz ausführt, der Gott, von dem das Christentum spricht, sei «eine Angelegenheit, bei der grundsätzlich alle mitreden können und bei der deshalb auch alle gehört werden müssen»[109], dann schließt er sich Habermas' «emphatischem», normativem Konzept von Öffentlichkeit an. Wenn Metz mit Blick auf die Apokalyptik von einem «Aufdecken der Antlitze der Opfer»[110] spricht, dann bringt er ebenfalls eine Bedeutung von Öffentlichkeit als Gegenbegriff zum Geheimen ins Spiel. Wenn er für die Theologie «in der Öffentlichkeit des Globalisierungszeitalters die Unterscheidung zwischen technischer und anamnetischer Rationalität»[111] reklamiert, dann weist er der Theologie eine Rolle zu, die an Habermas' Insistieren auf der kommunikativen Rationalität gegenüber der instrumentellen Rationalität erinnert. Wenn Metz schließlich zum Widerstand gegen die «Selbstprivatisierung des Christentums»[112] aufruft und «wider die Selbstpri-

108 Vgl. vor allem: Metz, Memoria passionis; dazu: Klingen, Öffentlichkeit.

109 Metz, Memoria passionis, 113.

110 Ebd., 138.

111 Ebd., 160.

112 Ebd., 168.

vatisierung der Kirche in pluralistischer Öffentlichkeit»[113] argumentiert, dann knüpft er an die Bedeutung von Öffentlichkeit als Gegenbegriff zum Privaten an.

Der reformierte Systematiker Jürgen Moltmann hat zur neuen Politischen Theologie seine «Theologie der Hoffnung» beigesteuert. Darin bezeichnet er das Problem der Zukunft als das wirkliche Problem der Theologie und erkennt das christliche Leben als vom Primat der Hoffnung bestimmt. Die Theologie der Hoffnung ist eine biblisch fundierte eschatologische Theologie, welche die biblische Botschaft als Widerspruch gegen die Welt des Todes begreift. Sie wird gespeist vom biblischen Verheißungsglauben, der in der prophetischen Eschatologie eine Universalisierung und Intensivierung erfährt. Laut Moltmann steht auch das Neue Testament im eschatologischen Horizont der verheißenen Zukunft. Christliche Eschatologie ist für ihn «in ihrem Kern Christologie in eschatologischer Perspektive»[114], die das an Jesus Geschehene versteht als Anbruch und Antizipation der Herrschaft und Gerechtigkeit Gottes als einer *nova creatio*.

Verheißung korrespondiert die Kritik, die sich Moltmann zufolge als Stachel ins Fleisch jeder Gegenwart bohrt und sie zugleich für die Zukunft öffnet. Ihr entspricht die Sendung, die der Promissio als Missio folgt und die er als veränderungswillige Praxis nach vorne auslegt. Die im Erwartungshorizont des Reiches Gottes lebende Christenheit dürfe nicht nur die individuelle Seite des Heils im Sinn haben, sondern müsse sich für das öffentliche, gesellschaftliche und politische Leben der Menschen interessieren und engagieren. Nach Moltmann versteht die «Exodusgemeinde»[115] Religion im Gegensatz zur modernen Gesellschaft weder als Kult der Subjektivität noch der Mitmenschlichkeit oder der Institution. Sie setze vielmehr auf schöpferische Nachfolge und ziele auf die «Verwirklichung eschatologischer *Rechtshoffnung*, *Humanisierung* des Menschen, *Sozialisierung* der Menschheit, *Frieden* der ganzen Schöpfung»[116].

In neueren Veröffentlichungen qualifiziert Moltmann seine Politische Theologie ausdrücklich als Öffentliche Theologie. Christliche Theologie müsse um ihres Gegenstands willen *theologia publica* sein, sich in die öffentlichen Belange der Gesellschaften einmischen und, kritisch gegenüber politischen Religionen und Götzendiensten, das Gemeinwohl «im Licht der

113 Ebd., 186.

114 Moltmann, Theologie der Hoffnung, 175.

115 Vgl. ebd., 280-312; dazu: Paeth, Theology.

116 Moltmann, Theologie der Hoffnung, 303.

Reich-Gottes-Hoffnung Christi»[117] reflektieren. Eine Theologie des Reiches Gottes müsse in der Teilnahme an den öffentlichen Angelegenheiten zugleich «öffentliche, kritische und prophetische Gottesklage»[118] sowie Gotteshoffnung sein. Solche Öffentliche Theologie brauche die institutionelle Freiheit gegenüber der Kirche und einen Platz im öffentlichen Haus der Wissenschaften, den es heute sowohl gegen Atheisten als auch gegen Fundamentalisten zu verteidigen gelte.

Reich-Gottes-Theologie wird laut Moltmann zur «*öffentlichen Theologie* (public theology), die an den ‚Leiden dieser Zeit' teilnimmt und ihre Hoffnungen auf Gott dort formuliert, wo die Zeitgenossen existieren»[119]. Eine Theologie, die öffentlich an Gottes Reich, Gebot und Gerechtigkeit erinnert, kann sich weder fundamentalistisch auf die kirchliche Gemeinschaft zurückziehen, noch sich modernistisch der Gesellschaft anpassen. Vielmehr sei sie «widerständig und produktiv auf die Zukunft des Lebens der ganzen irdischen Schöpfung»[120] ausgerichtet.

Die Politische Theologie tut meines Erachtens gut daran, sich nicht allzu emphatisch von dem Öffentlichkeitsdenken der kommunikativen Handlungstheorie abzusetzen. Sie braucht die kommunikative Vernunft nicht zu denunzieren, sondern kann sich gerade um der Präzisierung ihrer kritisch-korrektivischen Intentionen willen auf die Öffentlichkeits- und Medienkritik der Theorie der systemischen Kolonialisierung der Lebenswelt einlassen.[121] Die Politische Theologie vermag zudem Wissenschaft im Anschluss an die und in Auseinandersetzung mit der kommunikativen Vernunft und durch deren anamnetische Öffnung kritisch-theoretisch zu analysieren und zu reflektieren.[122] Die Politische Theologie braucht auch den Schrei nicht zur «letzten Intention der menschlichen Sprache»[123] zu stilisieren, um die Dringlichkeit des Aufschreis, der prophetischen Klage sowie der Anklage Gottes zu unterstreichen.

Eine «Ökumene der Compassion»[124] verlangt solidarisches Anteilnehmen an fremdem Leid und emphatisches Mitleiden mit den leidenden Anderen, aber auch die Verständigung über die Unerträglichkeit des Leidens

117 Moltmann, Gott, 11.

118 Ebd., 15.

119 Moltmann, Erfahrungen, 16.

120 Ebd.; vgl. Paeth, Theology, 56.

121 Vgl. Große Kracht, Kirche; Klingen, Öffentlichkeit; Arens, Öffentliche Kirche.

122 Vgl. Peukert, Wissenschaftstheorie.

123 Metz, Memoria passionis, 99.

124 Ebd., 174–178.

und die nötigen Schritte zu dessen Linderung, über die Notwendigkeit und die Chancen einer Globalisierung der Compassion und der Gottesverständigung. Sie verlangt den alle Religionen einbeziehenden Diskurs über die Möglichkeiten und Grenzen der interreligiösen Verständigung.[125]

5. Öffentliche Religion(en) und Integration

5.1. Öffentlichkeiten als Orte und Opportunitäten für Religion(en)

Religion findet in der Öffentlichkeit statt. Religionsgemeinschaften bewegen sich, agieren und interagieren sowohl in religionsgemeinschaftlichen als auch in gesellschaftlichen Öffentlichkeiten. Während Religiosität die persönliche bzw. private Dimension des religiösen Lebens betrifft, handelt es sich bei Religion immer um eine gemeinschaftliche und damit tendenziell öffentliche Angelegenheit.

Öffentlichkeiten stellen Orte bzw. Räume dar, an respektive in denen religiöse Handlungen vollzogen werden. Als Artikulations- und Aktionsräume bieten sie Gelegenheiten für religiöse Performanzen, seien es die Kundgabe, Bekräftigung und Verteidigung von Glaubensüberzeugungen, sei es der Vollzug einer Vielzahl verschiedener ritueller Handlungen zur Gemeinschaftsbildung, -vergewisserung und -stärkung oder seien es diakonische Formen der Unterstützung, Hilfeleistung oder des solidarischen Eintretens für Andere.

Öffentlichkeiten bieten zudem mannigfaltige Möglichkeiten der Beteiligung, der inner-, intra- oder interreligiösen Kooperation, der Partizipation an Beratung, Mitentscheidung und Mitgestaltung, der Artikulation von Dissensen sowie der Austragung von Konflikten, der Profilierung des Eigenen, der Grenzziehung und Abgrenzung ebenso wie der Kultivierung des mit anderen Gemeinsamen. In Öffentlichkeiten werden gerade auch von Religionen institutionelle, symbolische und reale Barrieren errichtet oder ebensolche Brücken gebaut.

Die im zweiten Kapitel angesprochene performative Öffentlichkeit dürfte Religionsangehörigen und -gemeinschaften vor allem Gelegenheiten zur Artikulation ihrer Einsichten und Absichten, zur Selbstdarstellung und zum Selbstvollzug in ihren rituellen, diakonischen und prophetischen Tätigkeiten bieten. In der medialen Öffentlichkeit erlangen religiöse Subjekte und Gemeinschaften zuallererst Sichtbarkeit. Durch ihre mediale, materiale und soziale Visibilität werden religiöse Agenten und Artefakte öffentlich

125 Vgl. Arens, Gottesverständigung.

wahrgenommen und als wichtig, nützlich, kurios oder bedrohlich affirmiert, kritisiert bzw. skandalisiert. Die diskursive Öffentlichkeit eröffnet Religionsangehörigen und Religionsgemeinschaften die Chance, ihre religiösen Überzeugungen und ethischen Anliegen in den öffentlichen Diskurs einzubringen, in der Begegnung und Auseinandersetzung mit anderen Positionen und Gemeinschaften in öffentlichen Debatten und Beratungen an zivilgesellschaftlichen Willensbildungsprozessen mitzuwirken. In der politisch organisierten Öffentlichkeit ergibt sich durch Partizipation von Religionsrepräsentanten die Möglichkeit der Mitentscheidung über Regeln und Maßnahmen zur religionsfreundlichen, religionsneutralen oder -feindlichen Mitgestaltung des öffentlichen Lebens.

Was die Herstellung von Öffentlichkeit bzw. die Beteiligung an den angesprochenen Öffentlichkeiten im Blick auf die Integration religiöser Akteure, Gruppen und Gemeinschaften bedeutet, welche Chancen sie eröffnet, was für Möglichkeiten sie bietet und welche Barrieren sie beinhalten kann, wird im Folgenden dargelegt. Dabei ist freilich die religionsgemeinschaftliche Integration in eine religiöse Gruppe, Organisation oder Institution von der gesellschaftlichen Integration religiöser Akteure zu differenzieren und im Hinblick auf mögliche Opportunitäten und Hindernisse zugleich darauf zu beziehen.

5.2. Wie Religionsgemeinschaften integrieren

Religionsgemeinschaften integrieren die ihnen angehörenden Menschen und Gruppen auf verschiedene Weise und in mehrfacher Hinsicht.[126] Religionsgemeinschaften gewinnen und binden ihre Mitglieder, weil und wenn sie ihnen eine gemeinsame Sprache, gemeinsame Überzeugungen und Praktiken vermitteln. Religionen bieten Menschen eine über das eigene Leben hinausreichende Orientierung. Dazu gehören lebensleitende Einsichten über elementare Fragen des persönlichen Lebens und sozialen Zusammenlebens. Religionen schaffen und tradieren eine Sprache und Kultur, in denen Grundfragen nach Herkunft und Zukunft, Sinn und Ziel des menschlichen Lebens angesprochen werden, die Erinnerung und Hoffnung

126 Zu den Dimensionen von Integration vgl. Stolz, Integration; Vortkamp, Integration; Liedhegener, Religion. Zu Vortkamps Integrationskonzept sowie zur «Binnenintegration» vgl. den Beitrag von Baumann in diesem Band, bes. Kap. 2 und 4. Stolz, Integration 10, unterscheidet kulturelle, strukturelle, rechtliche, interaktionelle und identifikatorische Integration.

artikuliert, die eigene sowie kollektive Erfahrungen spiegelt, aufeinander bezieht und zusammenbindet.

Religionsgemeinschaften binden Menschen in lokale, regionale und zum Teil globale Zusammenhänge ein. Durch Initiations- und andere Übergangsriten markieren sie an riskanten Knoten- und Wendepunkten des Lebens Ablösung, Zugehörigkeit und Zusammengehörigkeit. In einer Fülle von Alltagspraktiken und Alltagsriten werden Elemente von Grundüberzeugungen und Handlungsorientierungen habitualisiert. Indem Religionsgemeinschaften ihre jeweilige Geschichte in einer Vielzahl von Geschichten zur Sprache bringen und deren Höhepunkte rituell inszenieren, stiften und bekräftigen sie horizontale wie vertikale Gemeinschaft. Sie errichten und unterhalten dazu Orte und Räume des Zusammenkommens, des gemeinsamen Feierns, des Betens, der gottesdienstlichen Aktion und Interaktion. Durch Symbole der Verbundenheit, Gesten der Solidarität und Praktiken des Teilens unterstreichen sie die Verbindung der Anwesenden untereinander und deren Eingebundenheit in die größere, umfassende Gemeinschaft, sei es die des Volkes Gottes, der Kirche Jesu Christi oder der islamischen Umma.

Religionsgemeinschaften normieren den Umgang ihrer Mitglieder mit Angehörigen der eigenen Gemeinschaft und nehmen Abgrenzungen vor zwischen Gläubigen, Andersgläubigen und Ungläubigen. In Bezug auf Letztere geschehen einerseits dezidierte Ausgrenzung, Abwertung und Konfrontation; andererseits können auch Gemeinsamkeiten profiliert und die Einbeziehung in eine verbindende gemeinsame Geschichte betont werden. Religionen formulieren mittels Geboten und Verboten fundamentale Lebensregeln als Grundregeln für die Beziehung zum sowie den Umgang mit dem Göttlichen, für das persönliche Leben, das gemeinschaftliche Zusammenleben in Familie, Verwandtschaft, religiöser Gemeinschaft, mit nahen und fernen Mitmenschen sowie mit anderen Lebewesen und der Natur. Indem Religionen die Grundzüge der jeweiligen Regeln des Zusammenlebens vermitteln und ihre Mitglieder darauf verpflichten, findet in Religionsgemeinschaften eine mehr oder weniger detailliert regulierte, jedenfalls verbindliche normative Integration statt.

Religionsgemeinschaften schreiben freilich nicht nur Basisverpflichtungen vor und fest, sondern zeigen auch auf, was die Gläubigen wem Gutes tun sollen; sie appellieren an die Bereitschaft zur Solidarität, Gerechtigkeit und Barmherzigkeit und rufen zum solidarischen Teilen der materiellen und spirituellen Güter auf. Glaubensgemeinschaften sind zudem Lernorte für das Einüben der normativen Regeln, Gebote und Verbote. Sie stellen Räume dar, in denen die göttlichen Vorgaben sowie die normativen Ansprüche der Gründer, herausragenden Gestalten und Vorbilder individuell und kollektiv zur Geltung gebracht werden.

Die interaktionelle Integration ihrer Mitglieder ist für Religionsgemeinschaften in der pluralistisch gewordenen Gegenwart ebenso notwendig wie zunehmend schwierig. Glaubensgemeinschaften ermöglichen eine Vielfalt von Face-to-Face-Interaktionen, persönlicher Kontakte und Begegnungen. In Gestalt von Gottesdiensten, Unterweisung, Hilfeleistungen und Geselligkeit schaffen sie Gelegenheit zu Begegnung und Austausch, bieten öffentliche Foren für Debatten und Selbstverständigung. Durch ein dichtes Netz von Aktivitäten wirken sie sozialisatorisch und lebensbegleitend, insofern innerhalb solcher Gemeinschaften Freundschaften geschlossen, Ehen eingegangen, Kinder initiiert werden, Eltern Unterstützung und Ältere Betreuung finden. Zudem werden Kranke besucht, Sterbende begleitet und Tote bestattet. Das gemeinsame gottesdienstliche, diakonische, gesellige und gesellschaftliche Handeln markiert und affirmiert Zugehörigkeit, stärkt Bindungen und nicht nur religiöse Bande. Begegnungen im Zusammenhang mit Riten, Festen und Feiern bringen einerseits den Zusammenhalt symbolisch und symbolträchtig zum Ausdruck, sind andererseits selbst performative Vollzüge des Zusammenstehens und Zusammenhandelns.

Insbesondere in fremder Umgebung sind Religionsgemeinschaften für religiöse, ethnische und kulturelle Minderheiten eine wichtige Integrationsinstanz, die Kinder und Jugendliche in ein engmaschiges, von diesen bisweilen als repressiv empfundenes Netz von Gewohnheiten und Verpflichtungen einbinden.[127] Gerade in unvertrauter, als fremd erfahrener oder gar als feindselig wahrgenommener Umwelt ist dichte interaktionelle Integration für den Fortbestand der lokalen Gemeinschaft unverzichtbar. Das zeigt sich etwa am orthodoxen Judentum, das in der doppelten Diaspora einer religiösen Minderheit in der permissiven Gesellschaft um sein spirituelles wie physisches Überleben kämpft.

Identifikatorische Integration im Sinne der affektiven Bindung an sowie der emotionalen Einbindung in eine Religionsgemeinschaft bedeutet, dass die Gemeinschaft für ihre Mitglieder nicht nur eine kulturell-kognitive, normative und interaktive Größe darstellt, sondern zugleich die Gefühlsebene anspricht und emotionale Bedeutung besitzt. Identifikatorische Integration geschieht durch den Gebrauch gemeinsamer Symbole wie Erkennungszeichen, Fahnen, durch das Tragen gruppenspezifischer Kleidung,

127 Vgl. Nagel, Religiöse Netzwerke, sowie die Beiträge in Nagel, Hg., Religiöse Netzwerke.

durch signifikante rituelle Vollzüge und Feiern, in und mit denen die kollektive Identität performativ in Szene gesetzt, sinnenfällig demonstriert und bewegend bekundet wird. Ein hohes identifikatorisches Potenzial haben außeralltägliche Vollzüge, in denen sich intensive Interaktion, Bewegung und Identitätsbekundung verbinden. Dazu zählen emotionale und spirituelle Höhepunkte und Gipfelerfahrungen wie Wallfahrten oder Pilgerreisen. Zur Bekräftigung und Intensivierung der affektiven Bindung tragen für die Beteiligten zum Beispiel spirituelle *events* bei, wie sie amerikanische «megachurches»[128] inszenieren, aber auch Großveranstaltungen wie etwa Katholiken- und Kirchentage sowie geradezu globale Ereignisse wie Weltjugendtage oder der islamische Hadsch.

Religionsgemeinschaften ist offenbar das eigen, was als Sozialkapital des *bonding* und *bridging* charakterisiert worden ist.[129] *Bonding* bezeichnet die Fähigkeit, langfristige, verlässliche, enge Bindungen zu Menschen und Gruppen einzugehen. *Bridging* bedeutet demgegenüber die Bereitschaft und Fähigkeit, die Grenzen der eigenen Gemeinschaft zu überschreiten, auf andere zuzugehen, Beziehungen zu ihnen aufzubauen und mit ihnen zusammenzuarbeiten.

5.3. Religionsgemeinschaftliche Beiträge zur gesellschaftlichen Integration

Die gesellschaftliche Integration von Personen, Gruppen und Gemeinschaften erfolgt strukturell vor allem über das Bildungssystem. Bei der kulturellen Integration geht es um die Kenntnis der grundlegenden Kulturtechniken und Praktiken. Dazu gehören die Fähigkeit, die bzw. eine Landessprache zu sprechen, das nötige Wissen über die organisatorischen Abläufe sowie die Vertrautheit mit den elementaren Handlungsformen, Verhaltensweisen und *habits* einer Gesellschaft. Zur strukturellen und kulturellen Integration können Religionsgemeinschaften durch ihre Bildungsinstitutionen und Bildungsangebote beitragen, was in manchen Ländern durch deren staatliche Anerkennung dokumentiert wird.

Gesellschaften brauchen und verlangen zudem normative Integration. Diese bezieht sich auf das Wissen um grundlegende ethische sowie rechtliche Normen der jeweiligen Gesellschaft und auf deren Akzeptanz. Dazu zählen die Kenntnis der Grundzüge der jeweiligen Regeln des Zusammenlebens, deren Befolgung und ihre zumindest grundsätzliche Anerkennung.

128 Vgl. Putnam/Campbell, Grace.

129 Vgl. Putnam, Bowling Alone; Putnam/Campbell, Grace; Pickel, Religiöses Sozialkapital; dazu den Beitrag von Liedhegener in diesem Band, Kap. 2.

Auch Religionsgemeinschaften sind normativ integriert. Während staatliche Rechtsnormen Geltung für alle Bürgerinnen und Bürger beanspruchen, geraten die ethisch-sittlichen Normen von Religionsgemeinschaften damit unter Umständen in Konflikt, etwa weil eine Religion etwas verbietet, was rechtlich erlaubt ist. Eine allzu große Diskrepanz zwischen allgemeinen staatlichen und partikularen religiösen Normen bringt die Gefahr der Desintegration mit sich. Um diese zu verhindern, werden alle gesellschaftlichen Gruppen im demokratischen Rechtsstaat auf die Anerkennung von Grundrechten und Grundnormen des gesellschaftlichen Zusammenlebens verpflichtet. Religionsgemeinschaften, die solche Grundrechte auch von ihren Glaubensüberzeugungen her aus religiösen Gründen befürworten und den Grundnormen aus religiösen Gründen zustimmen, tragen zur normativen Integration in die jeweilige Gesellschaft bei. Wo Auseinandersetzungen zwischen Religionsgemeinschaften und staatlichen Ansprüchen in der diskursiven Öffentlichkeit mit dem Ziel der Verständigung mitsamt den Grenzen der Verständigung ausgetragen werden, ist dies der normativen Integration, die immer eine graduelle bleibt, und deren Reichweite und Grenzen auszuhandeln sind, förderlich. Wo Religionsgemeinschaften die normative Integration in die Gesamtgesellschaft ablehnen und verweigern, bleibt ihnen die Abschottung in einer Sondergesellschaft, welche die akuten Konfliktpotenziale einerseits zähmt, aber andererseits die gesamtgesellschaftliche Integration latent bedroht. Die rechtliche Inkorporation von Religionsgemeinschaften, für die sich verschiedene Verfahren und Formen anbieten, bietet jedenfalls beiderseitig fruchtbare Chancen und Möglichkeiten der Integration.[130]

Die interaktionelle gesellschaftliche Integration religiöser Gruppen und Gemeinschaften geschieht bzw. wird gefördert durch Kontakte und Beziehungen zu anderen, durch Begegnungen mit Andersgläubigen und Nichtgläubigen, durch die Mitwirkung an extrareligiösen Aktivitäten und durch vielfältige Formen und Vollzüge der Beteiligung an zivilgesellschaftlichem Engagement. In Aktionen und Interaktionen, welche die eigene Gruppierung oder Gemeinschaft überschreiten, die Verbindungen mit anderen aufnehmen und sich auf den Kontakt mit und in der Folge davon womöglich auf die Kooperation mit bisher Fremden einlassen, geschieht *bridging*. Darin werden Brücken des Verstehens und eventuell der Verständigung geschlagen. Wo religiöse Gruppen und Gemeinschaften ihre eigenen Anliegen und Interessen in öffentliche Debatten und Diskurse einbringen, wo sie

130 Vgl. Pahud de Mortanges, Inkorporationsregime.

gesellschaftliche Interessensvertretung betreiben oder politische Lobbyarbeit leisten, können sie gerade auch durch die Offenlegung und Austragung von Dissensen und Konflikten zu einem *bridging* beitragen. Wo religiöse Akteure über die eigene Gruppe hinaus in Notfällen Hilfe leisten, Unterstützung gewähren und solidarisch handeln, tragen sie zu einem friedlichen gesellschaftlichen Zusammenleben bei. Wo sich religiöse Subjekte in interreligiösen Netzwerken betätigen und darin dialogisch und diakonisch interagieren, wird die interaktionelle gesellschaftliche Integration befördert und gestärkt. Das in Zusammenarbeit mit NGOs und anderen zivilgesellschaftlichen Akteuren erfolgende zivilgesellschaftliche Engagement von religiösen Gruppierungen und Gemeinschaften trägt zur interaktionellen Integration bei.

Ein Beitrag zur identifikatorischen gesellschaftlichen Integration liegt vor, wenn religiöse Gemeinschaften «sich ähnlich stark mit der Gesellschaft, dem Staat und der Verfassung identifizieren, wie dies die Mitglieder der Gesellschaft oder andere kollektive Akteure im Mittel tun»[131]. Eine nicht notwendig unkritische, aber gleichwohl grundsätzliche Anerkennung der gegebenen Gesellschaft, eine grundsätzliche Bejahung des Staates und seiner Verfassung kommt der gesellschaftlichen Integration entgegen. Inwieweit diese Bejahung selbst zivilreligiöse Züge trägt, die der entstaatlichten zivilgesellschaftlichen Option in die Quere kommen, ist in der Forschung umstritten. Das «Bekenntnis» zum Staat wird von Seiten öffentlicher Theologie zuweilen dem religiösen Bekenntnis entgegengestellt und als Idolatrie qualifiziert. Das «identifikatorische» Verhältnis religiöser Gemeinschaften zum demokratischen Rechtsstaat und seiner Verfassung, welche die Grundrechte für alle Bürgerinnen und Bürger garantiert, die Religions- und Versammlungsfreiheit schützt und dem öffentlichen Engagement zivilgesellschaftlicher einschließlich religiöser Akteure Raum gibt, müsste jedenfalls enger und konstruktiver sein als das zu Diktaturen und Unrechtsstaaten.

Religionen können Menschen offenbar zusammenschweißen und auseinanderreißen. Auf der einen Seite handelt es sich bei ihnen um Solidargemeinschaften, die ihre Mitglieder sozialisieren und sozial integrieren, ihnen Identität vermitteln, Begegnungsräume eröffnen und ein Gefühl von Zugehörigkeit und Zusammengehörigkeit geben. Auf der anderen Seite können Religionsgemeinschaften sich verhärten, versteinerte Bollwerke bilden, sich dem Kampf gegen die feindliche Außenwelt verschreiben und so desintegrative sowie destruktive Kräfte entfesseln.

131 Stolz, Integration, 10.

Religionsgemeinschaften bieten insbesondere marginalisierten Minderheiten Rückzugs- und Schutzräume, Orte der Bewahrung und Weitergabe ihrer kulturellen und religiösen Identität. Dabei geschieht primär ein *bonding*, das gemeinschaftliche soziale Integration befördert, aber bei zu starker, exklusiver Bindung zugleich gesellschaftliche Integration verhindert. Öffentliche Religionen balancieren am ehesten das *bonding* mit dem *bridging*. Aus der Perspektive Öffentlicher Theologie ist meines Erachtens darauf hinzuwirken, dass auch religiöse Minderheiten mit ihren Symbolen und Überzeugungen öffentlich sichtbar und präsent werden, ihre Anliegen und Interessen performativ, medial und diskursiv öffentlich zur Sprache bringen und in den gesellschaftlichen Diskurs einbringen. Nach meiner Auffassung werden Religionen dann im Vollsinn öffentlich, wenn sie sich in allen Dimensionen von Öffentlichkeit präsentieren und daran partizipieren. Durch Sichtbarkeit, gesellschaftliches Engagement, aktive Teilnahme an zivilgesellschaftlichen Diskursen, öffentlicher Konfliktaustragung und politischer Partizipation wachsen die Chancen, in Interaktion mit anderen zu lernen und dadurch Brücken des Respekts, des Verstehens, der auf Gegenseitigkeit angelegten Anerkennung und der Verständigung zu bauen. Auf diese Weise lassen sich die religionsgemeinschaftliche sowie die soziale Integration im Nahbereich mit der Integration in die Gesamtgesellschaft verbinden, was wiederum sowohl zur Stärkung der gemeinschaftlichen Zusammengehörigkeit als auch des gesellschaftlichen Zusammenhalts beiträgt.

5.4. Öffentliche Theologie als Reflexion auf öffentliche Religion(en)

Öffentliche Theologie lässt sich meines Erachtens begreifen als eine im Rahmen und aus der Perspektive von Religionsgemeinschaften betriebene wissenschaftliche Reflexion auf die öffentliche Bedeutung, Brisanz und Relevanz von Religion und Religionen.

Öffentliche Theologie eruiert die religiösen, interreligiösen und zivilgesellschaftlichen Potenziale von Religionsgemeinschaften; sie bedenkt die Bedeutung religiöser und religionsgemeinschaftlicher Bindungen ebenso wie die Relevanz gemeinschaftsüberschreitenden Brückenbauens; und sie reflektiert auf die Beiträge und Barrieren zur gemeinschaftlichen und gesellschaftlichen Verständigung, partizipatorischen Teilhabe und Verantwortung.

Öffentliche Theologie wendet sich einerseits gegen die Privatisierung und andererseits gegen die Verstaatlichung von Religion und unterstreicht demgegenüber die Wichtigkeit zivilgesellschaftlicher Präsenz von Religion und Religionen sowie die Bedeutung religiöser und religionsgemeinschaftlicher Beiträge in der und für die Öffentlichkeit.

Öffentliche Theologie beinhaltet prophetische Kritik an Diskriminierung und Marginalisierung, Ausgrenzung und Exklusion von Religion und Religionen. Sie kritisiert ebenso die Exklusion religiöser Minderheiten wie die Selbstabkapselung und Selbstabschottung religiöser Gruppierungen und Glaubensgemeinschaften. Sie akzentuiert dagegen die Chancen, welche die Einbeziehung der Anderen bietet, desgleichen die Ausrichtung auf Begegnung und Dialog, diskursive Konfliktlösung und die Suche nach Verständigung.

Öffentliche Theologie tritt dafür ein, dass Religionsgemeinschaften ihre Überzeugungen, Anliegen und Kritik in der performativen, der medialen, der diskursiven sowie der politisch organisierten Öffentlichkeit artikulieren können, dass sie als öffentliche Religionen zugleich an diesen Öffentlichkeiten partizipieren und sich darin engagieren.

Öffentliche Theologien sind davon überzeugt, dass die in religiösen Überlieferungen bewahrten, in Religionsgemeinschaften tradierten, von ihnen aktualisierten und fortgeschriebenen Vorstellungen, Visionen und Praktiken gelingenden, guten Lebens und gerechten, solidarischen Zusammenlebens für das Gemeinwohl wichtige, unverzichtbare Ressourcen darstellen.

Öffentliche Theologien machen sich darum dafür stark, dass diese semantischen und pragmatisch-performativen Ressourcen von Seiten öffentlicher Religionen auch in die gesellschaftlichen und politischen Debatten und Diskurse eingebracht und darin im dialogischen Austausch, der gegenseitigen Anerkennung und Kritik konstruktiv zur Geltung gebracht werden.

Aus der Perspektive Öffentlicher Theologie sind jene Religionsgemeinschaften am integrationsfähigsten, die sich als öffentliche Religionen konstituieren, in der performativen, medialen, diskursiven und politischen Öffentlichkeit präsent sind, sich darin sichtbar, handlungsfähig, dialogisch-deliberativ und politisch-partizipativ engagieren und zugleich ihre Präsenz und Partizipation ebenso kritisch wie selbstkritisch öffentlich-theologisch reflektieren.

Literatur

Alexander, Jeffrey C., The Civil Sphere, Oxford/New York 2006.

Alexander, Jeffrey C./Giesen, Bernhard/Mast, Jason L., Hg., Social Performance, Symbolic Action, Cultural Pragmatics, and Ritual, Cambridge (MA) 2006.

Alexander, Jeffrey C., Cultural Pragmatics. Social Performance Between Ritual and Strategy, in: Sociological Theory 22, 2004, 527–573.

Arens, Edmund, Gottesverständigung. Eine kommunikative Religionstheologie, Freiburg/Basel/Wien 2007.

Arens, Edmund, «In der Schweiz, in der Schweiz, in der Schweiz…» – Öffentliche Religion im helvetischen Raum, in: Gabriel, Karl, Hg., Religionen im öffentlichen Raum: Perspektiven in Europa (Jahrbuch für Christliche Sozialwissenschaften Bd. 44), Münster 2003, 131–142.

Arens, Edmund, Was die moderne Gesellschaft von den Religionen erwartet. Der Ansatz von Jürgen Habermas, in: Nacke, Bernd, Hg., Orientierung und Innovation. Beiträge der Kirche für Staat und Gesellschaft. Mit einem Vorwort von Karl Kardinal Lehmann, Freiburg/Basel/Wien 2009, 149–165.

Arens, Edmund, Vom Schrei zur Verständigung. Politische Theologie als öffentliche Theologie, in: Polednitschek, Thomas/Rainer, Michael J./Zamora, José Antonio, Hg., Theologisch-politische Vergewisserungen. Ein Arbeitsbuch aus dem Schüler- und Freundeskreis von Johann Baptist Metz, Münster 2009, 129–138.

Arens, Edmund, Der «eigene Gott» und die öffentliche Religion. Rolle und Relevanz christlicher Tradition in moderner Gesellschaft, in: Baumann, Martin/Neubert, Frank, Hg., Religionspolitik – Öffentlichkeit – Wissenschaft. Studien zur Neuformierung von Religion in der Gegenwart, Zürich 2011, 105–126.

Arens, Edmund, Kritisch, kirchlich, kommunikativ. Fundamentaltheologie als öffentliche Theologie, in: Böttigheimer, Christoph/Bruckmann, Florian, Hg., Glaubensverantwortung im Horizont der «Zeichen der Zeit» (QD 248), Freiburg/Basel/Wien 2012, 432–453.

Arens, Edmund, Zwischen Spaltpilz und Zusammenhalt. Religionen und gesellschaftliche Integration, in: zur debatte 4/2012, 27–30.

Arens, Edmund, Öffentliche oder gegenöffentliche Kirche? Ekklesiologische Konzepte Politischer Theologie, in: Klingen, Henning/Zeilinger, Peter/Hölzl, Michael, Hg., Extra ecclesiam… Zur Institution und

Kritik von Kirche (Jahrbuch Politische Theologie Bd. 6/7), Berlin 2013, 150–168.

Arens, Edmund/Baumann, Martin/Liedhegener, Antonius/Müller, Wolfgang W./Ries, Markus, Hg., Integration durch Religion? Geschichtliche Befunde, gesellschaftliche Analysen, rechtliche Perspektiven (Religion – Wirtschaft – Politik Bd. 10), Zürich/Baden-Baden 2014.

Atherton, John, Public Theology for Changing Times, London 2000.

Baumann, Martin, Religion und umstrittener öffentlicher Raum. Gesellschaftspolitische Konflikte um religiöse Symbole und Stätten im gegenwärtigen Europa, in: Zeitschrift für Religionswissenschaft 7, 1999, 187–204.

Baumann, Martin/Tunger-Zanetti, Andreas, Wenn Religionen Häuser bauen: Sakralbauten, Kontroversen und öffentlicher Raum in der Schweizer Demokratie, in: Baumann, Martin/Neubert, Frank, Hg., Religionspolitik – Öffentlichkeit – Wissenschaft. Studien zur Neuformierung von Religion in der Gegenwart, Zürich 2011, 151–188.

Baumann, Martin, Umstrittene Sichtbarkeit. Zur Öffentlichkeit religiöser Bauten von Immigranten in Europa, in: Stausberg, Michael, Hg., Religionswissenschaft. Ein Studienbuch, Berlin 2012, 365–377.

Bedford-Strohm, Heinrich, Gemeinschaft aus kommunikativer Freiheit. Sozialer Zusammenhalt in der modernen Gesellschaft. Ein theologischer Beitrag, Gütersloh 1999.

Bedford-Strohm, Heinrich, Öffentliche Theologie und Weltwirtschaft. Ökumenische Soziallehre zwischen Fundamentalkritik und Reformorentierung, in: ders. et al., Hg., Kontinuität und Umbruch im deutschen Wirtschafts- und Sozialmodell, Gütersloh 2007, 29–49.

Bedford-Strohm, Heinrich, Sozialethik als Öffentliche Theologie. Wie wirksam redet die Evangelische Kirche über wirtschaftliche Gerechtigkeit?, in: ders. et al., Hg., Kontinuität und Umbruch im deutschen Wirtschafts- und Sozialmodell, Gütersloh 2007, 329–347.

Bedford-Strohm, Heinrich, Öffentliche Theologie in der Zivilgesellschaft, in: Höhne, Florian/van Oorschot, Frederike, Hg., Grundtexte Öffentliche Theologie, Leipzig 2015, 211–226.

Behloul, Samuel M., Vom öffentlichen Thema zur öffentlichen Religion? Probleme und Perspektiven des Islam im Westen am Beispiel der Schweiz, in: Baumann, Martin/Neubert, Frank, Hg., Religionspolitik – Öffentlichkeit – Wissenschaft. Studien zur Neuformierung von Religion in der Gegenwart, Zürich 2011, 127–150.

Butler, Judith/Habermas, Jürgen/Taylor, Charles/West, Cornel, The Power of Religion in the Public Sphere, ed. and introduced by Mendieta, Eduardo/VanAntwerpen, Jonathan, New York 2011.

Cady, Linell E., Religion, Theology, and American Public Life, Albany (NY) 1993.

Calhoun, Craig, Hg., Habermas and the Public Sphere, Cambridge (MA) 1992.

Calhoun, Craig/Mendieta, Eduardo/VanAntwerpen, Jonathan, Hg., Habermas and Religion, Cambridge (MA)/Malden 2013.

Casanova, José, Public Religions in the Modern World, Chicago (IL) 1994.

Casanova, José, Chancen und Gefahren öffentlicher Religion, in: Kallscheuer, Otto, Hg., Das Europa der Religionen. Ein Kontinent zwischen Säkularisierung und Fundamentalismus, Frankfurt a. M. 1996, 181–210.

Casanova, José, Civil Society and Religion, in: Social Research 68, 2001, 1041–1080.

Casanova, José, Public Religions Revisited, in: Große Kracht, Hermann-Josef/Spieß, Christian, Hg., Christentum und Solidarität (FS Karl Gabriel), Paderborn/München/Wien/Zürich 2008, 313–338.

Casanova, José, Europas Angst vor der Religion, Berlin 2009.

Casanova, José, Exploring the Postsecular. Three Meanings of «the Secular» and Their Possible Transcendence, in: Calhoun, Craig/Mendieta, Eduardo/VanAntwerpen, Jonathan, Hg., Habermas and Religion, Cambridge/Malden 2013, 27–48.

De Gruchy, John W., Von Politischer zu Öffentlicher Theologie. Die Rolle der Theologie im öffentlichen Leben in Südafrika, in: Höhne, Florian/van Oorschot, Frederike, Hg., Grundtexte Öffentliche Theologie, Leipzig 2015, 107–125.

Doak, Mary, Reclaiming Narrative for Public Theology, Albany (NY) 2004.

Eisenstadt, Shmuel N., Hg., Multiple Modernities, New Brunswick (NJ), 2002.

Forrester, Duncan B., Truthful Action, Edinburgh 2001.

Gabriel, Karl, Hg., Religionen im öffentlichen Raum: Perspektiven in Europa (Jahrbuch für Christliche Sozialwissenschaften Bd. 44), Münster 2003.

Gabriel, Karl, Säkularisierung und öffentliche Religion. Religionssoziologische Anmerkungen mit Blick auf den europäischen Kontext, in: ders., Hg., Religionen im öffentlichen Raum: Perspektiven in Europa

(Jahrbuch für Christliche Sozialwissenschaften Bd. 44), Münster 2003, 13–36.

Gallup, George/Rae, S. Forbes, The Pulse of Democracy. The Public Opinion Poll and How It Works, New York 1940.

Gerhardt, Volker, Partizipation. Das Prinzip der Politik, München 2007.

Gerhardt, Volker, Öffentlichkeit. Die politische Form des Bewusstseins, München 2012.

Göle, Nilüfer/Ammann, Ludwig, Hg., Islam in Sicht. Der Auftritt von Muslimen im öffentlichen Raum, Bielefeld 2004.

Graham, Elaine, Between a Rock and a Hard Place. Public Theology in a Post-Secular Age, London 2013.

Große Kracht, Hermann-Josef, Kirche in ziviler Gesellschaft. Studien zur Konfliktgeschichte von katholischer Kirche und demokratischer Öffentlichkeit, Paderborn/München/Wien/Zürich 1997.

Große Kracht, Hermann-Josef, Selbstbewusste öffentliche Koexistenz. Überlegungen zum Verhältnis von Religionen und Republik im Kontext moderner Gesellschaften, in: Gabriel, Karl, Hg., Religionen im öffentlichen Raum: Perspektiven in Europa (Jahrbuch für Christliche Sozialwissenschaften Bd. 44), Münster 2003, 225–272.

Große Kracht, Hermann-Josef, Offene Fragen im Universum öffentlicher Gründe. Jürgen Habermas und die Öffentlichkeitsansprüche der Religionen, in: Wenzel, Knut/Schmidt, Thomas M., Hg., Moderne Religion? Theologische und religionsphilosophische Reaktionen auf Jürgen Habermas, Freiburg/Basel/Wien 2009, 55–91.

Habermas, Jürgen, Strukturwandel der Öffentlichkeit. Untersuchungen zu einer Kategorie der bürgerlichen Gesellschaft. Mit einem Vorwort zur Neuauflage, Frankfurt a. M. 1990.

Habermas, Jürgen, Faktizität und Geltung. Beiträge zur Diskurstheorie des Rechts und des demokratischen Rechtsstaats, Frankfurt a. M. 1992.

Habermas, Jürgen, Die Einbeziehung des Anderen. Studien zur politischen Theorie, Frankfurt a. M. 1996.

Habermas, Jürgen, Glauben und Wissen, Frankfurt a. M. 2001.

Habermas, Jürgen, Zwischen Naturalismus und Religion, Frankfurt a. M. 2005.

Habermas, Jürgen, Die Revitalisierung der Weltreligionen – Herausforderung für ein säkulares Selbstverständnis der Moderne?, in: ders., Kritik der Vernunft. Philosophische Texte Bd. 5, Frankfurt a. M. 2009, 387–407.

Habermas, Jürgen, Nachmetaphysisches Denken II, Berlin 2012.

Hainsworth, Deirdre King/Paeth, Scott R., Hg., Public Theology for a Global Society (FS Max L. Stackhouse), Grand Rapids 2010.

Höhn, Hans-Joachim, Postsäkular. Gesellschaft im Umbruch – Religion im Wandel, Paderborn/München/Wien/Zürich 2007.

Höhne, Florian, Öffentliche Theologie. Begriffsgeschichte und Grundfragen, Leipzig 2015.

Höhne, Florian/van Oorschot, Frederike, Hg., Grundtexte Öffentliche Theologie, Leipzig 2015.

Huber, Wolfgang, Kirche in der Zeitenwende. Gesellschaftlicher Wandel und Erneuerung der Kirche, Gütersloh 1998.

Huber, Wolfgang, Öffentliche Kirche in pluralen Öffentlichkeiten, in: Evangelische Theologie 54, 1994, 157–180.

Joas, Hans, Religion post-säkular? Zu einer Begriffsprägung von Jürgen Habermas, in: ders., Braucht der Mensch Religion?, Freiburg/Basel/Wien 2004, 122–128.

Key, Valdimer O., Public Opinion and American Democracy, New York 1961.

Kippenberg, Hans G., Gewalt im Namen Gottes. Religionskriege im Zeitalter der Globalisierung, München 2008.

Klingen, Henning, Gefährdete Öffentlichkeit. Zur Verhältnisbestimmung von Politischer Theologie und medialer Öffentlichkeit, Berlin 2008.

Kusmierz, Katrin/Cochrane, James R., Öffentliche Kirche und öffentliche Theologie in Südafrikas politischer Transformation, in: Lienemann-Perrin, Christine/Lienemann, Wolfgang, Hg., Kirche und Öffentlichkeit in Transformationsgesellschaften, Stuttgart 2006, 195–226.

Liedhegener, Antonius, Plural und politisch. Der Katholizismus in der Bundesrepublik Deutschland seit 1989/90, in: Gabriel, Karl, Hg., Religionen im öffentlichen Raum: Perspektiven in Europa (Jahrbuch für Christliche Sozialwissenschaften Bd. 44), Münster 2003, 53–72.

Liedhegener, Antonius/Werkner, Ines-Jacqueline, Hg., Religion zwischen Zivilgesellschaft und politischem System. Befunde – Positionen – Perspektiven, Wiesbaden 2011.

Liedhegener, Antonius/Tunger-Zanetti, Andreas/Wirz, Stephan, Hg., Religion – Wirtschaft – Politik. Forschungszugänge zu einem aktuellen transdisziplinären Feld, Zürich/Baden-Baden 2011.

Liedhegener, Antonius, Religion, Bürgergesellschaft und Pluralismus. Gesellschaftliche und politische Integration aus der Perspektive demokratischer politischer Systeme, in: Arens, Edmund/Baumann, Martin/ders./Müller, Wolfgang W./Ries, Markus, Hg., Integration durch Reli-gion? Geschichtliche Befunde, gesellschaftliche Analysen, rechtliche Perspektiven (Religion – Wirtschaft – Politik Bd. 10), Zürich/Baden-Baden 2014, 63–84.

Lienemann-Perrin, Christine/Lienemann, Wolfgang, Hg., Kirche und Öffentlichkeit in Transformationsgesellschaften, Stuttgart 2006.

Lienemann, Béatrice, Deskriptive und normative Grundlagen der politologischen Transformationsforschung, in: Lienemann-Perrin, Christine/Lienemann, Wolfgang, Hg., Kirche und Öffentlichkeit in Transformationsgesellschaften, Stuttgart 2006, 125–158.

Losansky, Sylvia, Öffentliche Kirche für Europa. Eine Studie zum Beitrag der christlichen Kirchen zum gesellschaftlichen Zusammenhalt in Europa, Leipzig 2010.

Luhmann, Niklas, Die Realität der Massenmedien, Wiesbaden [3]2004.

Luhmann, Niklas, Die Gesellschaft der Gesellschaft, Frankfurt a. M. 1997.

Luhmann, Niklas, Öffentliche Meinung, in: ders., Politische Planung, Opladen 1971, 9–34.

Luckmann, Thomas, Die unsichtbare Religion. Mit einem Vorwort von Hubert Knoblauch, Frankfurt a. M. 1991.

Martinez, Gaspar, Confronting the Mystery of God. Political, Liberation, and Public Theologies, New York 2001.

Merkel, Wolfgang, Systemtransformation. Eine Einführung in die Theorie und Empirie der Transformationsforschung, Opladen 1999.

Metz, Johann Baptist, Zur Theologie der Welt, Mainz/München 1968.

Metz, Johann Baptist, Memoria passionis. Ein provozierendes Gedächtnis in pluralistischer Gesellschaft, Freiburg/Basel/Wien 2006.

Moltmann, Jürgen, Theologie der Hoffnung. Untersuchungen zur Begründung und zu den Konsequenzen einer christlichen Eschatologie, München 1964.

Moltmann, Jürgen, Gott im Projekt der modernen Welt. Beiträge zur öffentlichen Relevanz der Theologie, Gütersloh 1997.

Moltmann, Jürgen, Erfahrungen theologischen Denkens. Wege und Formen christlicher Theologie, Gütersloh 1999.

Müller-Doohm, Stefan, Jürgen Habermas. Eine Biographie, Berlin 2014.

Nagel, Alexander-Kenneth, Hg., Religiöse Netzwerke. Die zivilgesellschaftlichen Potentiale religiöser Migrantengemeinden, Bielefeld 2015.

Nagel, Alexander-Kenneth, Religiöse Netzwerke. Die zivilgesellschaftlichen Potentiale religiöser Migrantengemeinden, in: ders., Hg., Religiöse Netzwerke: Die zivilgesellschaftlichen Potentiale religiöser Migrantengemeinden, Bielefeld 2015, 11–35.

Nolte, Paul, Religion und Bürgergesellschaft. Brauchen wir einen religionsfreundlichen Staat?, Berlin 2009.

Paeth, Scott R., Jürgen Moltmann's Public Theology, in: Political Theology 6, 2005, 215–234.

Pahud de Mortanges, René, Das rechtliche Inkorporationsregime für Religionsgemeinschaften, in: Arens, Edmund/Baumann, Martin/Liedhegener, Antonius/Müller, Wolfgang W./Ries, Markus, Hg., Integration durch Religion? Geschichtliche Befunde, gesellschaftliche Analysen, rechtliche Perspektiven (Religion – Wirtschaft – Politik Bd. 10), Zürich/Baden-Baden 2014, 179–212.

Peters, Bernhard, Der Sinn von Öffentlichkeit, Frankfurt a. M. 2007.

Peukert, Helmut, Wissenschaftstheorie – Handlungstheorie – Fundamentale Theologie. Analysen zu Ansatz und Status theologischer Theoriebildung. Mit einem neuen Nachwort, Frankfurt a. M. [3]2009.

Pickel, Gert, Religiöses Sozialkapital – Integrationsressource für die Gesellschaft und die Kirchen?, in: Arens, Edmund/Baumann, Martin/Liedhegener, Antonius/Müller, Wolfgang W./Ries, Markus, Hg., Integration durch Religion? Geschichtliche Befunde, gesellschaftliche Analysen, rechtliche Perspektiven (Religion – Wirtschaft – Politik Bd. 10), Zürich/Baden-Baden 2014, 41–61.

Platti, Emilio, Der Islam, eine Religion im öffentlichen Raum, in: Delgado, Mariano/Jödicke, Ansgar/Vergauwen, Guido, Hg., Religion und Öffentlichkeit, Stuttgart 2009, 167–181.

Putnam, Robert D., Bowling Alone. The Collapse and Revival of American Community, New York 2000.

Putnam, Robert D./Campbell, David E., American Grace. How Religion Divides and Unites Us, New York 2010.

Sacks, Jonathan, The Dignity of Difference. How to Avoid the Clash of Civilizations, London/New York 2003.

Salvatore, Armando, The Public Sphere. Liberal Modernity, Catholicism, Islam, New York 2010.

Schulze, Reinhard, Islam im öffentlichen Raum oder Der Islam als öffentliche Religion, in: Delgado, Mariano/Jödicke, Ansgar/Vergauwen, Guido, Hg., Religion und Öffentlichkeit, Stuttgart 2009, 141–166.

Sinner, Rudolf von, Der Beitrag der Kirchen zum demokratischen Übergang in Brasilien, in: Lienemann-Perrin, Christine/Lienemann, Wolfgang, Hg., Kirche und Öffentlichkeit in Transformationsgesellschaften, Stuttgart 2006, 267–300.

Sinner, Rudolf von, Eine Theologie der *cidadania* als Öffentliche Theologie in Brasilien, in: Höhne, Florian/van Oorschot, Frederike, Hg., Grundtexte Öffentliche Theologie, Leipzig 2015, 175–194.

Smit, Dirkie, Notions of the Public and Doing Theology, in: International Journal of Public Theology 1, 2007, 431–454.

Stackhouse, Max L., Zivilreligion, Politische Theologie und Öffentliche Theologie. Was ist der Unterschied?, in: Höhne, Florian/van Oorschot, Frederike, Hg., Grundtexte Öffentliche Theologie, Leipzig 2015, 51–70.

Stackhouse, Max L., Globalization and Grace (God and Globalization, Vol. 4), New York/London 2007.

Stolz, Jörg, Religion und Integration aus der Perspektive der erklärenden Soziologie, in: Pahud de Mortanges, René, Hg., Religion und Integration aus der Sicht des Rechts, Zürich 2010, 39–80.

Stepan, Alfred, Religion, Democracy, and the «Twin Tolerations», in: Journal of Democracy 11, 2000, 37–57.

Storrar, William F./Morton, Andrew R., Hg., Public Theology for the 21st Century (FS Duncan B. Forrester), London/New York 2004.

Telser, Andreas, Differenzierung und Interpenetration von Religion und Politik – theologisch, in: Kreutzer, Ansgar/Gruber, Franz, Hg., Im Dialog. Systematische Theologie und Religionssoziologie (QD 256), Freiburg/Basel/Wien 2013, 356–380.

Tocqueville, Alexis de, Über die Demokratie in Amerika. 2 Bde., Zürich 1987.

Tracy, David, The Analogical Imagination. Christian Theology and the Culture of Pluralism, New York 1981.

Tracy, David, Theology, Critical Social Theory, and the Public Realm, in: Browning, Don S./Schüssler Fiorenza, Francis, Hg., Habermas, Modernity, and Public Theology, New York 1992, 19–42.

Tracy, David, Religion im öffentlichen Bereich: Öffentliche Theologie, in: Kreutzer, Ansgar/Gruber, Franz, Hg., Im Dialog. Systematische Theologie und Religionssoziologie (QD 256), Freiburg/Basel/Wien 2013, 189–207.

Vögele, Wolfgang, Zivilreligion in der Bundesrepublik Deutschland, Gütersloh 1994.

Vögele, Wolfgang, Menschenwürde zwischen Recht und Theologie. Begründungen von Menschenrechten in der Perspektive öffentlicher Theologie, Gütersloh 2000.

Vortkamp, Wolfgang, Integration durch Teilhabe. Das zivilgesellschaftliche Potenzial von Vereinen, Frankfurt a. M./New York 2008.

Wild, Stefan, Orthopraxie, Orthodoxie und Öffentlichkeit in islamischen Kulturen, in: Bormann, Franz-Josef/Irlenborn, Bernd, Hg., Religiöse Überzeugungen und öffentliche Vernunft (QD 228), Freiburg/Basel/Wien 2008, 92–112.

Martin Baumann

Engagierte Imame und Priester, Dienstleistungsangebote und neue Sakralbauten: Integrationspotenziale von religiösen Immigrantenvereinen

1. Einleitung

Der universitäre Forschungsschwerpunkt «Religion und gesellschaftliche Integration in Europa» befasst sich in unterschiedlichen Forschungen damit, welche Bedeutung Religion und Religionsgemeinschaften in der jüngeren Vergangenheit und Gegenwart Europas zukommt. Im Zentrum stehen Fragen der Wechselwirkung von Religion und sozialer sowie politischer Integration. Ein in diesem Zusammenhang seit Mitte des 20. Jahrhunderts gesellschaftspolitisch kontrovers diskutiertes Thema betrifft die Folgen der jüngeren, teils aktuellen Migrationsbewegungen und der Zuwanderung. Dieser Beitrag behandelt aus religionswissenschaftlicher Perspektive die Migrationsthematik unter dem Fokus möglicher Integrationspotenziale von immigrierten Religionsgemeinschaften.

Migration war bis in die 1980er-, teils 1990er-Jahre kaum im Zusammenhang mit Religion diskutiert worden. Im Zentrum standen vielmehr die Fragen nach der kulturellen Assimilation, dem Einfluss auf die Sozialsysteme und den Arbeitsmarkt. An eine langfristige gesellschaftliche Eingliederung wurde ohnehin nicht gedacht, die Begriffe des Saisoniers in der Schweiz und des Gastarbeiters in Deutschland drückten den nicht auf Dauer konzipierten Status aus. Doch entgegen der politischen Planung blieben viele Arbeiter langfristig, zumal die Industrie und das Gewerbe Druck zum Verbleib der Arbeiter und ihrer geschätzten Fähigkeiten ausübten. Schon früh wies Max Frisch auf Formen gesellschaftlicher Ausgrenzungen und die einseitige ökonomische Sichtweise hin: «Wir haben Arbeitskräfte gerufen, und es sind Menschen gekommen. Sie fressen den Wohlstand nicht auf, im Gegenteil, sie sind für den Wohlstand unerlässlich.»[1]

Das bekannte Diktum von Frisch Mitte der 1960er-Jahre angesichts der Stigmatisierung von italienischen Arbeitern in der Schweiz wandte sich

1 Frisch, Vorwort, 7.

gegen die in den Medien und in der nationalen Politik kolportierten Vorwürfe. Wichtiger noch, es lenkte den Blick neu auf soziale, kulturelle und familiäre Bedürfnisse der in Schweizer Tunneln, Betrieben und dem Baugewerbe tätigen Arbeiter.[2] Frischs Diktum lässt sich weiterführen in die 1980er- und 1990er-Jahre, als neue Zuwanderer, darunter viele Flüchtlinge, und die nunmehr auf Dauer im Land lebenden Immigranten verstärkt begannen, provisorische Andachtsstätten und Gebetsräume einzurichten. Insbesondere mit dem Nachzug von Frauen und dem Heranwachsen von Kindern wurden die religiöse Betreuung und lebensbegleitende Rituale wichtig. Die religiösen Versammlungs- und Gemeinschaftsräume waren, von wenigen Ausnahmen abgesehen, jedoch in Hinterhofmoscheen, umgebauten Werkshallen und Privaträumen untergebracht, damit unsichtbar und unbekannt. Erst mit dem Wunsch und dem Anliegen, eine selbst erbaute, «würdige» Moschee, Kirche oder Pagode zu errichten und stärkeren Wert auf religiöse Kleidungsspezifika zu legen, wurden die religiösen Gemeinschaften sichtbarer und gesellschaftlich in Medienbeiträgen und teils in Kontroversen wahrgenommen. Zum gesellschaftspolitischen Thema Migration trat das gerade am Islam und an den Muslimen problematisierte Thema «fremder» Religion hinzu. Emblematisch zeigte sich die zugeschriebene, medial verstärkte Konflikthaftigkeit von Migration und «fremder» Religion an neuen, öffentlich sichtbaren Sakralbauten. Vergessen geht jedoch, dass nicht jeder Religionsbau konfliktiv verlief. Das Spektrum gesellschaftlicher und behördlicher Reaktionen reichte von Einflussnahme, Protest bis hin zu Verbot sowie von Duldung, Desinteresse bis hin zu aktiver Unterstützung.[3]

Im Rahmen der Themenstellung des Buchs, Integrationspotenziale von Religion zu untersuchen, analysiert der Beitrag mögliche integrative wie desintegrative Potenziale auf der Mesoebene von Moscheen, Hindu-Tempeln und christlich-orthodoxen Kirchen. Die Fallbeispiele sind in der Schweiz situiert, wobei beispielsweise für Deutschland die Forschungsgruppe «Religionen vernetzt» um Alexander-Kenneth Nagel in ihren Untersuchungen aus netzwerkanalytischer Perspektive zu ähnlichen Resultaten

2 Halter, Jahrhundert der Italiener.

3 Baumann/Tunger-Zanetti, Wenn Religionen Häuser bauen; Baumann, Umstrittene Sichtbarkeit; Baumann/Tunger-Zanetti, Neue Sakralbauten in der Politik des Raums. Siehe auch die Dokumentationen des Zentrums Religionsforschung im Webportal «Kuppel – Tempel – Minarett», online www.unilu.ch/ktm.

kommt.[4] Schon früher befassten sich US-amerikanische Forschende in funktionaler Sicht mit dem vielschichtigen Thema.[5] Teil 2 des Beitrags legt im Hinblick auf die Begriffe der Integration und Integrationspotenziale das partizipative Integrationskonzept des Sozialwissenschaftlers Wolfgang Vortkamp zugrunde. Der dritte Teil untersucht vor dem Hintergrund der Verdächtigung von Moscheen, Tempeln und Immigrantenkirchen als mögliche Orte von Abschottungstendenzen und Desintegration in drei empirisch fundierten Subkapiteln, welche Aktivitäten, Dienstleistungen und Sozialkapitalien sich in den von Immigranten und Flüchtlingen errichteten, oft «unsichtbaren» religiösen Stätten finden. Inwiefern beinhalten dortige Angebote mögliche gesellschaftliche Integrationspotenziale und inwiefern erhalten Schlüsselpersonen wie Imame und Priester aufgrund ihrer Funktionen gesellschaftliche Teilhabechancen über die eigene Gruppe hinaus? Damit einher geht die gerade im vergangenen Jahrzehnt intensiv diskutierte Frage, inwiefern neu erbaute, öffentlich sichtbare Sakralgebäude von Immigranten fallbeispielbezogen positive oder negative Effekte auf Integrationspotenziale haben. Auf der Grundlage der im dritten Teil dargelegten Befunde diskutiert Teil 4 kritisch Vor- und Nachteile des Integrationskonzepts von Vortkamp. Der Schluss resümiert die wichtigsten Befunde.

Gemeinsam mit dem Integrationskonzept Vortkamps legt der Beitrag in analytischer Perspektive den seit zwei Jahrzehnten populären Sozialkapitalansatz mit der Differenzierung der Kapitalformen von *bonding*, *bridging* und *linking* zugrunde. Die Überlegungen lehnen sich dabei an den US-amerikanischen Ethnologen und Soziologen Alex Stepick an, der den Ansatz von Robert Putnam und anderen in seiner Untersuchung zu religiösen Gemeinschaften von Immigranten in Miami im Hinblick auf deren zivilbürgerschaftliches Engagement (*civic social capital*) weiterführte.[6] Knapp erläutert umfasst *bonding*-Sozialkapital die Beziehungen von Personen untereinander, die etwa der gleichen Religion und Gruppe angehören und Vertrauen zueinander haben. Stepick et al.: «Bonding social capital provides emotional support and the solidarity produced by religion that Emile

4 Nagel, Diesseits der Parallelgesellschaft; Nagel, Religiöse Netzwerke; Elwert, Religion als Ressource.

5 Hirschman, Role of Religion; Portes/Rumbeaut, Immigrant America und auf der Grundlage des Sozialkapitalansatzes Stepick/Rey/Mahler, Churches and Charity. Aus religionswissenschaftlicher Sicht sehr aufschlussreich ist Kniss/Numrich, Sacred Assemblies.

6 Stepick/Rey/Mahler, Churches and Charity; Stepick/Rey, Civic social capital.

Durkheim associated with group rituals».[7] Im Unterschied dazu verbindet *bridging*-Sozialkapital Personen, die unterschiedlichen Milieus oder Gruppen zugehören. Wie der Begriff ausdrückt, entstehen durch die Beziehungen Brücken zwischen unterschiedlichen Personen und Gemeinschaften. *Linking*-Sozialkapital schließlich verbindet Personen, die unterschiedlichen Gruppen zugehören, wobei jedoch ungleiche Machtverhältnisse und Zugänge zu Ressourcen bestehen. Während *bridging*-Kapital als horizontale Beziehung besteht, findet sich beim *linking*-Kapital eine vertikale zu Statusprivilegierten mit Einfluss und Macht, etwa Politikern, Medienschaffenden, Behördenvertretern. Stepick et al.: «Linking social capital spans vertical arrangements of power, influence, wealth, and prestige. Those with less power acquire influence and other resources through linking social capital».[8] Stepick et al. wiesen darauf hin, dass ein bürgerschaftliches Kapital (*civic social capital*) erst in den Gruppen- und Milieu-überschreitenden Beziehungen entstände, nicht jedoch schon im *bonding*-Sozialkapital. Der vorliegende Beitrag argumentiert jedoch, dass mitunter erst *bonding*-Kapital Voraussetzung für *bridging*- und ggf. *linking*-Kapital ist.

Ziel des Beitrags ist es, mithilfe des partizipativen Integrationskonzepts von Vortkamp die Integrationspotenziale von religiösen Immigrantenvereinen strukturiert zu untersuchen und die jeweiligen Formen – so Vortkamp – schwacher oder starker Integration herauszuarbeiten. Der Beitrag nimmt damit auch die Leitfrage des ersten REGIE-Bands mit dem Titel *Integration durch Religion?*[9] auf und versucht, begründete Antworten zu formulieren. Die These des Beitrags besagt, dass Immigrantenvereine und ihre religiösen Versammlungs- und Gemeinschaftsorte für Mitglieder und Gläubige Integration ermöglichen, wenn auch nach Vortkamp lediglich in schwacher Form. Gemäß der Sozialkapitaltheorie handelt es sich vornehmlich um *bonding*-Kapital. Religiöse Leiter und Organisatoren können im Unterschied weit stärker gesellschaftliche Teilhabemöglichkeiten erhalten (*bridging*- und *linking*-Sozialkapital). Sie profitieren, bei Engagement über ihre eigentlichen Aufgaben hinaus, mittels ihrer Funktion in der religiösen Immigranteninstitution von einer starken und aktiven Integration.

7 Stepick/Rey/Mahler, Churches and Charity, 15.

8 Ebd., 16.

9 Arens et al., Integration durch Religion?

2. Integration und Integrationspotenziale

Integration als viel diskutierter, kritisierter und oft verworfener Begriff soll anhand der konzeptionellen Überlegungen von Wolfgang Vortkamp thematisiert und dem Beitrag zugrunde gelegt werden. Vortkamp fragt, wie eine Integration von Individuen und Gruppen in «dauerhaft pluralen und heterogenen Gesellschaften»[10], wie dies moderne, funktional differenzierte Gesellschaften charakterisiert, möglich ist und wie dabei ein «Konsens aller Mitglieder in zumindest einigen Bereichen» erreicht werden kann.[11] Er versteht Integration als einen Prozess und als «das Teil-Sein von einem größeren Ganzen und im sozialen Sinn meint Integration immer auch die aktive Teilhabe am und die subjektive Identifikation mit dem größeren Ganzen».[12] Vortkamp vertritt insofern ein «Konzept partizipativer Integration»[13], das er auf der Grundlage von Studien zu den Integrationsleistungen von Vereinen entwickelt hat.

Im Zentrum seiner Überlegungen steht die aktive Teilhabe von Individuen an der demokratischen Zivilgesellschaft mittels bürgerschaftlichen Engagements. Dies ermögliche eine Mitgestaltung der Zivilgesellschaft, nicht bloß ein passives «Teil sein».[14] Diese Mitgestaltungsmöglichkeit fördere die Identifikation und affektive Bindung mit der Zivilgesellschaft. Aus organisationssoziologischer Sicht jedoch, der zufolge sich eine Gesellschaft aus sozialen Organisationen konstituiert, sei eine Integration von Individuen in die moderne Gesellschaft nicht unmittelbar möglich. Vielmehr können sich Individuen, so Vortkamp, nur über soziale Organisationen in die Gesellschaft integrieren. Vortkamp:

> Individuen sind in einem unmittelbaren Sinn keine Teile der Gesellschaft. Es bedarf daher zu deren gesellschaftlicher Integration der Vermittlung durch Organisationen und Institutionen, die selbst integrierte Bestandteile der Gesellschaft sind. [...] Einzelne Individuen vermögen eine Kultur oder Gesellschaft durch ihre Integration nicht zu gestalten oder zu verändern.[15]

10 Vortkamp, Integration durch Teilhabe, 62.
11 Ebd., 60.
12 Ebd., 66.
13 Ebd., 23.
14 Ebd., 17.
15 Ebd., 68–69.

Erst über Vereine und Organisationen können sich Einzelne gestaltend in die Gesellschaft einbringen und damit integrieren. Nach Vortkamp sind es «die Gruppen und Kulturen, die integriert werden müssen. […] Sie sind als Elemente der Gesellschaft zur Modifikation der Werte, Normen und kulturell geprägten Lebensweisen fähig und vermögen sowohl die eigene, als auch die fremde Kultur zu verändern».[16] Auf der Grundlage dieser Überlegungen unterscheidet er zusammenfassend vier strukturelle Formen von gesellschaftlicher Einbindung:

- *individuelle Assimilation*: Nach Vortkamp können sich einzelne Personen aufgrund von Ungleichheitsstrukturen «nicht in eine Gesellschaft integrieren, sie können sich einer Gesellschaft nur assimilieren»,[17] demnach angleichen und anpassen.
- *kollektive Integration*: Zahlenbezogen größere Gruppen, die sich kulturell, religiös oder sprachlich-national konstituieren, sind bemüht, sich nicht an eine Gesellschaft anzupassen, sondern ihre Besonderheit zu bewahren. Nach Vortkamp «müssen [sie] mit Teilen ihrer Normen, Werte und Lebensweise in die umgebende Gesellschaft integriert werden».[18] Während in historischen Einwanderungsländern wie den USA und Kanada diese kollektive Integration zu beobachten ist, so beispielsweise in Chinatowns und ethnisch segregierten Stadtteilen,[19] bestimmen im Großteil europäischer Länder oftmals Misstrauen und Angst vor sogenannten Parallelgesellschaften diese Form gesellschaftlicher Eingliederung.[20] Politische Akteure folgen hier oft weiterhin stark einem Homogenitätsmythos mit Betonung eines Wertekonsenses.
- *institutionelle Integration*: Nach Vortkamp ist, wie dargestellt, die Eingliederung und Einbindung von Individuen in eine Gesellschaft nur über Organisationen wie Vereine und Gemeinschaftsformen möglich. «Die Integration von Individuen in heterogene, plurale Gesellschaften ist daher von der Integration dieser Organisation in das gesellschaftliche Ganze abhängig», so Vortkamp.[21] Man könnte dies konkretisieren, dass bei Feuerwehr-, Sport-, und Gesangsvereinen die gesellschaftliche Teilhabe dieser Organisationen mehrheitlich nicht infrage steht, während konser-

16 Ebd., 71.

17 Ebd., 23, im Detail ausgeführt 68–75.

18 Ebd., 23, ausgeführt 76–78.

19 Zhou, Chinatown sowie Guest, God in Chinatown.

20 Schiffauer, Parallelgesellschaften, 7–19.

21 Vortkamp, Integration durch Teilhabe, 23.

vative Politiker und Interessensverbände dieses gegenwärtig bei Moscheevereinen ebenso wie vor einem Jahrhundert bei der Heilsarmee, Anthroposophie und sozialistischer Arbeiterbewegung hinterfragen.
- *partizipative Integration*: Die «aktive und direkte Partizipation an der Gestaltung der Gesellschaft» ist nach Vortkamp Voraussetzung für die Integration von Organisationen und Individuen.[22] Eine lediglich einfache, nicht aktive Mitgliedschaft und fehlende Mitwirkung Einzelner in Organisationen genüge dementgegen nicht «für eine stabile und belastbare Integration.»[23] Vortkamp knüpft an den Integrationsbegriff damit ein aktives Tun sowie Engagement und unterscheidet Formen stärkerer («belastbar») und schwächerer Teilhabe an der Gestaltung einer Gesellschaft. Integration setzt trotz gesellschaftlicher Ungleichheitsstrukturen und ggf. begrenzter Zugangsmöglichkeit Handeln, ein Sicheinbringen und Mitgestalten voraus und ist kein Zustand, sondern ein «prozessuales Geschehen in einem Kontinuum partieller Integration und Desintegration».[24]

Um auf dieser Grundlage Kriterien für das Spektrum von «starker und belastbarer»[25] entgegen schwacher Integration zu bestimmen, entwickelt Vortkamp im Rückgriff auf eine frühe Differenzierung von Werner Landecker[26] die doppelte Unterscheidung von primärer und sekundärer sowie passiver und aktiver Integration. Dies ermöglicht ihm, die unterschiedlich vorzufindenden Integrationsweisen vom vorrangigen Bezug auf das eigene Nahumfeld bis hin zu zivilbürgerschaftlichem Engagement zu strukturieren und idealtypisch in einer Vierfelder-Tafel zu kategorisieren.

22 Ebd., 23.
23 Ebd., 23, im Detail ausgeführt 81–82.
24 Ebd., 85.
25 Vgl. ebd., 80.
26 Landecker, Types of Integration.

	passiv *Zustimmung*	aktiv *Engagement*
primäre Integration *face-to-face*	I sozial eingebunden	III sozial engagiert
sekundäre Integration *symbolisch über gesellschaftliche Organisationen vermittelt*	II politisch-gesellschaftliche Zustimmung	IV zivilgesellschaftliches Engagement

Abb. 1: Integrationsschema nach Vortkamp[27]

Die *primäre Integration* bilden Sozialbeziehungen mit unmittelbaren, direkten Kontakten zwischen Personen. Diese Form der Integration «bindet Menschen in lokale Zusammenhänge und spezifische soziale Milieus und Subkulturen.»[28] Während die primäre Integration in passiver Form die gesellschaftliche Ordnung als gegeben nimmt und eine «wesentliche Orientierung an der eigenen Lebenskultur» in den Vordergrund stellt,[29] umfasst demgegenüber die aktive Integration ein hohes soziales Engagement auf lokaler Ebene. Dieses schlägt sich beispielsweise in der Übernahme von Posten und Ämtern in Vereinen nieder. Diese Personen sind bereit, Verantwortung und Führung zu übernehmen und sind bemüht, die Umstände im lokalen Umfeld mitzubestimmen und zu beeinflussen.

Die *sekundäre Integration* bezieht sich nicht auf personale Face-to-Face-Beziehungen, sondern auf abstraktere Einbindungsformen über Zustimmung und Anerkennung von allgemeinen gesellschaftlichen Normen, Werten und Institutionen.[30] Personen in der idealtypisch konstruierten Form sekundär passiver Integration sind nach Vortkamp mit dem klassischen, sozialstaatlich abgesicherten Normalbürger zu finden; sie stimmen den gesellschaftlichen Normen und Werten zu, tun ihrerseits jedoch selbst nichts aktiv zur Aufrechterhaltung der Werte und gesellschaftlichen Institutionen hinzu. Die hohen Zustimmungswerte gehen mit fehlender Bereitschaft einher, für das Gemeinwesen etwas zu tun. «Man schätzt die beste-

27 Abbildung aus Vortkamp, Integration durch Teilhabe, 93.

28 Vortkamp, Integration durch Teilhabe, 91.

29 Ebd., 93.

30 Vgl. ebd., 94.

henden Einrichtungen und die gesellschaftliche Organisation, aber man setzt sich nicht für sie ein. Der gesellschaftliche Zustand wird als gegeben vorausgesetzt und angenommen, die Zuständigkeit wird an andere delegiert», so Vortkamp.[31]

Diesem wenig belastbaren Grad an Integration stellt Vortkamp in der idealtypischen Form sekundär aktiver Integration den «kompetenten, engagierten Bürger» gegenüber.[32] Hier finden sich Verantwortungsbereitschaft, hohe soziale Kompetenz und Konfliktfähigkeit, die über den Nahbereich des Lokalen hinausgehen. Diese Bürger setzen sich aktiv mit dem Gemeinwesen auf demokratischer Grundlage auseinander, beanspruchen Teilhabe und Mitgestaltung gesellschaftlicher Prozesse und «setzen sich im Zweifelsfall auch gegen bestehende Normen und Traditionen für die Gestaltung, Realisierung und Veränderung sozialer Normen und Werte ein».[33] Bei diesen Personen sieht Vortkamp eine starke, belastbare Integration, die «eine hohe Zustimmung zu allgemeinen und abstrakten Werten und Normen westlicher Zivilgesellschaft» aufweisen.[34] Das Engagiertsein in sozialen Organisationen verleiht diesen Aktiven ein hohes zivilgesellschaftliches Engagement. Ähnlich ermöglicht der Verein den auf der primären Ebene Aktiven ein Engagement und eine Teilhabe auf lokaler Ebene.

Zwischen den hier beschriebenen Polen passiver und aktiver Integration auf der primären und sekundären Ebene finden sich im tatsächlichen Leben Abstufungen und Übergänge. Die idealtypische Beschreibung Vortkamps ermöglicht jedoch zu überlegen, wie weit sich jeweilige Integrationsformen dem aktiven oder passiven Pol annähern. Festzuhalten ist zugleich, dass die passiven Integrationsformen auf primärer und sekundärer Ebene die weit überwiegenden Mehrheitsformen darstellen. Schwache, wenig belastbare Integration bildet in heterogenen, pluralen europäischen Gesellschaften die Normalform. Formen aktiver Integration sind demgegenüber eine Minderheit, da sie soziales Engagement über eigene Interessen hinaus voraussetzen, ebenso Führungs- und Verantwortungsbereitschaft sowie hohe soziale Kompetenzen. Dies ist bei der Analyse der Integrationsleistungen von Moscheen, Tempeln und Kirchen zu bedenken. Im vierten Teil des Beitrags werden diese und weitere Punkte erneut aufgegriffen und auf der Basis der

31 Ebd., 95.

32 Ebd., 97.

33 Ebd.

34 Ebd.

zuvor ausgebreiteten empirischen Befunde kritisch reflektiert und mögliche Engführungen des Ansatzes von Vortkamp benannt.

Wenn im Folgenden die Integrationspotenziale religiöser Immigrantenvereine untersucht werden sollen, so steht das Vermögen jeweiliger Organisationen im Vordergrund, Prozesse schwacher oder starker Integration anzustossen. Günstige Voraussetzungen für eine Integration können dabei sowohl die eigenen religiösen Gebets-, Andachts- und Ritualformen als auch darüber hinausgehende edukative, beratende und befähigende Angebote und Dienstleistungen schaffen. Erstere binden die Gläubigen in den Zeremonien und Andachten in Face-to-Face-Beziehungen in «lokale Zusammenhänge und spezifische soziale Milieus» [35] ein, schaffen dadurch *bonding*-Sozialkapital und stabilisieren die religiöse Identität. Letztere erbringen Dienstleistungen für Neuankömmlinge und länger ansässige Immigranten und Immigrantinnen, dies durch die Befähigung etwa zur Teilhabe am Arbeitsmarkt, an der Dominanzsprache und an lokalen Sozialbezügen. Welche Integrationspotenziale lassen sich auf der empirischen Ebene von religiösen Immigrantenvereinen finden und welche Dienstleistungen und Angebote bestehen? Diese Fragen werden im folgenden Kapitel behandelt.

3. Integrationspotenziale von religiösen Immigrantenvereinen

Im deutschsprachigen Bereich hatte Georg Elwert zu Beginn der 1980er-Jahre als Erster Integrationspotenziale von Immigrantenvereinen untersucht.[36] Seine Ergebnisse hat er jedoch begrifflich anders gefasst. In die Diskussion um Eigenorganisationen türkischer Arbeitnehmer in Deutschland, die bei räumlicher Segregation von Pädagogen wie Karl-Heinz Diedrich und Maria Diedrich als «gefährliche Tendenz zur Ghetto-Bildung» und «Brutstätte neuer sozialer Krankheitsherde» bezeichnet wurden,[37] brachte Elwert das Argument der Binnenintegration ein. Gegen den ausgrenzenden Tenor verschiedener Autoren und Medienbeiträgen argumentierte Elwert, dass «eine stärkere Integration der fremdkulturellen Einwanderer in ihre

35 Ebd., 91.

36 In den USA als klassisches Einwanderungsland verwiesen schon früher Autoren auf integrative Leistungen von religiösen Immigrantenorganisationen, siehe Herberg, Protestant, Catholics, Jews und Breton, Institutional Completeness of Ethnic Communities.

37 Diedrich/Diedrich, Formen der Konfliktbewältigung, 196.

eigenen sozialen Zusammenhänge» unter bestimmten Bedingungen integrativ wirken könne.[38]

Elwert definierte Integration als «Teilhabe an den gesellschaftlichen Gütern»,[39] wobei Einwanderer erst über die Vermittlung ihrer Gruppe Zugang zu einem Teil der Güter erhielten. Die Integration in die eigene «Subkultur» bzw. den Vereinen fördere das Selbstbewusstsein und das Selbstvertrauen der Einwanderer, vermittle Alltagswissen der neuen Umgebung und bringe Instanzen hervor, um eigene Gruppeninteressen mittels neu geschaffener «Kommunikationskanäle» zu vertreten.[40] Hartmut Esser stimmte Elwert in der Funktion von Eigenorganisationen als Förderung von Selbstbewusstsein und Alltagswissen für den/die Einzelne zu, kritisierte jedoch scharf, dass die «ethnische Koloniebildung» sozialstrukturell für die Angehörigen lediglich eine «innerethnische Karriere» ermögliche und damit eine «Mobilitätsfalle» darstelle.[41]

3.1. Integrationspotenziale im Nahumfeld der Gruppe

Die frühe Debatte, der in den nachfolgenden Jahren zahlreiche weitere Studien und neue Konzepte folgten,[42] verweist auf die in der Forschung konstatierte Ambivalenz integrativer und desintegrativer Leistungen und die Potenziale von Immigrantenorganisationen. Was lässt sich dazu anhand neuer empirischer Studien zu Immigrantenorganisationen in der Schweiz – und hier speziell zu religiösen Einrichtungen wie islamischen Gebetsräumen und Moscheen, Hindu-Tempeln und christlich-orthodoxen Kirchen – auf der Grundlage der Differenzierungen von Vortkamp aussagen?

Festzuhalten ist vorweg, dass lediglich eine Minderheit von Immigranten und ihren Nachkommen Mitglied in einem religiösen Verein ist bzw. diesen aufsucht. Einerseits war in den Herkunftsländern eine Zugehörigkeit zu einer Moschee oder einem Hindu-Tempel primär durch die geografische Nähe und den Bezug zum Imam oder Priester geregelt. Zudem war gängige Praxis, je nach Bedürfnis und Anlass unterschiedliche Moscheen oder Hindu-Tempel aufzusuchen, eine Mitgliedschaft mit singulärer Zugehörigkeit

38 Elwert, Binnenintegration, 718.

39 Ebd., 719.

40 Ebd., 721–723

41 Esser, Ethnische Kolonien, 113.

42 Die nachfolgende Forschung in Deutschland skizzieren Weiss/Thränhardt, Selbsthilfe, 16–20 und Thränhardt, Migrantenorganisationen, 6–9, für die internationale Forschung siehe Reinprecht/Weiss, Migration und Integration.

und regelmäßigem Beitrag war unüblich. Andererseits ist, wie beispielsweise bei den ca. 450 000 Muslimen in der Schweiz, von denen allein 56 Prozent aus den Nachfolgestaaten Jugoslawiens stammen, eine große Mehrheit von Personen lediglich selektiv religiös (nur Besuch großer Jahresfeste) oder gar nichtreligiös; nur weniger als ein Fünftel ist religiös und praktizierend.[43] Muslimsein wird stark individuell und als Privatsache interpretiert und Imame wie auch Gebetsorte spielen für viele Muslime eine untergeordnete Rolle.[44] Auch bei tamilischen Hindus aus Sri Lanka findet sich ein Spektrum von weniger Religiösen bis stark Religiösen, von religiöser Doppelzugehörig als Hindu und Katholik sowie Nichtreligiösen. Eine deutliche Mehrheit von fast 87 Prozent hat jedoch, anders als bei Muslimen, ein starkes (21.1%) oder sehr starkes (65.6%) Hindu-Selbstkonzept und große Sympathie für den Tempel.[45]

Als Migranten neu in der Schweiz oder einem anderen europäischen Land gründeten sie mit der Perspektive dauerhaften Verbleibs und dem Nachzug von Frauen und Kindern religiöse und kulturelle Gebets- und Versammlungsorte. Gründungsaktive lehnten sich pragmatisch an das Vereinsrecht an, um Räume anmieten, Häuser ggf. kaufen und religiöses Personal anstellen zu können. Wichtig war, dass der Verein und nicht die Gründungsmitglieder mit eigenen Geldern haftete. Die Kosten deckten Familien und Personen, die sich verpflichteten, monatlich regelmäßig einen Beitrag von 20, 30 oder 50 Franken zu spenden. Aus solchen Spenderlisten entwickelten sich zusehends Mitgliedschaftslisten und ein Mitgliedschaftsstatus mit monatlichem oder jährlichem Beitrag und fester Zugehörigkeit.

43 Tunger-Zanetti/Schneuwly Purdie, Switzerland, 583. Gianni geht von 10 bis 15 Prozent praktizierenden Muslimen aus, siehe Gianni, Muslime in der Schweiz, 14. Die niedrige Religiositätsrate von Muslimen in der Schweiz begründet sich aus ihren Herkunftsregionen. Für Deutschland mit einer Mehrheit von Muslimen aus der Türkei liegen mit 85 bis 90 Prozent (2007/2009) Muslimen und Musliminnen, die sich religiös oder hoch religiös verstehen, deutlich höhere Prozentangaben vor, Frindte, Lebenswelten junger Muslime, 18.

44 Gianni, Muslime in der Schweiz, 11, 22. Diese Beobachtung stützen jüngste Zahlen vom Bundesamt für Statistik: Während lediglich 12 Prozent Muslime und Musliminnen die Moschee besuchen, bezeichnen sich doch 24 Prozent der Muslime und Musliminnen als religiöse Person, vgl. Bundesamt für Statistik, Religion und spirituelle Praktiken, 9, 13.

45 Baumann/Salentin, Tamil Hindus in Switzerland, 307–309. Auf der Grundlage des konstruierten Religionsindexes zeigten sich 13 Prozent ohne religiöse Identifizierung, 8.1 Prozent befragter Tamilen aus Sri Lanka hatten eine gleich starke Identifizierung als Hindu und Katholik angegeben. Die Ergebnisse der Studie für Deutschland dürften für die Schweiz in gleicher Weise zutreffen.

Festzustellen ist hier eine sukzessive Anpassung an und Übernahme des dominanten Organisationsmodells des Vereins, gelegentlich der Stiftung.[46]

Der Blick auf die religiösen, kulturellen und sozialen Angebote und Dienstleistungen von religiösen Immigrantenvereinen zeigt ein breites Spektrum an Tätigkeiten. Dies soll anhand einiger der gegenwärtig etwa 240 muslimischen Gebetsräume und Moscheen, den 42 christlich-orthodoxen Gemeinden und den 21 tamilischen Hindu-Tempeln in der Schweiz dargestellt werden.[47] Sie sind zuallererst Orte für Gebet, religiöse Versammlung, Ritual und das Feiern religiöser Feste im Jahreslauf. Über die religiösen Zwecke und Kernaufgaben hinaus sind die Orte zugleich sozialer Treffpunkt zum Austausch von Informationen zu sozialen, kulturellen, beruflichen und informellen Belangen. Die zumeist sprachlich-kulturell organisierten religiösen Stätten bilden ein soziales Netz, das ganz im Sinne von Elwerts «Binnenintegration» Immigranten und Immigrantinnen Selbstvergewisserung und Rückhalt gibt, Alltagswissen vermittelt und bei Bedarf Beratung und Hilfe zur Verfügung stellt. Für Neuankömmlinge fungieren religiöse Versammlungsstätten als Orte der Zuflucht, in denen neue Beziehungen, Selbstwert und Status aufgebaut und ggf. Unterstützungs- und Dienstleistungen bereitgestellt werden.[48]

Charles Hirschman bezeichnete diese für viele religiös-kulturellen Immigrantenvereine charakteristischen Funktionen im Kontext US-amerikanischer Immigrationen mit den drei Rs von *refuge, respectability, and resources.*[49] Gerade die Angebote, Zuflucht und Ressourcen bereitzustellen, leisten im Sinne der Unterscheidung von Integrationsmustern nach Vort-

46 Zu der Entwicklung muslimischer Gebetsräume und Moscheevereine in Deutschland siehe Beinhauer-Köhler, Moscheen in Deutschland, 25–29, zur Schweiz siehe Behloul/Lathion, Muslime und Islam, 199–203 und Monnot, Hg., La Suisse des mosquées. Zur Organisation von Hindu-Tempeln in Europa siehe Baumann, Organising Hindu Temples, 383–387 und zum ländlichen England siehe Jones, Being Tamil, 9–17.

47 Zahlenangaben nach Tunger-Zanetti/Schneuwly Purdie, Switzerland, 585; Hämmerli, How do Orthodox Integrate, 117, und Baumann/Tunger-Zanetti, Hindutempel, 10. Siehe auch die Darstellungen geografischer Verbreitung von Moscheen, Hindu-Tempel und buddhistischen Gruppen und Zentren auf der Webseite «Religionen Schweiz» (https://www.unilu.ch/fakultaeten/ksf/institute/zentrum religionsforschung/subsites/religionen-schweiz/publikationen/#c35555, Zugriff 23.7.2015) sowie zu christlich-orthodoxen Gemeinden bei Hainard/Hämmerli, Multiple Dimensions, 26.

48 Siehe am Beispiel afrikanischer Flüchtlinge überzeugend Jäggi/Schär, Gottes Volk, 9–10. Für Personen, denen Religion nicht wichtig ist, übernehmen Kulturvereine die gleichen Funktionen.

49 Hirschman, Role of Religion, 1228–1230.

kamp eine Integration der Zuwanderer und ihrer Kinder vornehmlich im Nahumfeld der Gruppe oder «Subkultur». Nach Vortkamp wird der eigenen Gruppe eine hohe Bedeutung zugeschrieben. «Konsens und Harmonie haben große Bedeutung, und es mangelt an Konfliktbereitschaft und -fähigkeit», so Vortkamp in der Charakterisierung dieser Form primärer, passiver und damit wenig belastbarer Integration.[50]

Der genauere empirische Blick verdeutlicht das Angebot an Ressourcen und Dienstleistungen. Die Islamwissenschaftler Samuel Behloul und Stéphane Lathion hatten früh auf die Multifunktionalität muslimischer Gebetsräume und Moscheevereine in der Schweiz hingewiesen: Die Orte seien «wahre Dienstleistungszentren mit dem genauen Zuschnitt auf die religiösen und vor allem kulturellen Bedürfnisse der jeweiligen Volksgruppe.»[51] Im kulturellen Angebot sind Zeitungen und Speiseprodukte aus dem Herkunftsland, gelegentlich eine Auswahl von CDs heimatlicher Popstars.[52] Im sozialen Angebot finden sich Jugendarbeit sowie Beratungen für Kindererziehung und Eheberatung, während im Weiterbildungs- und Freizeitangebot Sprach- und Computerkurse sowie die Organisation von Sportveranstaltungen im Vordergrund stehen. Mounia Bennani-Chraïbi bestätigte die Befunde für Moscheen in der Romandie und im Tessin. Im Angebot seien «sport, aide sociale, aide juridique, coaching, ‹médiation interculturelle›, accompagnement des malades et de leurs familles etc».[53] Silvia Martens setzt das breite Angebot in den Kontext muslimischer Wohltätigkeit von obligatorischer Almosengabe (arab. *zakāt*), freiwilliger Spende (*ṣadaqa*) und frommer Stiftung (*waqf*) und zählte ein ähnliches Spektrum von Dienstleistungen auf.[54]

Die verschiedenen Angebote muslimischer Gebetsräume und Moscheen, die ihre Schwerpunkte im Laufe stärkerer gesellschaftlicher Eingliederung von Muslimen und Musliminnen zunehmend in Richtung Gemeinde- und Jugendarbeit verändert haben, sprechen vornehmlich das Nahumfeld der eigenen sprachlich-kulturellen Gruppe an. Das Integrationspotenzial zielt auf Themen im Alltag von Familie und Umfeld und teils auf eine bessere Befähigung der Gläubigen. Bewirkt wird durch die pragma-

50 Vortkamp, Integration durch Teilhabe, 94.

51 Behloul/Lathion, Muslime und Islam, 201.

52 Ebd.

53 Bennani-Chraïbi, L'emergence d'acteurs associatifs musulmans, 6; siehe ebenso Gianni, Muslime in der Schweiz, 21–22 und Schneuwly Purdie, Peut-on intégrer l'islam, 72–74.

54 Martens, Wohltätiges Engagement von Muslimen, 149–155 und 163–164.

tischen Angebote und Dienstleitungen eine passive Integration im Primär- und Sekundärbereich. Es überwiegt die Form des *bonding*-Sozialkapitals. Ein Ansporn für das Engagement im Lokalbereich oder in der Zivilgesellschaft erfolgt mit wenigen Ausnahmen wie Blutspenden, Versenden von Hilfspaketen in Notgebiete und Putzaktionen im öffentlichen Raum hingegen nicht. Zugleich wird den gesellschaftlichen Normen und Werten zugestimmt, wobei die abwertende Fremddarstellung im gesellschaftspolitischen Diskurs über Muslime und Islam Enttäuschung über die rechtlichen Versprechen von Religionsfreiheit und Gleichheit aufkommen lässt.

Eine vergleichbare Integration im Nahumfeld der Gruppe lässt sich auch für die unterschiedlichen christlich-orthodoxen Kirchgemeinden in der Schweiz festhalten. Wie François Hainard und Maria Hämmerli aufgezeigt haben, ist eine Hauptaufgabe der lokalen Gemeinden einerseits, die christlich-orthodoxe Liturgie zu praktizieren und eine Rückbindung zum Herkunftsland aufrechtzuhalten.[55] Andererseits ermöglichen sie eine Identitätsneuausrichtung, um sich mit der Schweizer Aufnahmegesellschaft und deren sozial-kulturellen und politischen Bedingungen auseinanderzusetzen. Dem Priester als Seelsorger und Vermittler kommt hier große Bedeutung zu: «A Serbian priest might explain in his sermons how a member of his parish can be a good citizen in Switzerland», hielten die Forscher fest.[56] Andere Priester würden Gemeindemitglieder ermutigen, gute Bürger zu sein, die Landessprache zu erlernen und die Schule und Ausbildung der Kinder zu unterstützen.[57] Bei aller sozial-kulturellen Anpassung sei es jedoch zugleich wichtig, so ein serbischer Bischof auf Visite in der Schweiz, ein guter orthodoxer Christ zu bleiben und Aspekte orthodoxer Spiritualität wie Demut und Nächstenliebe beim Erlernen der lokalen Kultur hervorzuheben.[58] Hier zeigt sich auch ein gewisser Überlegenheitsanspruch orthodoxer Kirchen gegenüber «westlichen» Kirchen, die als «kalt» und «trocken» wahrgenommen würden.[59] An Dienstleistungen im Sinne von Integrationspotenzialen zählten Hainard und Hämmerli verschiedene sozial orientierte Angebote wie Beratung, Unterhaltung und kulturelle Aktivitäten auf: «vari-

55 Hainard/Hämmerli, Multiple Dimensions, 6.

56 Ebd., 8.

57 Ebd., 14.

58 Hämmerli, How do Orthodox Integrate, 123.

59 Ebd., 124.

ous socially oriented services, e.g. counselling, libraries, entertainment and cultural activities, thereby stimulating institutional and social integration».[60]

Die Dienstleistungen und Angebote der Kirchgemeinden vermitteln zwar ähnlich wie bei islamischen Gebetsräumen und Moscheen hilfreiche Kenntnisse und Werthaltungen, sie sind jedoch stark auf die jeweilige national-kulturelle Lebenswelt orthodoxer Gläubiger orientiert. Als vornehmliches *bonding*-Sozialkapital leiten sie nicht zu einem Engagement über die Nahbezüge hinaus an. Auch hier ist bei den orthodoxen Nutzern der Angebote das Integrationsmuster von primär und sekundär passiver Integration dominant. Gesellschaftliche Normen und Werte in der Schweiz finden breite Akzeptanz und Zustimmung und gesellschaftliche Einrichtungen werden geschätzt.

Hindu-Tempel, die hier drittens noch angesprochen werden sollen, zeichnen sich durch ihr umfangreiches religiöses Angebot aus. Das Ritual, typischerweise vom brahmanischen Priester durchgeführt, steht im Zentrum der «Huldigung» (Sanskrit *pūjā*) der Götter. Durch das Ritual werden dem Hindu-Glauben zufolge die Götter in den spirituell gereinigten Ort des Tempels herbeigerufen, um den Dank und Respekt sowie Wünsche und Bitten der Gläubigen entgegenzunehmen. Die kultischen Handlungen des Priesters in Form der Darbringungen von Gaben (Wasser, Blumen, Licht etc.) sind nicht kommunal orientiert und gelten nicht den Gläubigen, sondern den Göttern. Eine «Hindu-Gemeinde», wie oft zu lesen und hören ist, existiert im traditionellen Hinduismus nicht. Vielmehr ist es ein Zusammenkommen von Familien und Einzelnen, die dem Ritual des Priesters folgen und *darśan* erhalten wollen, die Götter sehen und von den Göttern gesehen werden. Die Kastenzugehörigkeit und damit verbundene Grenzen verunmöglichen überdies Gemeinschaft und Zusammengehörigkeit.[61]

Hindu-Tempel in der Diaspora sind bemüht, die spirituellen Reinheitsanforderungen an den Tempel und Priester sowie die elaborierten rituellen Praktiken fortzuführen. Dennoch finden sich Änderungen: Tempel fungieren in der Diaspora als religiöse und soziale Treffpunkte der Immigranten und Flüchtlinge, über die gleiche Sprache und ethnische Zugehörigkeit existieren trotz Kastengrenzen gewisse schwache *bonding*-Sozialkapitalien. Die Tempel sind für die Zuwanderer Orte der Rückbindung an die zurückgelassene Heimat und Kultur, ermöglichen ein Bewahren der religiösen

60 Hainard/Hämmerli, Multiple Dimensions, 9.

61 Siehe im Detail Malinar, Hinduismus, 154–161. Bei neohinduistischen Neugründungen im 19. und 20. Jahrhundert finden sich jedoch Gemeinschaftsformen.

Identität und geben im religiös-kulturellen Rückzugsort Selbstvertrauen und neue Kraft. Alltagswissen wird informell von schon länger Ansässigen an neu Eintreffende weitergegeben. Die Tempel sind für Außenstehende und Behörden zudem eine Kontaktadresse, indem der Priester oder Präsident des Vorstands vermeintlich für die hinduistische Minderheit in der Region sprechen kann. Hindu-Tempel in der Diaspora – hier: tamilische Hindu-Tempel in der Schweiz – kommen damit den Aspekten der Binnenintegration nach Elwert nahe, ohne jedoch eigenorganisierte Dienstleistungen über das religiöse Angebot hinaus anzubieten.[62] Solche Angebote wie Sprach- und Kulturunterricht für Kinder, Beratungsmöglichkeiten und Sportangebote übernehmen zumeist gesonderte nichtreligiöse Vereine.[63]

Tamilischen Hindu-Tempeln in der Schweiz kommt mit der Schaffung von Selbstvertrauen und Vermittlung informellen Alltagswissens gewisses Integrationspotenzial zu, ein darüber hinausgehendes Dienstleistungsangebot findet sich jedoch in den Tempeln nicht. Die primäre und sekundäre passive Integrationsleistung eines Hindu-Tempels verbleibt auf geringem Niveau. Hier ist die religiöse Ausrichtung des Tempels als nichtkommunal grundlegend, dies im Unterschied zu Moscheen und orthodoxen Kirchen als kommunale Versammlungs- und Gemeinschaftsorte. Moscheen und orthodoxe Kirchgemeinden bieten ihren Besuchern und Mitgliedern aus pragmatischen Erwägungen und auf der gemeinschaftsbegründeten Idee des Engagements für Glaubensbrüder und -schwestern Unterstützungsangebote an. Im nichtgemeinschaftlich basierten Hindu-Tempel stehen im Unterschied dazu die rituell inthronisierten Götter, dargestellt durch die Kultstatuen (skrt. *mūrti*), im Zentrum. Letztlich ist es unerheblich, ob Gläubige zur Andacht kommen oder ihr fernbleiben – der Priester versorgt die Götter auch ohne Publikum.

3.2. Integrationspotenziale über das Nahumfeld der Gruppe hinaus

Die bisher dargestellten Potenziale für Integration, die religiöse Immigrantenvereine Mitgliedern und Besuchern bereitstellen, leisten in der Kategorisierung von Vortkamp vornehmlich Formen primärer und sekundärer passiver Integration. Religiöse Immigrantenvereine vermögen es in den

62 Siehe für die Schweiz C. Baumann, Tamilische Hindus und Tempel, sowie für die sehr unterschiedlichen Etablierungsformen in Ländern Europas Baumann, Sustaining «Little Indias».

63 Siehe dazu die Beispiele für tamilischen Sprach- und Kulturunterricht oder Beratungsangebote in Markus, In der Heimat ihrer Kinder.

Worten Vortkamps nur unzureichend, «den Einzelnen zum partizipierenden Teil des Ganzen [zu] machen».[64] Mitbedingt ist dies einerseits durch die Delegation von Entscheidungen in den nach heimischen Hierarchien strukturierten Orten an die «starken Männer» im Vorstand. Andererseits nutzt die Generation der Erstimmigranten Möglichkeiten der Teilhabe etwa in der Mitgliederversammlung aufgrund der eigenen patriarchalen oder klientelistischen Sozialisation kaum. Für «einfache» Mitglieder engt sich so der Raum für «Selbstwirksamkeitserfahrungen» ein,[65] demnach Erfahrungen, etwas in den Vereinen umsetzen zu können.

Kehrseiten von Binnenintegration: negatives Sozialkapital und Desintegration

Die Wahrung heimatlicher Bezüge in neuer Umwelt hat – wie gerade bemerkt – auch ihre Kehrseiten, indem frühere Machtstrukturen, Altershierarchien und ggf. Kastengrenzen durch die Erstgeneration und traditionell tonangebende Personen fortgeschrieben werden. Frauen und Jugendlichen werden in den religiösen Institutionen zumeist lediglich begrenzte Mitsprache und Einflussmöglichkeiten eingeräumt. Oft besteht ein hoher Konformitätsdruck bei Geschlechterrollen und räumlicher Geschlechtersegregation. Die religiös-kulturelle Sozialkontrolle bei Muslimen, Hindus und Sikhs engt zudem Entfaltungsräume insbesondere für Frauen in Bezug auf Versammlungsmöglichkeit, Kleidung, Freizeitverhalten und Wahl des Ehepartners ein.[66] Die Religionssoziologin Inger Furseth spricht hier von negativem Sozialkapital, das nur zu oft bei der Darstellung von gemeinschaftsstärkenden Sozialkapitalien von Gruppen unbeachtet bleibe.[67]

Nicht vergessen werden darf darüber hinaus, dass durch eine betonte Binnenintegration einer religiösen Gemeinschaft (hohes *bonding*-Sozialkapital) auch bewusst abschließende Grenzen zur gesellschaftlichen Umwelt errichtet werden können. Gesellschaftspolitisch wird das Thema abwehrend unter dem Begriff der «Parallelgesellschaft» diskutiert, wobei neuere Studien darauf hinweisen, dass nur in sehr wenigen Fällen solch religiös legitimierte, gesellschaftlich isolierte Gemeinschaften und Milieus

64 Vortkamp, Integration durch Teilhabe, 82.

65 Ebd., 81.

66 Siehe beispielsweise Nökel, Töchter der Gastarbeiter, 37–45 und Bleisch Bozar, Es kommt darauf an, 244–246. Zu Einschränkungen bei jungen Muslimen und Hindus siehe Müller, Religion und Migration, 205–222.

67 Furseth, Social Capital and Immigrant Religion, 159.

bestehen.[68] Festzuhalten ist jedoch, dass aufgrund religiöser Reinheits- oder Exklusivitätsvorstellungen eine religiöse Gemeinschaft die umgebende Umwelt als verwerflich und moralisch minderwertig ansehen kann. Kontakte außerhalb des Milieus werden minimiert, Anpassungsforderung zurückgewiesen und eigenen Sozialnormen betont. Gesellschaftlich liegt damit eine bewusst gesuchte, religiös legitimierte Desintegration vor. Daniel Gerson konstatierte bei den ultraorthodoxen jüdischen Gemeinden in Zürich solche Formen der Abgrenzung bei gleichzeitiger Betonung innerer Autonomie. Gesellschaftliche Entwicklungen von Individualisierung und erhöhter Anzahl Mischehen sahen ultraorthodoxe Rabbiner als Gefahr für die Religionstradition. Sie setzten beim Bildungssystem an, führten getrenntgeschlechtliche Schulklassen bereits in der Grundschule ein, betonten eindeutige Rollenzuschreibungen für junge Männer und Frauen und begrenzten ein öffentliches Wirken für Frauen.[69] Gleiches findet sich im größten ultraorthodoxen Milieu Europas im Norden Londons in Stamford Hill, wie Daniel Cil Brecher in einer aufschlussreichen Reportage aufzeigte. Der Außenwelt der Goyim setzen ultraorthodoxen Juden und Jüdinnen die jiddische Sprache, religiöse Schulbildung, Kleidungsnormen, Speisegesetze, frühe Verheiratung der Frauen und Sozialkontrolle entgegen.[70]

Zu nennen ist aktuell schließlich auch die gesellschaftliche Desintegration und binnengemeinschaftliche Reintegration bei sich radikalisierenden jungen Muslimen und Musliminnen in zahlreichen Ländern Europas. Grenzen zur Gesellschaft und anderen muslimischen Gruppen werden in einem biografischen Prozess u.a. durch veränderte Kleidungsformen, striktes Einhalten der Gebetszeiten und Essensrestriktionen, Trennen der Geschlechter, Ablehnung der Gleichberechtigung von Frau und Mann sowie Abgrenzung von den «Ungläubigen» (arab. *kuffār*) errichtet. Im Kontext des Kriegs in Syrien und gewalttätigen Anschlägen in Europa kommt dieser Form religiös begründeter Desintegration eine erhöhte gesellschaftspolitische Aufmerksamkeit zu.[71]

68 Schiffauer, Parallelgesellschaften; Nagel, Diesseits der Parallelgesellschaft.

69 Gerson, Schweizer Judentum im Wandel, 5, 10–11.

70 Brecher, Die Welt der ultra-orthodoxen Juden.

71 Siehe zu diesem vielschichtigen Themenfeld u. a. Roy, Der islamische Weg nach Westen; Kemmesies, Terrorismus und Extremismus; Said/Fouad, Salafismus; Dantschke, Radikalisierung von Jugendlichen; und jüngst für die Schweiz Eser Davolio et al., Hintergründe jihadistischer Radikalisierung.

Trotz dieser Kehrseite religiöser Binnenintegration fragt der Beitrag im Folgenden, inwiefern sich Beispiele anführen lassen, bei denen sich mittels einer leitenden Funktion im religiösen Immigrantenverein Formen aktiver gesellschaftlicher Integration mit Engagement über eigene Interessen und die eigene Gruppe hinaus finden? Wo führt die institutionelle Integration Einzelner zu einer partizipativen Integration von Personen und Organisationen und damit zu einem sozialen bzw. zivilbürgerschaftlichem Engagement?[72]

Drei Formen sozialer Beziehungen zur gesellschaftlichen Umwelt sollen hier unterschieden sein: Auf der Mikroebene Verantwortungsträger religiöser Immigrantenvereine und auf der Mesoebene neugegründete Gruppen, die überkommene heimatliche Konventionen hinterfragen. Zudem gilt es Prozesse zu untersuchen, bei denen Immigrantenvereine ihren Wunsch, ein «würdiges» und öffentlich sichtbares Sakralgebäude zu errichten, umsetzen konnten.

Aktive Integration von religiösen Verantwortungsträgern

Religiöse Verantwortungsträger wie Imame, Hindu-Priester und christlich-orthodoxe Priester müssen in der neuen Umwelt, in der Diaspora, oft weit mehr Funktionen und Aufgaben als im Herkunftsland übernehmen. Zuzüglich zu ihren teils aufwändigen religiösen Zuständigkeiten sind sie Berater bei familiären und sozialen Fragen, Lehrer für die Kinder und Organisator von Anlässen. Zudem fungieren sie mitunter als Repräsentanten der Gemeinschaft nach außen, die mit Behörden reden und an interreligiösen Zusammenkünften teilnehmen. Nicht alle religiösen Immigrantenvereine verfügen zudem über genügend Finanzen, um den Imam oder Priester Vollzeit anstellen zu können. Nicht selten geht er daher noch einer Teilzeitarbeit für den Lebensunterhalt nach, was Spielräume zumeist zusätzlich einschränkt. Der Normalfall vieler Moscheen, Tempel, orthodoxer Kirchen und weiterer Sakralstätten ist daher das Sozialengagement des religiösen Verantwortungsträgers nach innen für die eigene Klientel. Ausnahmen bestätigen wie üblich die Regel.

Formen aktiver Integration auf der Primärebene des lokalen Umfelds finden sich beispielsweise bei verschiedenen Imamen und Hindu-Priestern. Sie engagieren sich stark im religiösen Verein und haben dort zumeist Lei-

72 Zurlinden, Religionsgemeinschaften in der direkten Demokratie, 14–17. Verwiesen sei auch auf den Beitrag von Antonius Liedhegener in diesem Band.

tungsämter inne. Die aktive Integration erfolgt durch ihr soziales Engagement über die engere Gruppe hinaus, insbesondere bei Vorhandensein genügender bis guter Kenntnisse der Landessprache. Sie führen Schulklassen und Interessierte durch die Moschee oder den Hindu-Tempel, halten Kontakt zu Integrations- und Sozialstellen und treffen sich mit Kirchenvertretern und -vertreterinnen. Sie engagieren sich zudem im lokalen interreligiösen Kreis und stehen Schülern, Studierenden, Journalisten und Journalistinnen für Auskünfte zur Verfügung.

Die vielfältigen Kontakte, die Formen des *bridging-* und *linking-*Sozialkapitals bilden, lassen sich bei Bedarf in unterstützende Partner ummünzen. Sie eröffnen Möglichkeiten, um etwa zusätzliche Infrastrukturen für eigene Belange erwirken zu können. Beispielsweise gelang es dem in Luzern lokal gut vernetzten Hindu-Priester Saseetharen Ramakrishna Sarma mit Unterstützung der städtischen Integrationsstelle, der katholischen Kirche und begleitet von einer Expertise des Zentrums Religionsforschung der Universität Luzern, den lokalen Fluss an einer bestimmten Stelle als offizielle Beisetzungsstelle für die Asche verstorbener Hindus nutzen zu dürfen. Über das vertikale *linking*-Sozialkapital entstand so die erste Stätte ihrer Art in der Schweiz und lokale und nationale Medien berichteten breit, interviewten den Priester und lobten die Offenheit der Stadt.[73]

73 Siehe Troxler, Vom Flüchtling zum gefragten Seelsorger; Gigon, La Reuss, fleuve sacré hindou sowie der Bericht in der Zeitung Tages-Anzeiger vom 11.6.2012 mit Text und Video, online auf: http://www.tagesanzeiger.ch/panorama/vermischtes/Die-Reuss-wird-zum-heiligen-Fluss/story/11545823 (Zugriff 23.11.2015).

Abb. 2: Priester Saseetharen Ramakrishna Sarma mit Stadtpräsident Urs W. Studer am Ufer der Reuss an der Stelle, wo amtlich erlaubt die Asche verstorbener Hindus ins Wasser gegeben werden darf, 11. Juni 2012 (© Benno Bühlmann).

Eine Motivation des Hindu-Priesters Sarma war, eigene Infrastrukturen zu erweitern und zugleich durch eine deutschsprachige Publikation die hinduistische Religion der breiteren Öffentlichkeit in der Schweiz näherzubringen.[74] Im Unterschied zur positiven Wahrnehmung des öffentlichen Wirkens des Hindu-Priesters bemühen sich Imame und teils selbsternannte muslimische Sprecher, im Kontext des negativen Islam-Diskurses überhaupt in der Öffentlichkeit Gehör zu erhalten und vermittelnd über Islam und Muslime zu informieren.[75] Ein Imam, der über den lokalen Raum hinaus schweizweit bekannt ist und sich stark in integrationspolitischen Debatten und für ein unvoreingenommenes Verständnis des Islams engagiert, ist Bekim Alimi, Imam der albanischen Moschee in Wil (Kanton St. Gallen). Er steht für das Beispiel des «kompetenten, engagierten Bürger[s]», der nach Vortkamp «hohe soziale Kompetenz und Verantwortungsbereit-

74 Siehe die Publikation Sarma, Geburt, Leben, Tod.

75 Zurlinden, Religionsgemeinschaften in der direkten Demokratie, 212–221.

schaft» hat und sich lokal und national in politische Debatten einbringt.[76] Seine Aktivitäten seien kurz dargestellt.

1999 mit 26 Jahren aus Mazedonien in die Schweiz gekommen, engagierte sich Alimi als Absolvent der Azahr-Universität (Kairo) in der albanisch-islamischen Moschee in Wil als Vorbeter und für Jugendarbeit und Bildung. Als vergleichsweise junger Imam hat er einen guten Kontakt zu Heranwachsenden und organisiert zusammen mit jungen Erwachsenen Nachhilfestunden für Schüler und Freizeitangebote.[77] Alimi ermöglicht den ehrenamtlichen Junglehrern in der Eigenorganisation der Nachhilfe Mitsprache und «Selbstwirksamkeitserfahrungen», was «Zugehörigkeit und kollektive Identität» stärkt.[78] Alimi selbst hat als Folge der Terroranschläge 2001 und des Minarettverbots 2009 mehrere hundert öffentliche Auftritte von lokalen Podien bis hin zu Fernsehauftritten bestritten, lokal setzt er sich zudem als Mitglied der städtischen Integrationskommission Wil für Verständigung zwischen Kulturen und Religionen ein. In einer überregionalen Tageszeitung wurde Alimi als einer der «engagiertesten Imame der Schweiz» bezeichnet, der zugleich «Kulturvermittler, Islamlehrer, Seelsorger und Streetworker» sei.[79]

Alimi kritisiert einerseits, dass Muslime sich öffentlich nicht genügend bemühten, ihre Religion darzulegen. Andererseits bemängelt er in einem Interview, dass Islam-Kritiker «die Informationen über eine Weltreligion nicht nur von den Zeitungen holen sollen», da vertiefende Darstellungen gut in Büchern und Studien zu erhalten seien.[80] Der Imam hinterfragt hier sowohl die Haltung vieler Muslime als auch jene von Schweizern und Journalisten. Er zielt auf eine Veränderung von Einstellungen und Werthaltungen auf beiden Seiten. In der Kategorisierung Vortkamps für eine sekundäre aktive Integration – die belastbarste Form der Integration – setzt sich der Imam «für die Gestaltung, Realisierung und Veränderung sozialer Normen und Werte ein» und hinterfragt bestehende Werthaltungen auf muslimischer wie schweizerischer Seite.[81]

76 Vortkamp, Integration durch Teilhabe, 97.

77 Hehli, Willst du später Knöpfe an einer Maschine drücken?

78 Vortkamp, Integration durch Teilhabe, 81 und 82.

79 Meier, Imam als Streetworker.

80 Imam Alimi im Interview mit dem katholischen Medienzentrum anlässlich des Besuchs der Moschee in Wil am 10.2.2010, Minute 159–207, online auf https://www.youtube.com/watch?v=GEAqN7Ox5hg (Zugriff 29.7.2015).

81 Vortkamp, Integration durch Teilhabe, 97.

Aktive Integration mittels religiöser Jugend- und Reformgruppen

Die Soziologin Sigrid Nökel hatte früh auf die Existenz neuer muslimischer Mädchengruppen innerhalb wie außerhalb islamischer Gebetsräume und Moscheen in Deutschland hingewiesen. Das selbstbestimmte Zusammenkommen in alters- und geschlechtsgleichen Gruppen «durchbricht als Forum des Wissenserwerbs und des Austausches nicht nur die Situation der Vereinzelung», so Nökel, sondern leiste für die jungen Musliminnen die «Arbeit der praktischen Islamisierung».[82] Die jungen Frauen erarbeiten sich in den Treffen ein eigenes Verständnis des Korans, emanzipieren sich zugleich von etablierten Gelehrten und setzen sich reflexiv sowohl mit der eigenen kulturellen Tradition als auch den Bedingungen eines muslimischen Lebens in Deutschland auseinander.[83]

Ein Jahrzehnt später kamen Forschungen zu muslimischen Jugendgruppen in der Schweiz zu ähnlichen Befunden und vertieften sie um Fragen von Zugehörigkeit und Integration. Während moschee-gebundene Jugendgruppen zumeist an der sprachlich-kulturellen und nationalen Tradition unter Leitung eines Imams oder Hodschas orientiert sind, überwinden moschee-ungebundene Jugendgruppen demgegenüber die meist trennenden Kultur- und Nationengrenzen. Der Bezug zur Gesellschaft und Fragen der Zugehörigkeiten stehen oft im Zentrum der Treffen. Dementsprechend, so die Forscher, «charakterisiert diese Gruppen und ihre Mitglieder oftmals das Selbstverständnis oder der Wille, nicht mehr länger ‹Muslime in der Schweiz›, sondern ‹Schweizer Muslime› und somit auch integraler Bestandteil der Schweizer Gesellschaft zu sein».[84] Der Wunsch, als Muslime als Teil der Gesellschaft wahrgenommen und nicht ausgeschlossen zu werden, prägt einen Teil der Aktivitäten der Gruppe. Weitere Angebote sind die Auseinandersetzung mit dem Koran und Islam, geschlechtergetrennte Anlässe und Freizeitaktivitäten. Junge Muslime und Musliminnen bringen sich über die Gruppen in der Darstellung des Islams gegenüber Nichtmuslimen ein, beteiligen sich an interreligiösen Anlässen und etwa am «Tag gegen Islamophobie und Rassismus». «Wir gehören auch zur Schweiz» hatte ein muslimischer Demonstrant auf sein Plakat an eben diesem Tag geschrieben.[85]

82 Nökel, Töchter der Gastarbeiter, 52.

83 Ebd., 64.

84 Endres et al., Jung, muslimisch, schweizerisch, 37.

85 Ebd., 52.

Abb. 3: Demonstrant am «Tag gegen Islamophobie und Rassismus» am 29. Oktober 2011 auf dem Bundesplatz in Bern (© Jürgen Endres, Universität Luzern).

Sadiq, 27 Jahre alt, umschrieb die Ziele des zivilbürgerschaftlichen Engagements seiner Jugendgruppe so:

> Wir wollen uns in die Schweizer Gesellschaft einbringen. Dafür nehmen wir mit den Jugendlichen an Charity-Walks Teil, machen Besuche in Altersheimen, helfen bei sozialen Einrichtungen mit oder laden nicht-muslimische Jugendgruppen und Schulklassen in unsere Moschee ein [...] Unsere Vortragsreihe in der Moschee war leider eher dürftig besucht.[86]

Das Engagement der jungen Muslime wird von gesellschaftlicher Seite teils reserviert entgegengenommen, wie der dürftige Besuch der Vortragsreihe zeigt. Nichtsdestoweniger ermöglichen die Gruppen und Anlässe, die von

86 Ebd., 70.

den jungen Frauen und Männern selbst organisiert werden, aktive Teilhabe am Geschehen und «Selbstwirksamkeitserfahrungen». Die jungen Muslime in den moschee-ungebundenen Gruppen sind in den Worten Vortkamps «konfliktbereit und -fähig und politisch hoch engagiert» und drücken «einen politischen Partizipations- und Gestaltungsanspruch» deutlich aus.[87] Auch wenn die Gruppen zumeist klein sind, haben sie eine hohe Bedeutung für das Selbstverständnis der jung-aktiven Muslime; sie stellen keine abgeschotteten Nischen dar, sondern fungieren «als Brücken zwischen nicht-muslimischen und muslimischen Gesellschaftsteilen der Schweiz».[88]

Um einen ebensolchen Austausch mit der Schweizer Öffentlichkeit, aber auch mit etablierten Auffassungen der eigenen religiös-kulturellen Traditionen, bemüht sich die hinduistische Reformgruppe Saivanerikoodam. 1989 von fünf jungen Männern begonnen und 1994 als Verein Saivanerikoodam etabliert, zielen die jungen Tamilen auf den Abbau von Kastengrenzen und betonen soziale und gemeinschaftliche Aspekte. Herkömmliche Antworten der Eltern und Priester auf religiöse Fragen befriedigten sie nicht. «Ich wollte nicht einfach blind glauben, ohne Bedeutung. Ich wollte wissen, um was es geht» erklärte Sasikumar Tharmalingam auf die Motive, eine eigene Reformgruppe ins Leben zu rufen.[89] Die fünf reisten nach Indien, befragten Gelehrte und Asketen und als in der Schweiz keiner der bestehenden hindu-tamilischen Tempel mit ihnen kooperieren wollte, gründeten sie 2007 einen eigenen Tempel.

Tharmalingam und Murali Thiruselvam, beide nicht aus der brahmanischen Kaste, fungieren als Priester und versorgen die Götter mit Ritualen und die Gläubigen mit religiösen Erklärungen und Rat. Um eine höhere Akzeptanz und Legitimation nach innen und außen zugeschrieben zu bekommen, halten sie die brahmanischen Regeln der Ernährungsvorschriften und Lebensführung ein. Die Rituale führen sie jedoch nicht wie traditionell im Tempelkult in Sanskrit, sondern in Tamilisch durch. Auch bilden sie als Novum sowohl Männer als auch Frauen zu Priestern bzw. Priesterinnen aus.[90] Traditionelle brahmanische Priester kritisierten, dass die Reformen die alte Ordnung zerstören und die Hindu-Tradition untergraben würden.

87 Vortkamp, Integration durch Teilhabe, 97.

88 Endres et al., Jung, muslimisch, schweizerisch, 69.

89 Tharmalingam im Interview mit Andrea Zimmermann, Zitat nach Zimmermann, Die reformierten Hindus von Bern, Anhang xvi.

90 Zimmermann, Die reformierten Hindus von Bern, 51, und den Beitrag von Läubli, Gleichberechtigung im Tempel (in: Neue Zürcher Zeitung).

Tharmalingam, nunmehr Hauptpriester des neuen großen Tempels als Teil des 2014 eingeweihten «Haus der Religionen» in Bern, erläutert das Selbstverständnis von Saivanerikoodam und benennt neue Zielsetzungen:

Unser Verein und unser Tempel sind Orte, wo wir über unsere Herkunft und Zukunft nachdenken wollen, wo wir Rituale pflegen, sie aber auch erklären und verständlich machen möchten. Wir wollen das Bewusstsein und das Gefühl von Zugehörigkeit und Gemeinschaft vermitteln und dabei individuelle Entfaltung und Freiheit fördern. Wir wollen priesterliche Aufgaben allen zugänglich machen und demokratische Grundsätze pflegen. Wir wollen, dass unser Glaube und unsere Kultur auch für die Schweizer Bevölkerung verständlich werden und unser Tempel ein einladender Ort in der Stadt und für die Region Bern ist.[91]

Anders als bisherige Hindu-Tempel setzt Saivanerikoodam nicht auf Konservieren der Tradition, sondern auf eine aktive Auseinandersetzung mit der Herkunft und Zukunft hinduistischer Tradition und Rituale. Gläubige sollen die Bedeutung von Ritualen verstehen können und ein Gefühl von Zugehörigkeit und Gemeinschaft entwickeln, um sich durch diese «Binnenintegration» entwickeln zu können. Nach außen geht es dem Tempel darum, hinduistische Religion und Kultur an die Bevölkerung zu vermitteln und als ein Teil der Stadt angesehen zu werden.[92] Das «Haus der Religionen», dessen Mitglied Saivanerikoodam und der neue, eindrückliche Tempel sind, bietet dazu einen hervorragenden Ansatzpunkt.[93]

91 Tharmalingam, Die Hindus – Suche nach Herkunft und Zukunft, 59, zitiert nach Zimmermann, Die reformierten Hindus von Bern, 51.

92 Es fragt sich hier jedoch, warum die Webseite des Vereins http://www.saivanerikoodam.ch/ gänzlich in Tamilisch gehalten ist.

93 Siehe die Webseite des «Haus der Religionen», https://www.haus-der-religionen.ch/ (Zugriff 3.8.2015). Siehe auch den Beitrag im Schweizer Radio und Fernsehen, Berner Hindus öffnen sich, vom 30.1.2015, http://www.srf.ch/news/regional/bern-freiburg-wallis/berner-hindus-oeffnen-sich (Zugriff 3.8.2015).

Abb. 4: Der Hindu-Tempel der Reformgruppe Saivanerikoodam von außen, mit dem Aufbau des Tempelportals, Bern, März 2015 (© Martin Baumann).

Diese Offenheit steht im deutlichen Kontrast zu vielen bestehenden Tempeln. Den Tempeln geht es mit wenigen Ausnahmen nur wenig um Kommunikation mit der Schweizer Umwelt und vornehmlich werden traditionelle Normen, Hierarchien sowie Macht- und Kastengefüge fortgesetzt. Tharmalingam und der Verein planen überdies die Einrichtung eines Beratungszentrums, um vorhandene, jedoch zumeist verschwiegene Themen wie Alkoholprobleme bei tamilischen Männern, Gewalt in der Ehe u.a. angehen und diesem aktiv entgegentreten zu können.[94]

Das Hinterfragen etablierter Normen und das Engagement für die Veränderung bestehender Werte und Institutionen – Kennzeichen sekundär aktiver Integration nach Vortkamp[95] – bezieht der Verein Saivanerikoodam stark auf etablierte Strukturen hindu-tamilischer Tempel und Aufgaben. Die

94 Zimmermann, Die reformierten Hindus von Bern, 88.

95 Vortkamp, Integration durch Teilhabe, 97.

Öffnung nach außen ist nicht so sehr mit gesellschaftspolitischen Gestaltungsansprüchen begründet, als vielmehr mit Formen der Teilhabe und Einbindung in lokale soziale und interreligiöse Strukturen. Als Kennzeichen primär aktiver Integration zeigen Tharmalingam und die Reformgruppe Saivanerikoodam «ein hohes Aktivitätspotential im privaten und politischen Bereich» und sind bereit, Verantwortung zu übernehmen. Gläubigen im Tempel räumt der Priester nicht lediglich eine Zuschauerrolle ein. Die tamilischen Erklärungen ermöglichen vielmehr eigenes Verstehen und die Ritualänderungen eigenes, aktives Handeln und Teilhabe. Die Reform, Frauen zu Priesterinnen auszubilden, schafft Frauen wie Mala Jeyakumar als eine der ersten Priesterinnen eigene «Selbstwirksamkeitserfahrungen» und eine neue Führungsrolle. Zugleich räumt Jeyakumar ein, dass Frauen «in der tamilischen Kultur [...] nicht so mutig [sind]»,[96] was auf beengte Räume für Frauen in Sri Lanka und Südindien verweist. Zugleich unterstreicht das Beispiel der neuen Priesterin, dass in der Diaspora neue Handlungsoptionen und Freiheiten bestehen, fern der Sozialkontrolle etablierter Strukturen im Herkunftsland.

3.3. Integration von Immigrantenvereinen mittels neuer Sakralgebäude

Als Drittes sollen schließlich neue Sakralgebäude von Immigrantenvereinen dahingehend befragt werden, welche Integrationspotenziale sich womöglich aus dem Bauprozess und der neuen Sichtbarkeit und Öffentlichkeit ergeben.[97] Anders als ein Großteil der Aktivitäten und Dienstleistungen in den Vereinen, die nach innen gerichtet sind (*bonding*-Sozialkapital), zwingen neue Bauprojekte die Bauherren, sich mit den umgebenden sozialen, rechtlichen und ggf. politischen Begebenheiten auseinanderzusetzen. Wo kann ein Grundstück gefunden werden, welcher Architekt konzipiert den Bau und wirkt ggf. zugleich als Moderator, welche Behörden sind zu kontaktieren und wer in der Region zu informieren? Zwingend ist ein Bezug zu gesellschaftlichen Institutionen, wobei sich gerade eine fehlende Kommunika-

96 Zitat im Beitrag von Läubli, Gleichberechtigung im Tempel. Siehe auch den Beitrag von Swissinfo zu Mala Jeyakumar als Priesterin bei der Waschung und Huldigung der Götterstatuen, «Worship at Bern's Hindu temple», https://www.youtube.com/watch?v=Appr9TVFDNU (Zugriff 18.12.1015).

97 Zum Thema der Öffentlichkeit und öffentlicher Religion sei auch auf den Beitrag von Edmund Arens in diesem Beitrag verwiesen.

tion mit lokalen Behörden, Kirchgemeinden, Parteien und zivilgesellschaftlichen Organisationen als verhängnisvoll erwiesen hat.[98]

Neue Sakralgebäude verändern durch ihre oftmals markante Architektur und bloße Präsenz die lokalen Gegebenheiten. Anwohner, Behörden, die Gemeinde und ggf. Vertreter lokaler Kirchengemeinden und politischer Parteien wollen in dem Prozess und der etablierten Debattierkultur gehört sein und die Bauherren haben zu antworten. Religiöse Immigrantenvereine, die neu bauen, setzen sich durch das geplante Sakralgebäude und dessen Außenwirkung unweigerlich einem Prozess sozialer und lokal-räumlicher Wahrnehmung aus. Im Konzept partizipativer Integration von Vortkamp lassen sich solche markanten Sakralgebäude als eine Form kollektiver Integration fassen (siehe Kapitel 2). Die religiös-kulturelle Gruppe passt sich zumindest baulich nicht der umgebenden Gesellschaft an, sondern will «mit Teilen ihrer Normen, Werte und Lebensweise in die umgebende Gesellschaft integriert werden».[99] Fördern solche Bauprojekte eine gesellschaftliche Teilhabe der Gruppe, haben damit Integrationspotenziale, oder wirken sie desintegrativ und behindern Teilhabe der Gruppe im lokalen Umfeld? Beispiele muslimischer und hinduistischer Sakralbauten sollen die Frage klären helfen.

Die erste sichtbare Moschee mit Minarett in der Schweiz entstand schon in den 1960er-Jahren. Verantwortlich zeichnete sich die in Pakistan entstandene Ahmadiyya-Gemeinschaft, die in Westeuropa ein regionales Missionszentrum errichten wollte. Die finanziellen Mittel kamen nicht von Seiten der wenigen Gläubigen in der Schweiz, sondern von der straff organisierten Ahmadiyya-Organisation. Die Stadt stellte ein Grundstück zur Verfügung und nach zehnmonatiger Bauzeit konnte die Moschee eingeweiht werden. Mit Muhammad Zafarullah Khan, damals pakistanischer Gesandter bei den Vereinten Nationen und Vorsitzender der Generalversammlung, brachte die Gemeinschaft ihr prominentestes Mitglied nach Zürich. Der seinerzeitige Stadtpräsident Emil Landolt nutzte die Prominenz des Gastes und lobte die Weltläufigkeit und Toleranz Zürichs; der

98 Eine mangelnde Kommunikation fand sich beispielsweise bei den Bauanträgen für Minarette in Wangen und Langenthal, was im ohnehin problematisierenden Islam-Diskurs beitrug, eine Kampagne gegen Minarett-Neubauten zu lancieren, siehe Bretscher, (K)eins aufs Dach?, 76–102, und Baumann/Tunger, Wenn Religionen Häuser bauen, 175–176.

99 Vortkamp, Integration durch Teilhabe, 23.

Weltreligion Islam habe man gerne einen Gebetsort bereitgestellt.[100] Erfolgreich hat die damals kleine Gemeinschaft ihr *linking*-Sozialkapital zu Zafarullah Khan und zum Stadtpräsidenten zum Moscheebau ummünzen können.

Abb. 5: Die Mahmud-Moschee in der Forchstraße in Zürich im November 2011. (© Edwin Egeter, Universität Luzern).[101]

Anders als bei Bauvorhaben einige Jahrzehnte später war die Öffentlichkeit über das Moscheebauprojekt vorweg jedoch nicht informiert worden, wie Simone Bretscher aufzeigte.[102] Zu gut passten die Interessen der Gemeinschaft und der Stadtoberen zueinander, sodass vornehmlich von einer primär passiven Integration der Moschee im lokalen Umfeld Züricher Politik gesprochen werden kann. Erst nach vollendeter Einweihung meldeten sich die drei christlichen Landeskirchen und bemängelten in einer Erklärung, «dass der Stadtrat der Ahmadiyya-Bewegung Gemeindeboden im Baurecht

100 Vgl. Bretscher, (K)eins aufs Dach?, 54 und NZZ, Keine Probleme trotz Minarett.

101 Historische Bilder aus den 1960er- oder 1970er-Jahren waren im baugeschichtlichen Archiv der Stadt Zürich leider nicht vorhanden

102 Bretscher, (K)eins aufs Dach?, 52–61.

überlassen hatte, obwohl es sich bei dieser Bewegung um eine islamische Sekte handelt. Angesichts der Schwierigkeit, Bauplätze für die Gotteshäuser der christlichen Kirchen zu finden, sei dieses Entgegenkommen des Zürcher Stadtrates befremdend».[103] Die gemeinsame Erklärung der Kirchen unterstrich zugleich, dass die Ahhmadiyya-Gemeinschaft sich vorweg nicht um soziale Kontakte und lokale Partner bemüht hatte (kein *bridging*-Sozialkapital). Angesichts der Unterstützung des Stadtpräsidenten (*linking*-Sozialkapital) erschien eine Sozialintegration nicht notwendig. Jahre später herrscht hingegen Einvernehmen zwischen den Moscheevertretern, Vertretern der gegenüberliegenden evangelisch-reformierten Balgrist-Kirche und der Nachbarschaft, wie Sadaqat Ahmad, Imam der Moschee, betont. Probleme mit Bewohnern der Umgebung gebe es nicht und die Kirchgemeinde Balgrist stelle freitags Parkplätze für das Freitagsgebet in der Moschee zur Verfügung. Zudem hätten zahlreiche Schulklassen, Nachbarn und Vereine aus dem Quartier die Moschee schon besucht.[104] Die soziale Eingliederung kann als passive Integration im Nahumfeld bezeichnet werden, ein weitergehender gesellschaftlicher Partizipationsanspruch lässt sich mit Ausnahme von punktuellem zivilbürgerschaftlichem Engagement der Jugendgruppe nicht festmachen.

Auch die drei weiteren Moscheen mit Minarett in der Schweiz gehen über Formen passiver Integration im Nahumfeld kaum hinaus. Dieses trifft für die 1978 vom saudischen König Khaled Bin Abdulaziz Âl Saud und dem damaligen Bundespräsidenten Pierre Aubert eingeweihte Moschee in Genf zu wie auch für die 2004 eingerichtete Moschee des Islamisch-Albanischen Vereins Winterthur mit dem kleinen, kaum beachteten Minarett. Auch die Moschee des türkischen Kulturvereins in Wangen, der 2005 den Antrag für das nachfolgend stark umstrittene Minarett einreichte, hat die Aktivitäten auf die eigene Klientel gerichtet. Der Konflikt um das Minarett führte eher zu einem Rückzug als zu einer Öffnung des Kulturvereins. Der Fokus der Angebote der Moscheen richtete sich auf die muslimische, teils stark sprachlich-kulturell geprägte «Subkultur» in der jeweiligen Stadt

103 NZZ, Keine Probleme trotz Minarett.

104 Vgl. Webseite Kuppel – Tempel – Minarett, Mahmud-Moschee, online https://www.unilu.ch/fakultaeten/ksf/institute/zentrum-religionsforschung/subsites/religionen-schweiz/forschung/kuppel-tempel-minarett/gebaeude/mahmud-moschee/#c32822 (Zugriff 3.8.2015).

bzw. Gemeinde.[105] Die Integrationspotenziale der religiösen Institution erstrecken sich vornehmlich auf Kontakte zu den Gemeindebehörden, eine aktive Beziehungspflege zur Nachbarschaft und zivilgesellschaftlichen Organisationen existiert kaum.

Im Unterschied dazu steht das Iman-Zentrum der islamischen Gemeinschaft Volketswil (Kanton Zürich), der zweitgrößten Moschee der Schweiz. Diese wurde 2012 im Beisein zahlreicher Gäste, jedoch keiner lokalen Politiker, eingeweiht. Der an drei Seiten funktional-nüchterne Neubau und mit einer großen «orientalisierten» Glasfront beim Eingang hatte von vornherein auf auffällige religiöse Symbole wie ein Minarett oder gesonderte Architektur verzichtet. Das Gebäude konnte auch nicht mit einer Ausrichtung nach Mekka gebaut werden, da die Baunormen des Quartiers dies nicht zuließen. Den Kontakt mit den Behörden bezeichnen Verantwortliche als gut und korrekt. Für die Beziehungen zur Gemeinde und anderen sind mehrere Schweizer Konvertiten und Konvertitinnen mitverantwortlich, die in Schlüsselfunktionen des Zentrums mitarbeiten.[106] Die Webseite informiert ausschließlich in Deutsch über die Gemeinschaft und die Ziele. Als eine ihrer Hauptaufgabe benennt sie neben den schon bekannten Dienstleistungsangeboten, «Brücken [...] zwischen Muslimen und Nicht-Muslimen in der Gesellschaft» zu bauen.[107] Erreicht werden soll dies durch Moscheeführungen und zweimal jährlich stattfindende Tage der offenen Moschee. Dass dieses schon ansatzweise gelungen ist, zeigen erste positive Berichte von Besuchergruppen.[108] Die Präsidentin des Trägervereins, Laila-Beatrice Oulouda, konstatierte jedoch zweieinhalb Jahre nach der Eröffnung, dass zwar Kontakte zu lokalen Gruppen beständen, doch da das Zentrum weiterhin im Aufbau sei, könne der Austausch noch nicht im Sinn «einer näheren Zusammenarbeit mit diesen Gruppen bezeichnet werden».[109] Ein gruppenübergreifender Austausch und ggf. Unterstützung als Form von *bridging*-Sozialkapital kam bis dato nicht zustande.

105 Vgl. Bretscher, (K)eins aufs Dach?, 61–92; Baumann/Tunger-Zanetti, Neue Sakralbauten in der Politik des Raums, sowie die Darstellungen zu den Moscheen auf der Webseite Kuppel – Tempel – Minarett, online www.unilu.ch/ktm (Zugriff 18.12.2015).

106 Stöckli, Moschee-Neubauprojekte, 120 und 191.

107 Webseite ImanZentrum, Über das Zentrum, online http://imanzentrum.ch (Zugriff, 3.8.2015).

108 Siehe etwa Gewerbezeitung, Besuch der Gewerbler im ImanZentrum Volketswil.

109 Laila-Beatrice Oulouda im Interview mit Sumaya Mohammed, in: Islamische Zeitung. Unabhängiges Forum für Europ, 27.5.2015, online http://www.islamische-zeitung.de/?id=19166 (Zugriff 5.8.2015).

Abb. 6: Das Iman-Zentrum der islamischen Gemeinschaft in Volketswil, Kanton Zürich, am Tag der Vorstellung und Eröffnung am 30. Dezember 2012 (© Andreas Tunger Zanetti).

Frauen haben in der Volketswiler Moschee jedoch neue Entfaltungsmöglichkeiten. Viele andere muslimische Gebetsräume und Moscheen bieten Frauen kaum bis wenige eigene Räumlichkeiten. Da das Freitagsgebet nur für Männer, nicht jedoch für Frauen Pflicht ist, ist der Raum für Frauen zumeist begrenzt und in hintere Räume verlegt.[110] Selbst erbaute Moscheen bringen hier neue Chancen und Beteiligungsmöglichkeiten für Frauen mit, gerade auch wenn Frauen wie in Volketswil mit in der Planung beteiligt waren. Im Iman-Zentrum verfügen die Frauen mit der Galerie in der ersten Etage mit 300 Plätzen über genügend Raum für das Gebet, den Männern stehen im Erdgeschoss 500 Plätze zur Verfügung. Die Frauen können so der Predigt des Imams direkt zuhören, ohne sie wie in anderen Moscheen über Lautsprecher in Hinterräumen verfolgen zu müssen. In Volketswil bringen sich Frauen u. a. in der Familien- und Frauenkommission ein und haben hier eigene Betätigungsfelder und Entfaltungsräume. Ausdruck des Bemühens um Gleichberechtigung ist auch, dass die Leitung der Schule, die im Zentrum untergebracht ist, eine Frau innehat, die ebenfalls die Präsidentin des Trägervereins ist.

Nach Lucia Stöckli können neugebaute muslimische Zentren und Moscheen, wenn sie eigene Gebets- und Gruppenräume für Frauen bereitstel-

110 Stöckli, Moschee-Neubauprojekte, 223–224.

len, zu einer verstärkten Beteiligung von Frauen in der Moschee führen: «Die Moschee etabliert sich auch als Treffpunkt für Frauen, was jedoch nicht immer gleich gut funktioniert. Die Neubauten zeigen jedoch, dass sich Frauen in ihren Moscheen treffen und teilweise Aktivitäten nach ihren Bedürfnissen planen.»[111] Dieses erhöht die schon beschriebene Multifunktionalität der traditionell männerdominierten Moschee und öffnet sie für «Teilhabemöglichkeiten und Selbstwirksamkeitserfahrungen»[112] von Frauen.

Neue Sakralbauten können, müssen aber nicht notwendig neue Entfaltungsmöglichkeiten und zusätzliche Integrationspotenziale bieten. Dies zeigt das Beispiel hindu-tamilischer Tempel eindrücklich, was hier knapp dargestellt sein soll. Die schon erwähnte hinduistische Reformgruppe Saivanerikoodam verfügt im «Haus der Religionen» über einen großen Tempel, der von außen bis auf die aus dem Gebäude herausragende Spitze des Eingangsturms (skrt. *gopuram*) nicht als Sakralbau erkennbar ist. Als Reformgruppe setzt sich Saivanerikoodam für die Gleichberechtigung von Frauen und Männer ein, lässt Gläubige an den rituellen Handlungen aktiv mitwirken und hat die Priesterausbildung auch für Frauen geöffnet. Nicht so sehr über den Tempel, der zu Beginn 1994 in einer Privatwohnung, ab 2006 in größeren Räumlichkeiten und seit 2014 prominent im «Haus der Religionen» untergebracht ist, sondern über die Reformen und den Hauptpriester Tharmalingam hat Saivanerikoodam schweizweit Bekanntheit erlangt. Eine etwaige Sichtbarkeit des Sakralgebäudes war hier unerheblich und die erhöhten Integrationspotenziale resultieren aus Reformen und Neuansätzen hinduistischer Tradition.

Das Potenzial zu neuen Teilhabemöglichkeiten hätte der erste nach hinduistischen Bauvorgaben, nach Osten ausgerichtete und als Tempel erkennbare Sri Manonmani Tempel in Trimbach (Nordwestschweiz). 1991 auf dem Dachboden einer Asylunterkunft gegründet und ab 1993 in einer Gewerbehalle untergebracht, entschied man sich nach Beschwerden von Nachbarn über den Tempelbetrieb im Jahr 2000 zum Bau eines eigenen Tempels. Trotz des umtriebigen Vereinspräsidenten Vasantharajan Ramalingam und der Unterstützung eines engagierten Architekten dauerte es noch bis 2006 zur Grundsteinlegung und weitere sieben Jahre bis zur Einweihung im Frühjahr 2013.[113] Mit der weitgehenden Fertigstellung des

111 Ebd., 234.

112 Vortkamp, Integration durch Teilhabe, 81.

113 Siehe die Rekonstruktion und Darstellung bei Baumann/Tunger, Der Hindutempel in Trimbach, 13–28.

Tempels am Rande des Gewerbegebiets wurde die rituelle Verehrung der Göttin Sri Manonmani und der weiteren Götter des Tempels aufgenommen.

Abb. 7: Der Sri Manonmani-Tempel während des Tempelfestes am 5. Juli 2015, Trimbach (© Martin Baumann).

Eine Kommunikation des Tempelvorstands nach außen gestaltete sich angesichts des Erfolgs, den ersten sichtbaren Hindu-Tempel in der Schweiz erbaut zu haben, jedoch dürftig. Erschwerend kam der überraschende Tod des langjährigen Vereinspräsidenten ein Jahr nach Inbetriebnahme des neuen Tempels hinzu. Zwar berichtete das Schweizer Fernsehen ausführlich über die Einweihung,[114] doch außer einigen wenigen weiteren Berichten in lokalen Zeitungen blieb es medial still. Änderungen hat der neue Sakralbau nur insofern gebracht, als dass Feste nun ungestört und im größeren Rahmen gefeiert werden können und Hindus in der Religion mit Stolz auf den Tempel verweisen. Die Verwirklichung des Tempels zeige, dass der «Segen

114 Schweizer Radio und Fernsehen, Sendung «Sternstunde Religion», am 28.4.2013, online abrufbar http://www.srf.ch/play/tv/sternstunde-religion/video/einweihungszeremonie-des-hindutempels-in-trimbach?id=9d6efbf5-c8b6-4d66-9f23-4c038d5aa38e (Zugriff 5.8.2015).

der Götter» auf dem Vorhaben und dem Tempel liege. Insgesamt hat der Sakralbau jedoch nicht zu neuen Teilhabemöglichkeiten bei hindu-tamilischen Frauen oder Jugendlichen geführt. Fast scheint es so, als dass der neue Tempel heimatliche Traditionen und Hierarchien bestärkt und damit «Selbstwirksamkeitserfahrungen» vornehmlich für Männer einer in Sri Lanka dominanten Kaste ermöglicht und verfestigt hat.

Neue Sakralbauten führen demnach nicht notwendig zu neuen Integrationspotenzialen und Möglichkeiten zur Teilhabe und Mitgestaltung. Ausschlaggebend ist die Zielsetzung der Erbauer wie auch das Engagement von bisher benachteiligten Gruppen, mit einem Neubau eigene Entfaltungsmöglichkeiten einzufordern. Insgesamt, so der bisherige Befund, haben in der Schweiz neu erbaute Sakralgebäude von Immigrantengruppen keine gesteigerten Integrationspotenziale und interreligiösen Vermittlungsprozesse über die eigene religiöse «Subkultur» hinaus hervorgebracht. Einzige Ausnahme ist das 1968 gegründete Klösterliche Tibet-Institut Rikon, das stark im interreligiösen Dialog und in der Vermittlungsarbeit engagiert ist.[115] Im Unterschied zu diesem Befund stehen in Deutschland beispielsweise mit der Merkez-Moschee in Duisburg[116] und dem Islamischen Forum im oberbayrischen Penzberg[117] prominente repräsentative Sakralbauten, die der religiösen Minderheit nicht nur Prestige und Wahrnehmung im öffentlichen Raum der Stadt verleihen, sondern die auch durch interreligiöse Begegnungs- und kulturelle Verständigungsprozesse zur Integration der Stadt und der Kulturen beigetragen haben. Möglicherweise sind Immigrantengruppen in der Schweiz noch zu kurz etabliert und zu wenig mit der Schweizer Debattierkultur vertraut, um den Schritt vom Fokus auf die Binnenintegration zur gesellschaftlich mitgestaltenden Integration zu gehen.

115 Lindegger, Peter, 20 Jahre Klösterliches Tibet-Institut; Tibet-Institut Rikon, Tibetisches Juwel sowie die Webseite www.tibet-institut.ch (Zugriff 24.11.2015).

116 Jenker, Moschee-Eröffnung; siehe auch die Webseite http://www.ditib-du.de (Zugriff 5.8.2015).

117 Jasarevic, Anders! Das Islamische Forum in Penzberg; siehe auch die Webseite http://www.islam-penzberg.de (Zugriff 5.8.2015).

4. Diskussion des Integrationskonzepts

Wolfgang Vortkamp hat mit seinem Ansatz partizipativer Integration ein für die Analyse empirischer Fallbeispiele anwendbares und beurteilendes Konzept vorgelegt. Es erlaubt, die Integrationsleistungen von religiösen Immigrantenvereinen dahin gehend zu befragen, welche Integrationsmuster sie fördern und inwiefern die Angebote, Dienstleistungen und Vereinsstrukturen «ihren Mitgliedern Teilhabemöglichkeiten und Selbstwirksamkeitserfahrungen einräumen».[118] Wie die vorgehende Analyse gezeigt hat, eröffnen nur wenige religiöse Immigrantenvereine entsprechende partizipative Möglichkeiten. Sie binden jedoch die Mitglieder und Zugehörigen in soziale Netzwerke ein und schaffen vornehmlich für religiöse Verantwortliche und Repräsentanten zivilgesellschaftliche Vernetzung und Teilhabe über die Gruppe hinaus.[119] Trotz des analytischen Mehrwerts sollen drei Kritikpunkte nicht ungenannt bleiben.

Vortkamp benennt mit den im zweiten Abschnitt dargestellten vier idealtypischen Integrationsmustern bestimmte Formen von Integration, wobei Übergänge und Wechselwirkungen nicht in den Blick kommen. Es zeigt sich jedoch, dass die Angebote und Dienstleistungen von religiösen Immigrantenvereinen, die zumeist eine passive Integration im Nahumfeld bewirken, oft erst Voraussetzung und Ermöglichung für aktive Integrationsformen sind. Schon Elwert wies mit der Binnenintegration darauf hin, «dass man [der/die Migrant/-in] von diesem Rückzugsfeld her nun emotional besser gesichert, weitaus selbstbewusster, Kontakte zur Außenwelt anknüpfen kann».[120] Dies kann der Schritt hin zu einer künftigen aktiven Integration auf primärer Ebene sein. Auch die Forschungen zu muslimischen Jugendgruppen in der Schweiz haben gezeigt, dass die Gruppen den Jugendlichen «als Raum des Erlernens sozialer und zivilgesellschaftlicher Kompetenzen dienen».[121] Diese Fertigkeiten wie Übernehmen von Verantwortung, Organisierenkönnen und Einstehen für eigene Positionen ermöglichte Jugendgruppen und Jugendlichen, sich aktiv in gesellschaftliche Be-

118 Vortkamp, Integration durch Teilhabe, 81.

119 Diese Schlussfolgerung konstatiert auch das Jahresgutachten 2016 des Sachverständigenrats, Viele Götter, ein Staat, 58. Zugleich verweist das Jahresgutachten auf bislang fehlende empirisch fundierte Belege zum Zusammenhang von Religion und Integration, vgl. 58, 61.

120 Elwert, Binnenintegration, 724.

121 Endres et al., Jung, muslimisch, schweizerisch, 64. Dazu ähnlich Sachverständigenrat, Viele Götter, ein Staat, 58, 60.

lange einzubringen – welches demnach Formen aktiver Integration auf primärer und sekundärer Ebene darstellen. In die Sprache des Sozialkapitalansatzes gefasst: *Bonding*-Sozialkapital bildete die Voraussetzung für *bridging*-Sozialkapital. Dienstleistungen religiöser Immigrantenvereine mit *bonding*-Charakter, die nach Vortkamp lediglich eine passive Integration ermöglichen, können zu *bridging*-Kapital und zivilbürgerlichem Engagement führen. Die Trennung von «passiver» und «aktiver» Integration, wenn auch idealtypisch dargestellt, erweist sich als starr und zu stark kategorisierend.

Ebenso kritisch ist beim partizipativen Integrationskonzept zu sehen, dass Vortkamp mit dem «kompetenten, engagierten Bürger[, der] konfliktbereit und -fähig und politisch hoch engagiert»[122] ist, letztlich einen Idealtypus von Integration beschreibt. Diesem Typus ist jedoch nur eine kleine Minderheit von Bürgern zuzurechnen. Das Konzept erweist sich als normativ, da die «hohe soziale Kompetenz und Verantwortungsbereitschaft»[123] des «engagierten Bürgers» als Maßstab für andere, Vortkamp zufolge schwächer belastbare Formen der Integration ist. Forschungen haben gezeigt, dass die Bereitschaft und der Einsatz für die Mitgestaltung der Zivilgesellschaft im überwiegenden Maße auf soziodemografischen Charakteristika und Opportunitätsstrukturen politischer Mitsprache basieren, demnach stark bildungs- und schichtenabhängig ist.[124] Das Konzept ist damit gesellschaftlichen Ungleichheiten und sozioökonomischen Abhängigkeiten gegenüber unsensibel und tendenziell elitär.

Drittens sei darauf hingewiesen, dass Vortkamps Konzept Wechselwirkungen zwischen der aufnehmenden Gesellschaft und Migrantengruppen nicht berücksichtigt. Das Konzept benennt zwar, dass eine Integration von Gruppen und Kulturen die aufnehmende Gesellschaft zu verändern mag,[125] im späteren Verlauf der Überlegungen tragen jedoch ausschließlich die Organisationen und deren Mitglieder die Last und die Verantwortung zur Integration. Andere Integrationskonzepte heben hervor, dass Integration ein wechselseitiger Prozess ist, nicht lediglich eine Bringschuld des oder der

122 Vortkamp, Integration durch Teilhabe, 97.

123 Ebd., 97.

124 Freitag/Bühlmann, Freiwilligkeit als Sozialkapital, 177–179. Zuvor fassten Thoits/Hewitt die Forschungen zum bürgerschaftlichen Engagement pointiert zusammen: «the person most likely to volunteer is a middle-aged, middle class, married woman with more than high school education and with dependent school-age children», Volunteer Work and Well-Being, 116.

125 Vortkamp, Integration durch Teilhabe, 71.

«Fremden».[126] So hält beispielsweise auch das Schweizerische Ausländergesetz in seinem Integrationskonzept fest, dass sich einerseits Ausländer und Ausländerinnen «mit den gesellschaftlichen Verhältnissen und Lebensbedingungen in der Schweiz auseinandersetzen und insbesondere eine Landessprache erlernen» und dass andererseits «die Integration [...] sowohl den entsprechenden Willen der Ausländerinnen und Ausländer als auch die Offenheit der schweizerischen Bevölkerung voraus[setzt]».[127] Gerade Letzteres geht in den politischen Debatten zu rasch vergessen und Zuwanderern wird von konservativer Seite her einseitig eine Anpassung an Schweizer Gepflogenheiten abverlangt. Zudem besteht bei der Offenheit der schweizerischen Bevölkerung gegenüber Neuen und Neuem gerade in bildungsfernen Teilen, die traditionelle und autoritäre Werte vertreten, noch Spielraum zur Erweiterung, wie die Analyse der Minarettverbots-Initiative aufgezeigt hat.[128] Die in der Schweiz seit Langem vorhandene Abneigung gegenüber Ausländern und Immigranten, die seit den ausgehenden 1960er-Jahren mit Argumenten der Gefahr von fremden Kultureinflüssen politisch bedient und verwertet wird,[129] ist Vermittlungs- und Verständigungsprozessen gegenüber abträglich. Fast lässt sich fragen, «who ist to blame?», wenn von Moscheen organisierte Vorträge und Tage der offenen Tür nur ansatzweise von der breiten Bevölkerung besucht werden. Integration als beidseitiger und wechselwirkender Prozess kommt im partizipatorischen Konzept Vortkamps insgesamt zu kurz.

126 Siehe u a. Honneth, Kampf um Anerkennung sowie Gianni, Protecting Democracy.

127 Der Bundesrat, Bundesgesetz über die Ausländerinnen und Ausländer, Artikel 4 Integration, Abs. 4 und 3.

128 Vatter et al., Stimmverhalten bei der Minarettverbots-Initiative. Auch die «Verordnung über die Integration von Ausländerinnen und Ausländern» benennt in Artikel 2, dass das «Ziel der Integration die chancengleiche Teilhabe der Ausländerinnen und Ausländer an der schweizerischen Gesellschaft [ist]» und dass Integration «eine Querschnittaufgabe [ist], welche die eidgenössischen, kantonalen und kommunalen Behörden zusammen mit den nichtstaatlichen Organisationen, einschließlich der Sozialpartner und der Ausländerorganisationen, wahrzunehmen haben», Der Bundesrat, Verordnung über die Integration von Ausländerinnen und Ausländern, Artikel 2, Abs. 1 und 2.

129 Buomberger, Kampf gegen unerwünschte Fremde.

5. Schluss

Der Beitrag untersuchte anhand des partizipativen Integrationskonzepts von Wolfgang Vortkamp die Integrationspotenziale von religiösen Immigrantenvereinen. Allgemein erscheinen mögliche förderliche Maßnahmen von Moscheen, christlich-orthodoxen Kirchen und Hindu-Tempeln bislang kaum im Aufmerksamkeitsfokus der Medien und der Politik. Vielmehr dominiert das Bild separierender Versammlungsorte und klandestiner Parallelwelten, die im Falle von Moscheen gar noch zur Radikalisierung von jungen Muslimen und Musliminnen beitragen könnten.

Ein genauer Blick zeigt jedoch, dass sich viele religiöse Versammlungs- und Andachtsstätten in der Diaspora zu multifunktionalen Dienstleistungsorten entwickelt haben, die Unterstützung, Beratung, und soziale Angeboten bereitstellen und das Selbstvertrauen und den Selbstwert von Immigranten und Immigrantinnen stärken. Die Dienstleistungen tragen zuvorderst für eine passive, zurückgezogene Integration im Nahumfeld bei, so im Integrationsmuster Vortkamps. Doch gerade diese Unterstützung und Stärkung in der eigenen Gemeinschaft und Gruppe kann wichtige Vorbedingung sein, um ein über das Nahumfeld hinausgehendes soziales oder zivilbürgerliches Engagement zu entwickeln. Gruppenbezogenes *bonding*-Sozialkapital kann zu gruppenübergreifendem *bridging*-Sozialkapital anleiten.

Religiöse Institutionen eröffnen Schlüsselfiguren wie Imamen, Priestern und Vorstandsmitgliedern – bei guten Kenntnissen der Landessprache – neue Möglichkeiten, sich über Beziehungen zu Behörden, Kirchen und zivilgesellschaftlichen Gruppen im lokalen Umfeld und ggf. gesamtgesellschaftlich einzubringen. Sie gewinnen nicht nur Reputation, die in die eigene Gruppe zurückwirkt, sondern können über die Kontakte, Partner und Beziehungen eigene Vorhaben leichter umsetzen und sich Gehör für ihre Anliegen verschaffen. Das *bridging*- und *linking*-Sozialkapital der Schlüsselfiguren rentiert sich nicht nur symbolisch, sondern mitunter ganz konkret. Die Frage des Titels von Band 1 des universitären Forschungsschwerpunkts, *Integration durch Religion?*[130], kann auf der Grundlage hier zugrunde gelegter Forschungen mit positiver Tendenz beantwortet werden. Desintegrative Prozesse und ggf. radikalisierende Formen sind in bestimmten Fällen jedoch ebenfalls wahrzunehmen.

130 Arens et al., Integration durch Religion?, darin besonders die Beiträge von Gert Pickel und Antonius Liedhegener.

Die Heuristik des partizipativen Integrationskonzepts Vortkamps besteht darin, dass er Vereine und Organisationen dahingehend befragt, inwiefern diese «ihren Mitgliedern Teilhabemöglichkeiten und Selbstwirksamkeitserfahrungen einräumen, die den Einzelnen zum partizipativen Teil des Ganzen machen».[131] Die Analyse der Strukturen religiöser Immigrantenvereine zeigte auf, dass dieses Eröffnen von Teilhabemöglichkeiten kaum vorzufinden war. Gerade bei Gemeinschaften, die sich eng der Pflege heimatlicher Traditionen und damit der Fortführung etablierter Hierarchien, Rollen und Zuständigkeiten verpflichtet sahen, verblieb der Ermöglichungsraum gering. Erweiterte Teilhabemöglichkeit eröffnen jedoch mitunter gerade neu erbaute Sakralbauten wie Moscheen, indem sie Frauen und Jugendlichen eigene Räumlichkeiten und Entfaltungsoptionen eröffnen. Überdies scheint bei vielen der gerade in den 1980er- und 1990er-Jahren in die Schweiz immigrierten Gemeinschaften derzeit ein Generationswechsel anzustehen bzw. hat schon teilweise stattgefunden. Einige der Zugehörigen der Zweitgeneration, die sowohl mit den Möglichkeiten und Anforderungen der Schweizer Gesellschaft als auch mit den Erwartungen der religiös-kulturellen Gemeinschaften der Eltern vertraut sind, fordern mehr Freiräume, partizipatorische Möglichkeiten und «Selbstwirksamkeitserfahrungen». Insofern stellen die Bildung von eigenverantwortlichen Jugendgruppen oder von Reformgruppen erste Entwicklungen dar, mehr Mitsprache und eine aktive Partizipation zu eröffnen. Zugleich bilden sie kritische Anfragen an überkommene Gemeinschaftsstrukturen, die herkömmliche, zumeist patriarchale Macht- und Hierarchiestrukturen konservieren wollen. Auch diese Gemeinschaften dürften sich mit der Zeit den Anforderungen nach mehr Mitbestimmung und Teilhabe durch Frauen und Jugendliche nicht mehr verstellen können, was vermutlich positive Effekte für stärker integrative Formen haben dürfte.

131 Vortkamp, Integration durch Teilhabe, 81–82.

Literatur

Altermatt, Urs, Konfessionelle Minderheit in der Diaspora: Zwischen Isolation und Assimilation. Das Beispiel von Katholisch-Zürich 1850–1950, in: Schieder, Wolfgang, Hg., Volksreligiosität in der modernen Sozialgeschichte, Göttingen 1986, 185–204.

Arens, Edmund/Baumann, Martin/Liedhegener, Antonius/Müller, Wolfgang W./Ries, Markus, Hg., Integration durch Religion? Geschichtliche Befunde, gesellschaftliche Analysen, rechtliche Perspektiven, Zürich 2014.

Baumann, Christoph Peter, Tamilische Hindus und Tempel in der Schweiz: Überblick und exemplarische Vertiefung anhand der Geschichte des Vinayakar-Tempels in Basel, in: Baumann, Martin/Luchesi, Brigitte/Wilke, Annette, Hg., Tempel und Tamilen in zweiter Heimat: Hindus aus Sri Lanka im deutschsprachigen und skandinavischen Raum, Würzburg 2003, 275–294.

Baumann, Martin, Sustaining «Little Indias»: The Hindu Diasporas in Europe, in: ter Haar, Gerrie, Hg., Strangers and Sojourners: Religious Communities in the Diaspora, Leuven 1998, 95–132; reprint in: ter Haar, Gerrie, Hg., Religious Communities in the Diaspora, Nairobi 2001, 86–128.

Baumann, Martin, Organising Hindu Temples in Europe, the Case of Tamil Migrants from Sri Lanka, in: Kleine, Christoph et al., Hg., Unterwegs. Neue Pfade in der Religionswissenschaft. Festschrift in Honour of Michael Pye on his 65th Birthday, München 2004, 379–391.

Baumann, Martin, Umstrittene Sichtbarkeit: Immigranten, religiöse Bauten und lokale Anerkennung, in: Stausberg, Michael, Hg., Religionswissenschaft: Ein Studienbuch, Berlin 2012, 365–377.

Baumann, Martin/Salentin, Kurt, Migrant Religiousness and Social Incorporation. Tamil Hindus in Germany, in: Journal of Contemporary Religion 21, 3, 2006, 297–323.

Baumann, Martin/Tunger-Zanetti, Andreas, Wenn Religionen Häuser bauen. Sakralbauten, Kontroversen und öffentlicher Raum in der Schweizer Demokratie, in: Baumann, Martin/Neubert, Frank, Hg., Religionspolitik – Öffentlichkeit – Wissenschaft: Studien zur Neuformierung von Religion in der Gegenwart, Zürich 2011, 151–188.

Baumann, Martin/Tunger-Zanetti, Andreas, Der Hindutempel in Trimbach. Von der Idee bis zur Einweihung, Luzern 2014.

Baumann, Martin/Tunger-Zanetti, Andreas, Neue Sakralbauten in der Politik des Raums. Eine Dimensionen-basierte Analyse der Errichtung religiöser Gebäude in der Schweiz, in: Frank, Edith/Beinhauer-Köhler, Bärbel, Hg., Religion, Raum, Natur: Religionswissenschaftliche Erkundungen, Münster 2016.

Behloul, Samuel-Martin/Lathion, Stéphane, Muslime und Islam in der Schweiz: viele Gesichter einer Weltreligion, in: Baumann, Martin/Stolz, Jörg, Hg., Eine Schweiz – viele Religionen. Risiken und Chancen des Zusammenlebens, Bielefeld 2007, 193–207.

Beinhauer-Köhler, Bärbel, Moscheen in Deutschland und im islamischen Orient, in: Beinhauer-Köhler, Bärbel/Leggewie, Claus, Hg., Moscheen in Deutschland. Religiöse Beheimatung und gesellschaftliche Herausforderung, München 2009, 9–97.

Bennani-Chraïbi, Mounia et al., L'émergence d'acteurs associatifs musulmans dans la sphère publique en Suisse. Rapport Final sowie Annexe: Echantillon du paysage associatif musulman, Schlussbericht im NFP 58, Lausanne, 2011 (online www.nfp58.ch).

Bleisch Bouzar, Petra, «Es kommt darauf an, wie du dich wohl fühlst» – Gestaltung und Legitimation islamischer Religiosität von Musliminnen in der Schweiz, in Allenbach, Brigit/Sökefeld, Martin, Hg., Muslime in der Schweiz, Zürich 2010, 241–266.

Brecher, Daniel Cil, Die Welt der ultra-orthodoxen Juden von Nord-London, in: Deutschlandfunk Radio. Das Feature 2013, pdf http://www.deutschlandfunk.de/stamford-hill-die-welt-der-ultra-orthodoxen-juden-von-nord.media.4a62b3425caf8ade9a860a6cecddc1c2.pdf (Zugriff 24.11.2015).

Breton, Raymond, Institutional Completeness of Ethnic Communities and the Personal Relations of Immigrants, in: American Journal of Sociology 70, 1964, 193–205.

Bretscher, Simone, (K)eins aufs Dach? Über realisierte und geplante Minarette in der Schweiz, Universität Basel, Lizentiatsarbeit 2008, online https://www.unilu.ch/fileadmin/fakultaeten/ksf/institute/zrf/dok/KTM/Bretscher_2008_Minarette.pdf (Zugriff 3.8.2015).

Bundesamt für Statistik, Religiöse und spirituelle Praktiken und Glaubensformen in der Schweiz. Erste Ergebnisse der Erhebung zur Sprache, Religion und Kultur 2014, Bearbeitung durch Amélie de Flaugergues, Neuchâtel 2016.

Buomberger, Thomas, Kampf gegen unerwünschte Fremde. Von James Schwarzenbach bis Christoph Blocher, Zürich 2004.

Dantschke, Claudia, Radikalisierung von Jugendlichen durch salafistische Strömungen in Deutschland, in: Zeitschrift für Jugendkriminalrecht und Jugendhilfe 1, 2015, 48-53.

Der Bundesrat, Bundesgesetz über die Ausländerinnen und Ausländer, vom 16. Dezember 2005 (Stand am 20. Juli 2015), online abrufbar https://www.admin.ch/opc/de/classified-compilation/20020232/index.html#a4 (Zugriff 5.8.2015).

Der Bundesrat, Verordnung über die Integration von Ausländerinnen und Ausländern, vom 24. Oktober 2007 (Stand am 1. Januar 2014), online abrufbar https://www.admin.ch/opc/de/classified-compilation/20070995/index.html#a2 (Zugriff 5.8.2015).

Diedrich, Karl-Heinz/Diedrich, Maria, Formen der Konfliktbewältigung, in: Barry Hyam, Charles/Peter, Helga-Ulrike, Hg., Arbeitsmigration. Beiträge zu Problemen der Arbeitskräftewanderung nach Westeuropa, Marburg 1975.

Elwert, Frederik, Religion als Ressource und Restriktion im Integrationsprozess. Eine Fallstudie zu Biographien freikirchlicher Russlanddeutscher, Wiesbaden 2015.

Elwert, Georg, Gesellschaftliche Integration durch Binnenintegration?, in: Kölner Zeitschrift für Soziologie und Sozialpsychologie 4, 1982, 717–713.

Endres, Jürgen et al., Jung, muslimisch, schweizerisch. Muslimische Jugendgruppen, islamische Lebensführung und Schweizer Gesellschaft. Ein Forschungsbericht, Luzern 2013.

Eser Davolio, Miryam et al., Hintergründe jihadistischer Radikalisierung in der Schweiz. Eine explorative Studie mit Empfehlungen für Prävention und Intervention, Zürich 2015, online unter https://www.zhaw.ch/storage/shared/sozialearbeit/Forschung/Deliquenz_Kriminalpraevention/Jugendkriminalitaet_Jugendgewalt/Schlussbericht-Jihadismus-DE.pdf (Zugriff 24.11.2015).

Esser, Hartmut, Ethnische Kolonien: «Binnenintegration» oder gesellschaftliche Isolation?, in: Hoffmann-Zlotnik, Jürgen H.-P., Hg., Segregation oder Integration. Die Situation von Arbeitsmigranten im Aufnahmeland, Mannheim 1986, 106–117.

Freitag, Markus/Bühlmann, Marc, Freiwilligkeit als Sozialkapital. Eine empirische Analyse zu den Rahmenbedingungen bürgerschaftlichen Vereinsengagements, in: Kölner Zeitschrift für Soziologie und Sozialpsychologie, Sonderheft Sozialkapital. Grundlagen und Anwendungen, hg. von Franzen, Axel/Freitag, Markus, Wiesbaden, 47, 2007, 163–182.

Frindte, Wolfgang et al., Lebenswelten junger Muslime in Deutschland, im Auftrag des Bundesministeriums des Innern, Niestetal 2011.

Frisch, Max: Vorwort, in: Seiler, Alexander J., Siamo Italiani – Die Italiener. Gespräche mit italienischen Arbeitern in der Schweiz, Zürich 1965, 7.

Furseth, Inger, Social Capital and Immigrant Religion, in: Nordic Journal of Religion and Society 21, 2, 2008, 147–164.

Gerson, Daniel, Schweizer Judentum im Wandel. Religionswandel und gesellschaftspolitische Orientierungen der Juden in der Schweiz, Schlussbericht im Rahmen des Nationalen Forschungsprogramms NFP 58, Basel 2010; online unter www.nfp.58.ch.

Gewerbezeitung, Besuch der Gewerbler im Iman-Zentrum Volketswil, 2. Jahrgang Nr. 1, 26.2.2014, 1–3.

Gianni, Matteo, Muslime in der Schweiz. Identitätsprofile, Erwartungen und Einstellungen. Eine Studie der Forschungsgruppe «Islam in der Schweiz» (GRIS), unter Mitarbeit von Mallory Schneuwly Purdie, Stéphane Lathion und Magali Jenny, hg. von der Eidgenössischen Kommission für Migrationsfragen, Bern 2010.

Gianni, Matteo, Protecting democracy, misrecognising Muslims? An assessment of Swiss integration policy, in: Behloul, Samuel M. et al., Hg., Debating Islam. Negotiating Religion, Europe and the Self, Bielefeld 2013, 313–330.

Gigon, Ariane, La Reuss, fleuve sacré hindou, in: La Liberté, 16.6.2012, 10.

Guest, Kenneth J., God in Chinatown. Religion and Survival Evolving Immigrant Community, New York 2003.

Hämmerli, Maria, How do Orthodox Integrate in their Host Countries? Examples from Switzerland, in: Hämmerli, Maria/Mayer, Jean-François, Hg., Orthodox Identities in Western Europe: Migration, Settlement and Innovation, Farnham 2014, 115–131.

Hainard, François/Hämmerli, Maria, Multiple Dimensions of the Integration Process of Eastern Orthodox Communities in Switzerland, Schlussbericht im NFP 58, Neuchâtel 2011 (online www.nfp58.ch).

Halter, Ernst, Hg., Das Jahrhundert der Italiener in der Schweiz, Zürich 2003.

Hehli, Simon, Willst du später Knöpfe an einer Maschine drücken? Gute Bildung ist gerade für junge Muslime der Schlüssel zum sozialen Aufstieg, wie der Besuch in der Moschee von Will zeigt, in: Neue Zürcher Zeitung, 31.1.2015, 15.

Herberg, Will, Protestant, Catholics, Jews. An Essay in American Religious Sociology, überarb. Ausgabe, Garden City, NY 1960 (Erstausgabe 1955).

Hirschman, Charles, The Role of Religion in the Origins and Adaptation of Immigrant Groups in the United States, in: International Migration Review 38, 3, 2004, 1206–1233.

Honneth, Axel, Kampf um Anerkennung. Zur moralischen Grammatik sozialer Konflikte, Frankfurt a. M. 1992, Neuauflage 2003.

Jäggi, Sabine/Schär, Benz H.R., «Gottes Volk hat viele Farben» – Migrationskirchen als Herausforderung und Chance für die Reformierten Kirchen Bern–Jura–Solothurn, Hg. Fachstelle Migration, Bern 2009; auch online http://www.refbejuso.ch/fileadmin/user_upload/Downloads/OeME_Migration/Migration-Integration/OM_Pub_Gottes_Volk_hat_viele_Farben.pdf (Zugriff 24.7.2015).

Jasarevic, Alen, Anders! Das Islamische Forum in Penzberg. Meine Erfahrungen als Architekt einer Moschee, in: Beinhauer-Köhler, Bärbel/Leggewie, Claus, Moscheen in Deutschland. Religiöse Heimat und gesellschaftliche Herausforderung, München 2009, 99–111.

Jenkner, Carolin, Moschee-Eröffnung. Warum das Wunder in Marxloh funktioniert, Spiegel Online, 26.10.2008, www.spiegel.de/politik/deutschland/0,1518,586613,00.html (Zugriff 5.8.2015).

Jones,Demelza, Being Tamil, being Hindu: Tamil migrants' negotiations of the absence of Tamil Hindu spaces in the West Midlands and South West of England, in: Religion 2015, 1–22.

Kemmesies Uwe E., Hg., Terrorismus und Extremismus – der Zukunft auf der Spur, München 2006.

Kniss, Fred/Numrich, Paul D., Sacred Assemblies and Civic Engagement: How Religion Matters for America's New Immigrants, New Brunswick 2007.

Läubli, Martina, Gleichberechtigung im Tempel. Hindu-Priesterinnen in Bern, in: Neue Zürcher Zeitung, 18.6.2015, 11; auch online verfügbar.

Landecker, Werner S., Types of Integration and their Measurement, in: American Journal of Sociology, 56, 1950/51, 332–340.

Lindegger, Peter, 20 Jahre Klösterliches Tibet-Institut Rikon. Eine Bestandesaufnahme, Zürich 1988.

Malinar, Angelika, Hinduismus, Göttingen 2010 (Studium Religionen).

Markus, Vera, In der Heimat ihrer Kinder. Tamilen in der Schweiz, Zürich 2005.

Martens, Silvia, Wohltätiges Engagement von Muslimen in der Schweiz, in: Allenbach, Brigit/Sökefeld, Martin, Hg., Muslime in der Schweiz, Zürich 2010, 145–178.

Meier, Michael, Der Imam als Streetworker, in: Tages-Anzeiger, 7.1.2013, 4.

Monnot, Christophe, Hg., La Suisse des mosquées: derrière le voile de l'unité musulmane, Genève 2013.

Müller, Monika, Migration und Religion. Junge hinduistische und muslimische Männer in der Schweiz, Wiesbaden 2013.

Nagel, Alexander-Kenneth, Hg., Diesseits der Parallelgesellschaft. Neuere Studien zu religiösen Migrantengemeinden in Deutschland, Bielefeld 2012.

Nagel, Alexander-Kenneth, Hg., Religiöse Netzwerke. Die zivilgesellschaftlichen Potentiale religiöser Migrantengemeinden, Bielefeld 2015.

NZZ (Neue Zürcher Zeitung), Keine Probleme trotz Minarett. Der Bau der Mahmud-Moschee in Zürich vor 43 Jahren löste kaum Kritik aus, in: Neue Zürcher Zeitung, 23.9.2006, 53, online http://www.nzz.ch/articleehttk-1.62902 (Zugriff 3.8.2015).

Nökel, Sigrid, Die Töchter der Gastarbeiter. Zur Soziologie alltagsweltlicher Anerkennungspolitiken. Eine Fallstudie, Bielefeld 2002.

Portes, Alejandro/Rumbeaut, Rubén G., Immigrant America. A Portrait, Berkeley, Los Angeles [3]2006.

Reinprecht, Christoph/Weiss, Hilde, Migration und Integration: Soziologische Perspektiven und Erklärungsansätze, in: Fassmann, Heinz/Dahlvik, Julia, Hg., Migrations- und Integrationsforschung – multidisziplinäre Perspektiven. Ein Reader, Wien, Göttingen, [2]2012, 13–33.

Roy, Oliver, Der islamische Weg nach Westen. Globalisierung, Entwurzelung und Radikalisierung, München 2006.

Sachverständigenrat deutscher Stiftungen für Integration und Migration, Viele Götter, ein Staat: Religiöse Vielfalt und Teilhabe im Einwanderungsland. Jahresgutachten 2016 mit Integrationsbarometer, Berlin 2016. Online unter http://www.svr-migration.de/wp-content/uploads/2016/04/SVR_JG_2016-mit-Integrationsbarometer_WEB.pdf (Zugriff: 4.5.2016).

Said, Behnam T./Fouad, Hazim, Hg., Salafismus: Auf der Suche nach dem wahren Islam. Lizenzausgabe für die Bundeszentrale für politische Bildung, Bonn 2014.

Sarma, Saseetharen Ramakrishna, Geburt, Leben, Tod. Hindurituale. Tamilische Traditionen aus Sri Lanka, Luzern 2010.

Schiffauer, Werner, Parallelgesellschaften. Wie viel Wertekonsens braucht unsere Gesellschaft? Für eine kluge Politik der Differenz, Bielefeld 2008, [2]2011.

Schneuwly Purdie, Mallory, Peut-on intégrer l'islam et les musulmans en Suisse? Charmey 2011.

Stepick, Alex/Rey, Terry/Mahler, Sarah J., Hg., Churches and Charity in the Immigrant City. Religion, Immigration, and Civic Engagement in Miami, New Brunswick 2009.

Stepick, Alex/Rey, Terry, Civic Social Capital. A Theory for the Relationships between Religion and Civic Engagement, in: Baumann, Martin/Neubert, Frank, Hg., Religionspolitik – Öffentlichkeit – Wissenschaft: Studien zur Neuformierung von Religion in der Gegenwart, Zürich 2011, 189–214.

Stöckli, Lucia, Moschee-Neubauprojekte in England und der Schweiz. Institutionalisierung – Bedeutung – Sichtbarkeit, Dissertation am Religionswissenschaftlichen Seminar der Universität Luzern, Luzern 2014.

Tharmalingam, Sasikumar, Die Hindus – Suche nach Herkunft und Zukunft, in: Haus der Religionen, Hg., Gegenwärtig, noch nicht fertig. Haus der Religionen – Dialog der Kulturen, Bern, 2012, 59–62.

Thränhardt, Dietrich, Migrantenorganisationen. Engagement, Transnationalität und Integration, in: Schultze, Günther/Thränhardt, Dietrich, Hg., Migrantenorganisationen. Engagement, Transnationalität und Integration, Tagungsdokumentation im Auftrag der Abteilung Wirtschafts- und Sozialpolitik der Friedrich-Ebert-Stiftung, Bonn 2013, 5–20.

Thoits, Peggy A./Hewitt, Lyndi N., Volunteer Work and Well-Being, Journal of Health and Social Behavior 42, 2001, 115–131.

Tibet-Institut Rikon, Hg., Tibetisches Juwel. Buddhismus und westliche Welt im Gespräch, Zürich 2008.

Troxler, Andreas, Vom Flüchtling zum gefragten Seelsorger, in: Luzern. Das Stadtmagazin, 3.7.2012, 18–19.

Tunger-Zanetti, Andreas/Schneuwly Purdie, Mallory, Switzerland, in: Nielsen, Jorgen et al., Hg., Yearbook of Muslims in Europe, 6, 2014, 582–595.

Vatter, Adrian/Milic, Thomas/Hirter, Hans, Das Stimmverhalten bei der Minarettverbots-Initiative unter der Lupe, in: Vatter, Adrian, Hg., Vom Schächt- zum Minarettverbot, Zürich, 2011, 144–170.

Vortkamp, Wolfgang, Integration durch Teilhabe. Das zivilgesellschaftliche Potential von Vereinen, Frankfurt a. M. 2008.

Weiss, Karin/Thränhardt, Dietrich, Selbsthilfe, Netzwerke und soziales Kapital in der pluralistischen Gesellschaft, in: Weiss, Karin/Thränhardt, Dietrich, Hg., Selbsthilfe. Wie Migranten Netzwerke knüpfen und soziales Kapital schaffen, Freiburg i. Br. 2005, 8–44.

Zhou, Min, Chinatown. The Socioeconomic Potential of an Urban Enclave, Philadelphia 1992.

Zimmermann, Andrea, Die reformierten Hindus von Bern. Der Tempelverein Saivanerikoodam – Analyse religiös-kollektiver Verortung, Masterarbeit am Religionswissenschaftlichen Seminar, Universität Luzern, Luzern 2014.

Zurlinden, Mélanie, Religionsgemeinschaften in der direkten Demokratie. Handlungsräume religiöser Minderheiten in der Schweiz, Wiesbaden 2015.

Antonius Liedhegener

Ein kleiner, aber feiner Unterschied. Religion, zivilgesellschaftliches Engagement und gesellschaftliche Integration in der Schweiz

1. Ambivalente Religion: Religion und gesellschaftliche Integration

Wenige soziale Tatbestände sind in der aktuellen öffentlichen Debatte wie in den Sozialwissenschaften so strittig wie die Frage, welche Rolle Religion in den demokratischen Gesellschaften Westeuropas und Nordamerikas spielt. Die wissenschaftlichen Diagnosen sind äußert vielfältig, die Ansätze zur Erforschung dieser Frage sehr unterschiedlich und die Befunde in vielerlei Hinsicht nicht eindeutig oder strittig. Schaut man zurück, so ist die jüngere Debatte anfangs sehr stark von der Frage nach der «Wiederkehr» oder «Rückkehr der Religionen» bestimmt gewesen.[1] Die Auseinandersetzung mit letzterer erfolgte im Rahmen von drei verschiedenen Denkschulen.[2] So wurde die klassische Säkularisierungstheorie teils heftig bestritten und abgelehnt[3], teils vehement verteidigt.[4] Als Alternative boten sich mikrosoziologische Erklärungsansätze an, die die Vitalität von Religion auf der Basis von Marktgesetzen und institutionellen Marktverzerrungen erklären wollen.[5] Und schließlich verschafften sich jene Gehör, die auf die Tatsache aufmerksam machten, dass sich die religiöse Landschaft westlicher Demokratien zwar in einem raschen Umbruch befände, dieser aber nicht mit einem Niedergang von Religion zu verwechseln sei. An die Stelle der starren Bindung von Religion an Institutionen sei ein weitaus diffuseres Phänomen getreten, dessen Vielfalt und Lebendigkeit Ausdruck und Folge der anhaltenden Individualisierung von Lebenslagen und Lebensentwürfen in

1 Vgl. Graf, Wiederkehr; Krech, Religion; Riesebrodt, Rückkehr.

2 Vgl. Pickel, Religionssoziologie.

3 Vgl. Stark, Secularization.

4 Vgl. Bruce, Secularization; Pollack, Säkularisierungsparadigma.

5 Vgl. Stark/Finke, Acts.

der Moderne bzw. Postmoderne sei.[6] Von diesen drei konkurrierenden Theorieströmungen aus führen die Forschungen des zurückliegenden Jahrzehnts in sehr verschiedene Richtungen. Erforscht wurden die Vitalität organisierter Religion, die Bedeutung individualisierter Formen von Religion, die Wirkung von Religion in Politik und Sozialstaat, die Kommerzialisierung des religiösen Markts sowie die Gestaltung der institutionellen Ordnung von Staat und Religionsgemeinschaften. Sucht man nach einem gemeinsamen Nenner, der diese Forschungen zusammenbindet, so stößt man vielfach auf ein ebenso klassisches wie grundlegendes Thema der Soziologie und Sozialforschung: Zur Debatte steht der Zusammenhalt moderner Gesellschaften vor dem Hintergrund jener zentrifugalen Kräfte wie einer anhaltenden kulturellen und religiösen Pluralisierung, einer zunehmenden Individualisierung und wachsender sozialer Ungleichheiten, die durch die anhaltende Modernisierung bzw. nunmehr auch die rasante Globalisierung in den bis 1989/90 vergleichsweise stabilen westlichen Gesellschaften ausgelöst werden.

Sozialwissenschaftlich wird die Frage des gesellschaftlichen Zusammenhalts auf der Theorieebene höchst unterschiedlich angegangen und beantwortet, denn zahlreich sind die Ansichten zum Thema der gesellschaftlichen Integration. Insgesamt herrscht zwar die Ansicht vor, dass es modernen, demokratischen Gesellschaften in der Regel sehr wohl gelingt, das nötige Maß an gesellschaftlicher Integration zu erzeugen. Verantwortlich sei ein Mix aus sozialer Integration, d.h. einem adäquaten Einbezug der verschiedenen sozialen Schichten und Gruppen in die größere Gesellschaft, und aus systemischer Integration, d.h. der funktionalen Leistungsfähigkeit der einzelnen Subsysteme und ihrer Funktionsfähigkeit und Leistungserfüllung untereinander. Dem politischen System wird dabei oft eine Führungsrolle zugewiesen.[7] Aber in einer wichtigen Frage gehen die Meinungen dann doch sehr weit auseinander: Gründet die Tatsache gelingender gesellschaftlicher Integration zumindest auch auf einem geteilten Wertefundament aller oder doch der allermeisten Gesellschaftsmitglieder? Diese Frage ist auch für die Auseinandersetzungen um die Rolle von Religion in der Moderne höchst relevant. Denn in der Tat verbinden sich ja im westlichen bzw. europäischen Verständnis von Religion, wie es das Christentum und das Judentum über Jahrhunderte geprägt haben, deren Schlüsselrolle für die Sozialisation und Wertevermittlung für die Gesellschaft insgesamt – eine

6 Vgl. Pollack/Müller/Pickel, Church.

7 Vgl. den Überblick in Liedhegener, Religion.

Schlüsselrolle, die sich auf der individuellen Ebene in pro-sozialen und altruistischen Werteinstellungen und Handlungsmaximen zeigen sollte.

Aber kommt Religion in westlichen Demokratien in der Gegenwart nach den Säkularisierungsschüben des 19. und 20. Jahrhunderts noch eine wichtige Rolle für die Integration der Gesellschaft zu? Konsens ist, dass eine solche integrierende Rolle in freiheitlichen, demokratischen Gesellschaften auf keinen Fall im Sinne eines gesamtgesellschaftlich verbindlichen heiligen Kosmos verstanden werden kann und darf. Das Grund- und Menschenrecht der Religions- und Gewissensfreiheit formuliert diesen Konsens normativ. Diese Freiheit einer pluralistischen Gesellschaft schließt aber nicht aus, dass Religion auf der Ebene von Gemeinschaften und der einzelnen Gläubigen nach wie vor eine sozial mächtige Erscheinung mit Wirkungen auch auf den Zusammenhalt von Gesellschaften sein könnte. Das medial vermittelte Bild von Religion lässt einem solchen Gedanken in jüngster Zeit freilich oftmals wenig Raum. Zu sehr ist Religion in das Licht des archaischen, menschenverachtenden islamistischen Terrorismus und seines religiösen und politischen Umfelds gerückt worden. Was überwiegt, ist die Wahrnehmung von Religion als einem höchst ambivalenten Phänomen der sozialen Wirklichkeit, das mindestens ebenso oft zur Destabilisierung sozialer und politischer Ordnungen wie positiv zur Gestaltung eines gelungenen Zusammenlebens beiträgt.

Will man auf die Frage nach der integrierenden oder destabilisierenden Rolle von Religion eine sozialwissenschaftlich überzeugende Antwort geben, kommt man um empirische Untersuchungen zur Wirkung von Religion im Zusammenleben moderner pluraler Gesellschaften nicht herum. Als ganz wesentlich für das Gelingen dieses Zusammenlebens sowie für die Weiterentwicklung freiheitlicher Gesellschaften wird in Öffentlichkeit und Wissenschaft eine intakte Zivilgesellschaft angesehen. In der Zivilgesellschaft als Bereich der freiwilligen Kooperation der Gesellschaftsmitglieder entsteht der Großteil des «sozialen Kitts», der jenseits reiner Partikularinteressen Einheit in Verschiedenheit erfahrbar und wirkmächtig macht. Religion muss nicht, kann aber Teil einer solchermaßen gestaltungsmächtigen Bürger- und Zivilgesellschaft sein. Ob dem so ist, soll im Folgenden anhand einer Sekundäranalyse des Freiwilligen-Monitors 2009 untersucht werden.

Die Schweiz eignet sich für ein solches Vorhaben aus mehreren Gründen sehr gut. Sie kann auf eine lange, ungebrochene Geschichte des demokratischen Miteinanders zurückschauen. Sie ist in sich religiös, kulturell und sprachlich sehr vielfältig und vereint Einflüsse aus dem italienischen, französischen und nordeuropäischen Raum. Sie gilt als eines der Länder mit einer sehr traditionsreichen und sehr aktiven Zivilgesellschaft, was etwa im für die Politik nach wie vor prägenden Milizsystem, d.h. der vorwiegend ehrenamtlichen Übernahme politischer Ämter und Aufgaben, zum Tragen kommt. Und sie ist eine im europäischen Maßstab sehr dynamische Gesellschaft, was sich in einer wachsenden Bevölkerung, hoher Mobilität und Migration sowie einer sich rasch wandelnden religiösen Landschaft zeigt.

2. Sozialkapital und/oder zivilgesellschaftliches Engagement. Theorieansätze und Forschungsstand zur zivilgesellschaftlichen Rolle von Religion

Die Zivilgesellschaftsforschung allgemein und die Forschung zum Zusammenhang von Religion und Zivilgesellschaft im Besonderen haben sich seit den 1990er-Jahren sehr dynamisch entwickelt.[8] Dies reflektierte die historische Erfahrung der positiven Rolle, die die Zivilgesellschaften des Ostblocks einschließlich kirchlicher Akteure im historischen Umbruch von 1989/90 gespielt haben, sowie die zunehmende Überzeugung, dass auch freiheitliche Gesellschaften auf die integrierende Kraft intakter Zivilgesellschaften angewiesen sind, um jene Aufgaben und Probleme angehen zu können, die Markt und Staat allein nicht zu lösen vermögen. Die Zivilgesellschaft wurde als ein wesentlicher, wenn nicht gar zentraler Ort der Vermittlung von Politik und Gesellschaft entdeckt bzw. konzipiert.

Das Konzept der Zivilgesellschaft steht für jenen Raum bzw. jene Sphäre in einer Gesellschaft, in der ihre Mitglieder jenseits von Markt, Staat und Privatsphäre miteinander in Beziehung und Austausch treten. Eine der am häufigsten zitierten Definitionen präzisiert dies so: «Unter civil society, also Zivil- oder Bürgergesellschaft, wird in der Regel ein gesellschaftlicher Raum, nämlich die plurale Gesamtheit der öffentlichen Assoziationen, Vereinigungen und Zusammenkünfte verstanden, die auf dem freiwilligen Zusammenhandeln der Bürger und Bürgerinnen beruhen. Vereine, Verbände und soziale Bewegungen sind dabei typische Organisationsformen. Diese Vereinigungen sind unabhängig von einem staatlichen Apparat und in der Regel auch unabhängig von wirtschaftlichen Profitinteressen, das heißt, idealtypisch bilden sie eine Sphäre aus, die nicht staatlich ist und nicht auf reinen Marktprinzipien beruht.»[9] Diese weit verbreitete Bereichsdefinition

8 Vgl. Anheier/Toepler/List, Encyclopedia.

9 Adloff, Zivilgesellschaft.

von Zivilgesellschaft impliziert eine Art Dreiecksverhältnis, bei dem die Zivilgesellschaft als Raum in der Mitte steht und von den drei Bereichen Markt, Staat und Privatsphäre gerahmt wird. Zugleich enthält das Konzept Zivilgesellschaft neben diesen deskriptiven Definitionsmerkmalen – ausgesprochen oder unausgesprochen – hochgradig normative Aspekte. Letztere werden in handlungslogischen Definitionen gut sichtbar. Zivilgesellschaftliches Engagement wird als selbstorganisiert und selbstständig, als öffentlich, konfliktbereit und pluralistisch, als «zivil», also nichtgewaltsam und nichtmilitärisch, sowie als solidarisch, also nicht nur eigeninteressiert, sondern auch gemeinwohlorientiert charakterisiert.[10] Diese normative Komponente ist schon deshalb definitorisch wichtig, um nicht jede Form von freiwilliger Kooperation, etwa in einer Räuberbande, einer mafiösen Organisation oder islamistischen Terrorzelle, der Zivilgesellschaft zuschreiben zu müssen.

Die Überlegungen zeigen aber auch, dass es notwendig ist, moderne (Zivil-)Gesellschaften modelltheoretisch weiter auszudifferenzieren. Mir scheint es daher geboten, den intermediären Raum (und die verschiedenen Öffentlichkeitsformen) in der Tradition systemtheoretischen Denkens, wie es von Talcott Parsons und David Easton zur Analyse von Gesellschaft und Politik entwickelt worden ist, als Bindeglied zwischen der Privatsphäre, dem Wirtschaftssektor, dem politisch-staatlichen Bereich und dem kulturell-religiösen System aufzufassen, das für die funktionale systemische Integration mitentscheidend ist.[11] Die Zivilgesellschaft ist eine Teilmenge des intermediären Bereichs und steht im Zentrum solcher Vermittlungsprozesse, indem ihre Akteure etwa deren Vorstellungen, Wünsche und Forderungen als Input in das politische System hinein vermitteln. Für die wertbezogene Integration einer differenzierten Gesellschaft steht die «politische Gemeinschaft», deren Grenzen durch institutionelle Arrangements (Staatsbürgerschaft; Wahlrecht) und kulturelle Vorstellungen (Wem vertraut man? Wer gehört zur Gesellschaft dazu? Welche Verhaltensstandards gelten?) bestimmt sind. Je höher die Deckung zwischen der Einwohnerschaft, d.h. der faktisch auf einem Territorium lebenden Bevölkerung, und dem Kreis der Mitglieder der politischen Gemeinschaft – bei Parsons «societal community» genannt – ist, umso höher ist der Grad dieser Art der wertbezogenen gesellschaftlichen Integration durch einen Grundkonsens über die Zugehörigkeit zu einer geteilten sozialen Einheit oder Identität.

10 Vgl. Kocka, Zivilgesellschaft, 32.

11 Vgl. Liedhegener, Religion in Zivilgesellschaft.

Modell der wesentlichen Subsysteme und Bereiche moderner demokratischer Gesellschaften

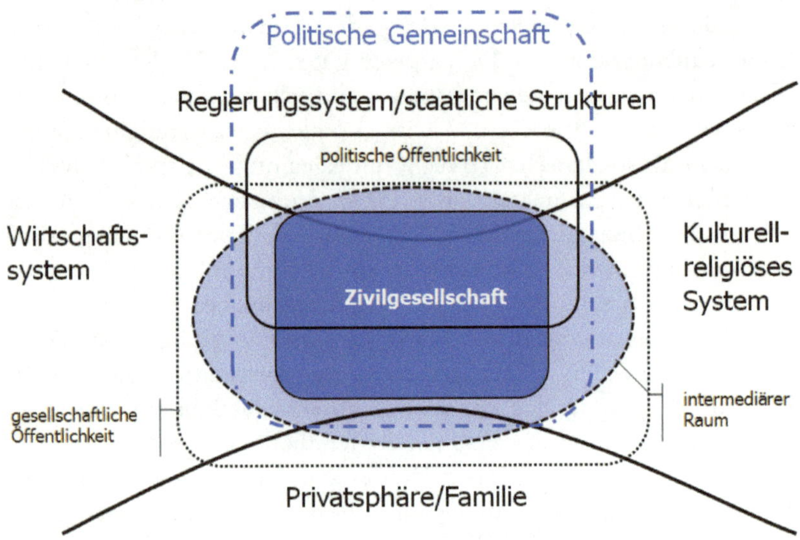

Abb. 1
Bemerkung: In der Darstellung der wesentlichen Subsysteme von Gesellschaft (Beschriftung mit großer Schrifttype) folgt das Modell der Konzeption von Gesellschaft als eines speziellen Unterfalls von Handlungssystemen bei Talcott Parsons (vgl. Liedhegener, Religion in Zivilgesellschaft). Die «politische Gemeinschaft» meint hier das Konzept der «societal community» im Sinne Parsons, der für die Integration der Gesellschaft und damit deren Fortbestand und Entwicklungsmöglichkeiten die zentrale Bedeutung beigemessen wird. Die von mir neu hinzugefügten Bestandteile – die Privatsphäre sowie die verschiedenen intermediären Bereiche zwischen den Subsystemen – weisen das Modell als ein spezifisches heuristisches Modell zur Analyse moderner demokratischer Gesellschaften aus, in dem (auch) Religion und religiöse Akteure sowie Varianten ihrer gesellschaftlichen Verortung und Einflussnahme beschreibbar werden.
Quelle: Eigene Darstellung.

Dabei muss diese in freiheitlichen Demokratien natürlich stets als eine besondere Einheit unter vielen anderen gesellschaftlichen Gruppierungen und Identitäten gedacht werden. Bürgerkrieg und (religiöser) Terrorismus sind Extrembeispiele, in denen diese «politische Gemeinschaft» gespalten oder zerfallen bzw. aufgekündigt oder erst gar nicht erst existent ist. Desintegration ist die Folge. Die Ausbildung stark segmentierter Milieus bzw. Sub- oder Sondergesellschaften deuten in diesem Modell auf innergesellschaftliche Spannungen hin, müssen aber den Zusammenhalt nicht notwendig automatisch infrage stellen. Die religiös, weltanschaulich und regional zerklüftete Schweiz oder die Versäulung der niederländischen Gesellschaft mögen als Beispiele für das Modell einer segmentierten gesellschaftlichen und politischen Integration dienen,[12] denen historisch durchaus ein langer Bestand beschieden war. Das Ideal einer pluralistischen Gesellschaft setzt allerdings auf eine partielle, aber universalistische politische Integration, die unterhalb des für den Zusammenhalt der politischen Gemeinschaft nötigen Grundkonsenses eine hohe Variabilität der Gruppenzugehörigkeiten und sozialen Identitäten kennt. Eine aktive, vielfältige und nur schwach segmentierte Zivilgesellschaft kann als ein empirisches Korrelat für diese Form der gesellschaftlichen Integration verstanden werden, denn sie erlaubt es Menschen, ihre sozialen Bezüge, Rollen und Identitäten selbst zu gestalten und im Rahmen des sozial Verträglichen frei zu wählen.[13]

Gehört Religion zur Zivilgesellschaft? Und trägt sie gegebenenfalls zur gesellschaftlichen Integration durch die Förderung eines Grundkonsenses, eines *overlapping consensus* im Sinne John Rawls bei? Beide Fragen werden in der Sozialforschung zum Teil rundheraus verneint.[14] Dies war anfangs auch in der Zivilgesellschaftsforschung in Europa so. In der amerikanischen Forschung stand aber immer außer Frage, dass Religionsgemeinschaften und vor allem die vielen kleinen wie großen und sehr großen lokalen *congregations* Teil der amerikanischen *civil society* sind.[15] Robert Putnam, dessen Untersuchungen in den 1990er-Jahren Pionierarbeit leisteten, konnte nachweisen, dass rund die Hälfte aller freiwillig bzw. ehrenamtlich übernommenen Tätigkeiten in den USA religiöses zivilgesellschaftliches Engagement in dem Sinne sind, dass sie organisatorisch in einen religiösen Kontext einge-

12 Vgl. Altermatt, Katholizismus und Moderne; Damberg, Abschied vom Milieu.

13 Diese Überlegungen werden am Schluss des Beitrags noch einmal für die empirische Analyse fruchtbar gemacht.

14 Esser, Begriff; Rüsen, Zivilgesellschaft; Vortkamp, Integration.

15 Vgl. etwa die Definition von Zivilgesellschaft bei Linz/Stepan, Problems, 7.

bettet sind.[16] Mittlerweile ist die Einschätzung, dass Religion Teil der Zivilgesellschaft ist oder zumindest doch sein kann, auch in der europäischen Forschung im Großen und Ganzen nicht mehr strittig. Paul Nolte, Gert Pickel, Sigrid Roßteutscher oder Richard Traunmüller haben die besondere Rolle von Religion für die Zivilgesellschaft hervorgehoben.[17] Zudem haben viele Theologen und Religionssoziologen überwiegend mit normativen Gründen und meist mit Rückgriff auf José Casanovas wegweisende Studie *Public Religions*[18] dafür argumentiert, dass unter den heutigen Bedingungen von Glauben als einer individuellen Option der gesellschaftliche Ort von Religion und Kirchen *nur* die Zivilgesellschaft sein könne.[19] Letztere Vorstellung ist zwar in ihrer Zuspitzung irreführend, denn sie verkennt die Eigenständigkeit des Religiösen im kulturell-religiösen Bereich einer Gesellschaft und die Multifunktionalität von Religion in ihrer organisierten Form, die es religiösen Akteuren etwa im Rahmen sozialstaatlicher Leistungserbringung oder der politischen Willensbildung in Öffentlichkeit und Regierungssystem ermöglicht, Teil anderer Bereiche bzw. Systeme differenzierter Gesellschaften zu sein. Aber dem Grundsatz nach unterstreichen auch diese Arbeiten, dass es ein förderliches Verhältnis von Religion und Zivilgesellschaft gibt oder geben sollte,[20] das es sozialwissenschaftlich zu erhellen gilt.

Warum aber sollte (organisierte) Religion einen positiven Einfluss auf die Zivilgesellschaft ausüben? Antworten auf diese Frage liefern in jüngerer Zeit vor allem vergleichende empirische Studien, die diese Frage im Rahmen des Sozialkapitalansatzes von James Coleman und Robert Putnam reformulieren.[21] Kurz gesagt, es wird davon ausgegangen, dass das Sozialkapital gleichsam das positive Produkt oder der Mehrwert der Zivilgesellschaft ist. Je mehr Sozialkapital vorhanden bzw. erzeugt wird, desto besser für die Gesellschaft, ihre Mitglieder und ihren Zusammenhalt. Mit den

16 Vgl. Putnam, Bowling Alone, 66; Putnam/Campbell, American Grace.

17 Vgl. Nolte, Religion und Bürgergesellschaft; Pickel/Gladkich, Säkularisierung; Roßteutscher, Religion, Zivilgesellschaft, Demokratie; Roßteutscher, Religion, Organisationsstrukturen und Aktivbürger; Traunmüller, Religion und Sozialintegration; Traunmüller, Religion und Sozialkapital.

18 Vgl. Casanova, Religions.

19 Vgl. Große Kracht, Kirche in ziviler Gesellschaft; Pollack, Kirche zwischen Staat und Zivilgesellschaft; Könemann, Weder «Staat» noch «Privat»; Gabriel/Höhn, Religion heute; Gärtner, Die Rückkehr der Religion; Kleemann, Öffentlichkeitsrelevanz.

20 Vgl. den Beitrag von Edmund Arens in diesem Band.

21 Vgl. Westle/Gabriel, Sozialkapital, 27–34; Freitag et al., Das soziale Kapital, 17–28.

Worten Robert Putnams: «[S]ocial capital makes us smarter, healthier, safer, richer, and better able to govern a just and stable democracy.»[22] Sozialkapital wird in der an Putnam anknüpfenden Forschungsrichtung verstanden als eine Größe, die sich aus dem Wert sozialer Beziehungen ergibt:[23] «Whereas physical capital refers to physical objects and human capital refers to the properties of individuals, social capital refers to connections among individuals – social networks and the norms of reciprocity and trustworthiness that arise from them.»[24] In der empirischen Forschung sind daraus und aus inhaltlich sehr ähnlichen oder gleichlautenden definitorischen Formulierungen Untersuchungsdesigns abgleitet worden, in denen jeweils eine strukturelle und eine kulturelle Komponente des Sozialkapitals operationalisiert und untersucht wird.[25] Die strukturelle Komponente misst Netzwerke durch Vereinsdichten, Mitgliedschaften und Aktivitäten in Vereinen und/oder freiwilliges Engagement in Vereinen und Organisationen. Die kulturelle Komponente fokussiert auf die Verbreitung des sozialen Vertrauens unter den Gesellschaftsmitgliedern. Beide Komponenten lassen sich zudem auf der Individualebene der Befragten (Mikroebene) und für ganze Gesellschaften (Makroebene) untersuchen.

Viele (aber nicht alle) vergleichende empirische Studien kommen zu dem Ergebnis, dass die Sozialkapitalausstattung des Einzelnen wie ganzer Gesellschaften den vermuteten positiven Effekt auf andere gesellschaftliche Bereiche hat. Zusammenhänge zeigen sich stärker für die strukturelle Komponente des Engagements und der sozialen Netzwerke, schwächer oder gar nicht für die kulturelle Komponente des sozialen Vertrauens.[26] Die Befunde sind zudem eher signifikant und stärker auf der Makroebene im Ländervergleich; schwach, widersprüchlich und/oder nicht vorhanden sind sie hingegen auf der Mikroebene in den einzelnen Ländern.[27] Auch für die Schweiz zeigt sich in der sehr fundierten und akribisch vorgehenden Studie «Das soziale Kapital der Schweiz» auf der Basis eines Vergleichs der Kantone, dass die nachgewiesene hohe Sozialkapitalausstattung der Schweiz und die Variationen zwischen den Kantonen für die meisten Indikatoren zu Politik, Wirtschaft und Sozialstaat und Gesellschaft kaum systematische

22 Vgl. Putnam, Bowling Alone. The Collapse, 290.
23 Vgl. zu dieser Kurzformel Freitag et al., Das soziale Kapital, 11.
24 Putnam, Bowling Alone, 19.
25 Vgl. den Überblick in Westle/Gabriel, Sozialkapital, bes. 22 (dort Abb. 2).
26 Vgl. zum Konzept «Sozialkapital» den Überblick in Westle/Gabriel, Sozialkapital, 11–22.
27 Vgl. Westle/Gabriel, Sozialkapital, 150–151.

Zusammenhänge aufweisen. Letztere lösen sich spätestens dann auf, wenn der Einfluss von Drittvariablen statistisch kontrolliert wird.[28] Insbesondere fällt auf, dass «nicht jede Sozialkapitalform gleichermaßen einen Einfluss auf die politischen, wirtschaftlichen und gesellschaftlichen Entwicklungen ausübt.»[29]

In den empirischen Studien zu Religion und Sozialkapital, die sich bislang vor allem auf die Entstehung von Sozialkapital und den Einfluss der Religion darauf konzentriert haben, zeigen sich ähnliche Befunde. So geht von den religiösen Netzwerken, meist gemessen durch Vereinsmitgliedschaften und Engagement, auf Mikro- und Makroebene durchaus ein positiver Effekt auf die Höhe des strukturellen Sozialkapitals aus, aber die Messungen des kulturellen Sozialkapitals mit Fragen zum Vertrauen in andere Menschen bleiben inkonsistent, was vermutlich mit dem unklaren Status der Frage nach dem Vertrauen zusammenhängt.[30] Die bislang umfassendste Studie «Religion und Sozialkapital. Ein doppelter Kulturvergleich» berücksichtigt die schwankenden Befunde der allgemeinen Sozialkapitalforschung in ihrem Untersuchungsdesign. Sie erfasst Religion als Religionszugehörigkeit, Gottesdienstbesuch und persönliche Religiosität und misst den Einfluss auf die beiden Komponenten des Sozialkapitals in einem Vergleich nach Religionen einerseits und nach Ländern andererseits.[31] Die Studie kommt zu dem Schluss: «[N]icht jeder Aspekt der Religion ist gleichbedeutend […] So stellen insbesondere die in einer Religionsgemeinschaft verkörperten und von regelmäßigen religiösen Ritualen, wie dem Gottesdienstbesuch, aufrechterhaltenen, sozialen Beziehungsstrukturen eine wichtige Quelle sozialen Kapitals in der Form von Engagement und generalisierter Vertrauensbereitschaft dar. Die sozialkapitaltheoretische Rolle des subjektiven Glaubens ist demgegenüber ambivalenter. Zwar steht dieser persönliche Aspekt der Religiosität im Allgemeinen mit einem höheren Vertrauen in Verbindung, doch gehen von ihm zum Teil auch bremsende Wirkungen auf die aktive zivilgesellschaftliche Beteiligung aus.»[32] Insgesamt

28 Vgl. Freitag et al., Kapital, 247–250.

29 Ebd., 249.

30 Vgl. Gladkich/Pickel, Säkularisierung, 98–101.

31 Technisch geschieht dies mithilfe einer ganzen Reihe logistischer Mehrebenenregressionen auf der Basis einer (bislang nur sehr selten benutzten) Bayesianschen Inferenz-Logik zur Überprüfung der statistischen Signifikanz der Umfrageergebnisse für die Verallgemeinerungsfähigkeit auf die Bevölkerung bzw. Grundgesamtheiten. Vgl. Traunmüller, Religion, 102–108.

32 Traunmüller, Religion, 208.

bleiben die Befunde zum religiösen Sozialkapital daher ebenfalls ambivalent. In einer Auswertung speziell zur Schweiz heißt es etwas lapidarer: «Protestantinnen und Protestanten sind häufiger in Vereinen und Organisationen freiwillig engagiert als Angehörige der katholischen Glaubensrichtung. Diese wiederum übernehmen ihrerseits öfter formell freiwillige Tätigkeiten als Konfessionslose.»[33] Zugleich zeigt sich aber, dass die «*subjektive Religiosität* das freiwillige Engagement nicht wesentlich beeinflusst.»[34] Anders der Befund zum Gottesdienstbesuch: «Bei den Angehörigen der beiden christlichen Konfessionen steigt das formell freiwillige Engagement mit zunehmendem Kirchenbesuch. Auffallend ist hier die überaus hohe Freiwilligenrate bei den Protestantinnen und Protestanten, die wöchentlich in die Kirche gehen.»[35]

Es gibt eine ganze Reihe von Erklärungsmustern bzw. vermuteter sozialer Mechanismen, die in der Forschung als Hypothese dienen, um Religion und Sozialkapital auf mögliche Zusammenhänge hin zu überprüfen und die empirischen Befunde dazu zu plausibilisieren.[36] Sofern eine direkte Wirkung unterschiedlicher Aspekte auf das Sozialkapital formuliert werden soll, erscheinen mir folgende fünf Hypothesen bzw. Mechanismen die entscheidenden zu sei.

Sehr weit verbreitet ist in der Literatur die These, dass es vor allem der Protestantismus sei, der auf das zivilgesellschaftliche Engagement förderlich wirke. Entsprechend der auch in der Literatur so benannten *Protestantismusthese* haben sich die im Zuge der Reformation aufgehobene hierarchisch-klerikale Kirchenverfassung und die gesteigerte Bedeutung des Engagements der Laien für den Fortbestand von Kirchengemeinden und Landeskirchen als Vorteilhaft für Demokratie und Zivilgesellschaft erwiesen. Der positive Effekt entspringt nach dieser Hypothese den spezifischen Inhalten und Verhaltensnormierungen einer speziellen Religionsgemeinschaft bzw. Form des Christentums. Sigrid Roßteutscher und Richard Traunmüller vertreten diese These.[37]

33 Stadelmann-Steffen et al., Freiwilligen-Monitor, 66.

34 Ebd., 67 (Hervorhebung im Original).

35 Ebd., 68.

36 Vgl. die wohl mit Abstand vollständigste Zusammenstellung in Traunmüller, Religion, 53–91.

37 Vgl. Roßteutscher, Religion, Organisationsstrukturen und Aktivbürger, 132–133; Traunmüller, Religion, 209.

Ebenfalls einflussreich ist die Vorstellung, dass sich die bloße Zugehörigkeit zu einer Religionsgemeinschaft im Vergleich zur Nichtmitgliedschaft bzw. Religionslosigkeit positiv auswirkt. Dies wird hier als *Religionsthese* bezeichnet. Die Religionsthese geht davon aus, dass die Mitgliedschaftsbeziehungen für einen Sozialisations- und Kommunikationszusammenhang stehen, in dem pro-soziale Werte und altruistische Motive – letztlich unabhängig von der konkreten Religionsgemeinschaft – durch Religionen begründet, vertreten und in der Gesellschaft verbreitet werden. Die so beim Einzelnen geschaffene Disposition wirkt sich zugunsten seines Engagements in der Gesellschaft aus.

Als Erklärung wird auch immer wieder die Intensität der individuellen Frömmigkeit angeführt. Die *Religiositätsthese* geht davon aus, dass es weniger die (möglicherweise über eine formale Mitgliedschaft kaum hinausreichende) Religionszugehörigkeit als vielmehr der Stellenwert von Religion und Glaube, den der Einzelne letzteren in seinem Leben zuweist, ist, der über die positive Wirkung der als pro-sozial erachteten Religion für die Zivilgesellschaft entscheidet. Je religiöser ein Mensch sein Leben sieht, desto stärker sein Interesse am anderen, an einer zivilgesellschaftlichen Tätigkeit und am öffentlichen Leben. Vertreter der Individualisierungstheorie tendieren zu dieser Sicht.[38] Eine solche Position korrespondiert mit einer Betonung der Transformation von Religion hin zu pluralen, zunehmend schwächer institutionalisierten Formen von Religion.

Strukturell ähnlich argumentiert eine weitere Position, die den behaupteten positiven Aspekt aber anders als in der Religiositätshypothese an die gemeinschaftliche religiöse Praxis und nicht allein an die individuelle Religiosität oder innere religiöse Einstellungen bindet. Diese hier als *Glaubenspraxisthese* bezeichnete Position geht davon aus, dass der gemeinschaftlich gefeierte und gelebte Glaube die Motivation und die Anlässe für ein verstärktes Engagement befördert. Je häufiger jemand etwa in Gottesdiensten seinen Glauben mit anderen praktiziert, desto stärker sein Interesse an seinen Mitmenschen, am freiwilligen Engagement und am öffentlichen Leben. In der Theorieentwicklung geht dieser Gedanke in der Politikwissenschaft vor allem auf Alexis de Tocqueville zurück, der die Bedeutung der religiösen Praxis für das Funktionieren der amerikanischen Demokratie in den 1830er-Jahren analysierte.[39] Eine solche (neo-)tocquevillesche Lesart des Zusammenhangs von Religion, Zivilgesellschaft und Demokratie, die das

38 Vgl. Gabriel, Säkularisierung; Krause, Religiosität.

39 Vgl. Herb/Hidalgo, Tocqueville, 125–144; Tocqueville, Demokratie, 433–454.

Praxiselement bestimmter Religionen als entscheidend für deren Rolle in Zivilgesellschaft und Politik ansieht, entspricht der Position des Autors dieses Beitrags.

Jüngeren Datums ist die Überlegung, dass es sich beim Effekt der gemeinschaftlichen religiösen Praxis letztlich um eine Art Scheinkorrelation von Religion und zivilgesellschaftlichem Engagement handeln könnte. Diese, hier als *Organisationsthese* bezeichnete Sicht besagt, dass nicht die spezifischen Inhalte von Religion und Glaube für den positiven Effekt von Religion in Anschlag gebracht werden können. Vielmehr zeige sich in den Kirchen bzw. religiösen Gemeinschaften ein allgemeiner, religionsunspezifischer Effekt, der auch in anderen Formen zivilgesellschaftlicher Selbstorganisation genauso zu beobachten ist. Gemeinschaftliche Treffen und Aktivitäten wirken sich als Gelegenheitsstrukturen förderlich auf die Verbreitung der sozialen Netzwerke in einer Gesellschaft aus. Nach der Organisationshypothese käme es also auf die bloße Tatsache des Kontakts der Menschen untereinander an, nicht aber auf den Entstehungszusammenhang und den motivationalen Hintergrund der jeweils wahrgenommenen Kontakte. Robert Putnam und Gert Pickel neigen dieser Sicht zu.[40] Über den Gedanken der «Selbstsäkularisation», d.h. der freiwilligen oder unfreiwilligen Auflösung des religiösen Ursprungskontexts durch die Übernahme der säkularen Organisationsweisen und Zielvorstellungen in der religiösen Zivilgesellschaft, ist die Organisationshypothese zudem gut in die Säkularisierungstheorie zu integrieren, die unter anderem die Entstehung bürgerschaftlichen Engagements und einer aktiven Zivilgesellschaft als Ergebnis eines langfristigen Rückgangs der sozialen Mächtigkeit von Religion sieht.[41]

Vor dem Hintergrund des Forschungsstands zum sozialen Kapital und der Erklärungsabsichten, wie sie in den fünf hier idealtypisch verdichteten Hypothesen zum positiven Zusammenhang von Religion und Zivilgesellschaft zum Ausdruck kommen, wird hier dafür plädiert, den Fokus der empirischen Forschung auf das zivilgesellschaftliche Engagement zu setzen. Wenn die hier vertretene Ansicht stimmt, dass es bislang in der Forschung nicht gelungen ist, mit dem Sozialkapitalansatz hinreichend konsistente empirische Ergebnisse zu erzielen und für ihn eine überzeugende Zusammenführung der unterschiedlichen Dimensionen und Indikatoren des «So-

40 Vgl. Putnam/Campbell, American Grace, 516–550; Pickel/Gladkich, Säkularisierung.

41 Vgl. Pickel/Gladkich, Säkularisierung; Pickel, Religionssoziologie.

zialkapitals» zu finden,[42] muss man das Konzept überdenken. Meines Erachtens spricht dieser Befund dafür, jene Dimension des Sozialkapitalkonzepts zu betonen und in der Forschung stärker zu berücksichtigen, die häufiger aufschlussreiche Ergebnisse hervorgebracht hat, d.h. die strukturelle Dimension. Da es dabei vor allem um das konkrete Verhalten von Menschen und nicht um deren innere Einstellungen geht, deckt sich das so auf seinen Kern reduzierte Konzept des Sozialkapitals aber wieder sehr stark mit dem der Zivilgesellschaft und dem zivilgesellschaftlichen Engagement. Im Rückgriff auf das eingangs eingeführte heuristische Modell lässt sich dann auch ein theoretisch begründeter Zusammenhang zur Frage der gesellschaftlichen Integration herstellen. Im Folgenden steht daher der Zusammenhang von Religion und zivilgesellschaftlichem Engagement im Mittelpunkt der Untersuchung.

3. Religion im Freiwilligen-Monitor 2009. Datengrundlage, Operationalisierungen und Hypothesen

Mit dem Freiwilligen-Monitor 2009 verfügen wir für die Zivilgesellschaft der Schweiz über eine außergewöhnliche Repräsentativbefragung, die sich insgesamt sehr gut für den hier interessierenden Sachverhalt eignet. Dies gilt zuerst und vor allem für die Frage der Berücksichtigung von Religion. Obschon in der empirischen Religionsforschung die präzise Erfassung von Religion in ihren unterschiedlichen Dimensionen große Fortschritte gemacht hat,[43] finden sich in den Standardbefragungen der Sozialforschung zum zivilgesellschaftlichen Engagement, wenn überhaupt, nur sehr wenige Variablen zu religiösen Sachverhalten. Hier ist der Freiwilligen-Monitor 2009 (im Folgenden FWM) ein echter Fortschritt. Erstmals wurden in ihm für die Schweiz drei Variablen zu Religion aufgenommen. Erfragt wurden die formelle Religionszugehörigkeit, die Häufigkeit des Kirchgangs und die Stärke der subjektiven Religiosität.[44] Damit stehen Daten für drei unterschiedliche Dimensionen von Religion zur Verfügung, deren Operationalisierung für die vorliegende Untersuchung weiter unten beschrieben wird.

42 Vgl. van Deth, Social Capital; Liedhegener/Werkner, Religion, 17–24; Westle/Gabriel, Sozialkapital, 161–178.

43 Vgl. Huber, Zentralität; Bertelsmann Stiftung, Religionsmonitor; Pollack/Rosta, Religion.

44 Vgl. zur genauen Formulierung der Fragen und der Antwortkategorien den technischen Anhang des vorliegenden Beitrags.

Zusätzlich zu dieser immer noch nicht besonders dichten, aber eben doch vergleichsweise differenzierten Erfassung von Religion bietet der FWM den unschlagbaren Vorteil, weit über 6000 Personen befragt zu haben,[45] wodurch aussagekräftige Berechnungen für kleinere Gruppen in der Bevölkerung möglich werden. Benutzt man die für den Datensatz berechnete Gewichtungsvariable,[46] stehen insgesamt 6474 Fälle zur Verfügung. Und schließlich bietet der FWM entsprechend seines Hauptforschungsinteresses sehr differenzierte Informationen zu jenen Schweizerinnen und Schweizern, die in ihrer Freizeit formell oder informell engagiert sind. Im Bereich des formellen freiwilligen Engagements wurden bis zu drei unterschiedliche Engagements erfasst und für sie detaillierte Angaben zum Tätigkeitsfeld, zur Intensität und zu den Motiven des Engagements sowie den Nutznießern des Einsatzes erhoben.[47] Im Vergleich zur ersten Runde des FWM 2004 wurde 2009 nicht nur nach einem Engagement in den letzten vier Wochen gefragt. Zusätzlich wurde auch eine Option geschaffen, dass bestimmte Ämter oder Aufgaben, die wie ein freiwilliges Engagement in Vereinsvorständen, Stiftungsräten oder Behörden eventuell nicht ganz so regelmäßig ausgeübt werden, ebenfalls erfasst wurden. Ein solches Engagement gaben immerhin zusätzlich rund vier Prozent der Befragten an. Alle Berechnungen im Folgenden werden – wenn nicht anders angegeben – auf der Basis dieses erweiterten Kreises der Engagierten vorgenommen. Grundsätzlich unterscheidet der Datensatz in seinen Fragen drei Adressatenkreise: Erstens enthält er Fragen, die an alle Befragten gerichtet wurden (z.B. demografische Angaben zum Alter etc., zum politischen Interesse und zur politischen Orientierung und zum Vertrauen), zweitens Fragen, die sich an all jene richteten, die in irgendeiner Weise in der Zivilgesellschaft aktiv sind (konkret wurde nach Mitgliedschaften in Vereinen und Organisationen, nach aktiver Tätigkeit und nach Spenden gefragt) und drittens eine ganze Reihe von Fragen, die sich ausschließlich an jene richteten, die zivil-

45 Vgl. detailliert zur Stichprobenziehung und Erhebung den Bericht des Luzerner Befragungsinstituts DemoSCOPE in Reimann/Büchi, Schweizer Freiwilligensurvey.

46 Vgl. Stadelmann-Steffen et al., Freiwilligen-Monitor, 36. Die Gewichtung stellt vor allem die Repräsentativität der Stichprobe für die Landesteile bzw. Kantone her. Vgl. O. N., Dokumentation des Datensatzes «Schweizer Freiwilligen-Monitor 2010», 4 (Das Dokument ist Teil der Dokumentation zum Datensatz FORS 10265 «Schweizer Freiwilligen-Monitor 2010», hier 15).

47 Vgl. den technischen Anhang des vorliegenden Beitrags zu Details sowie den abgedruckten Fragebogen in Reimann/Büchi, Schweizer Freiwilligensurvey (Teil der Dokumentation zum Datensatz FORS 10265 «Schweizer Freiwilligen-Monitor 2010»).

gesellschaftlich engagiert sind, d.h. nur an jene, die in der entsprechenden Filterfrage angaben, ehrenamtliche oder freiwillige Tätigkeiten für einen Verein oder eine Organisation übernommen zu haben, die sie unbezahlt oder gegen geringe Aufwandentschädigung ausüben.[48] Die Primärforscher des FWM bezeichnen diese Erfassung zu Recht als eine «konservative Messung» des zivilgesellschaftlichen Engagements.[49] All jene, die diese Frage bejahten, wurden im nächsten Schritt danach gefragt, in welchem Bereich sie sich zivilgesellschaftlich engagieren. Der FWM unterscheidet dabei die Bereiche «1. Sportclub, -verein; 2. Kirche oder kirchennahe Organisation; 3. Soziale/karitative/gemeinnützige Institution (Rotes Kreuz; Glückskette); 4. Kultureller Verein (Theatergruppen, Fasnachtsvereine); 5. Interessenverband (Berufsverband, Gewerkschaft, Konsumentenschutz, ACS, TCS, Quartiervereine usw.); 6. Menschenrechte/Umweltverbände; 7. Politische Partei; 8. Öffentlicher Dienst (Feuerwehr, Samariter, usw.); 9. Spiel-/Hobby-/Freizeitvereine; 10. Politisches oder öffentliches Amt (Parlament, gewähltes Mitglied einer Kommission, eines Gerichts, Vormund etc.)»[50]

Auf der Basis der Daten dieses Erhebungsinstruments wurden für die vorliegende Untersuchung folgende Variablen codiert bzw. berechnet. Als abhängige Variable, deren Verteilung in der Schweizer Bevölkerung ab 15 Jahren es zu bestimmen und zu erklären gilt, wurde eine Variable «Engagementniveau» gebildet. Diese abhängige Variable weist jeder befragten

48 Vgl. die Frageformulierung zu Q10 im technischen Anhang.

49 Stadelmann-Steffen et al., Freiwilligen-Monitor, 69. Der starke Bezug auf die organisationsförmige Verfasstheit des Engagements führt zu einer gewissen Untererfassung des viel diskutierten sogenannten «neuen Ehrenamts», bei dem die Spontaneität, die zeitliche Begrenztheit und die geringe formelle Institutionalisierung in den Vordergrund rücken und das stärker von Freiwilligenbörsen oder ähnlichen schwach verknüpfenden Ankerpunkten wie informellen freiwilligen Initiativen aus organisiert wird. Anhand der Aufgaben, die von den Befragten im Befragungsteil zum informellen freiwilligen Engagement genannt werden, kann man schätzen, dass in der Schweiz ca. zusätzliche 3,5% des zivilgesellschaftlichen Engagements in diesem Bereich anzusiedeln sind. Eigene Berechnungen nach FWM 2009 Q48.

50 FWM 2009, Q12. Aus dem Fragebogen geht hervor, dass die Interviewer diese Gruppen nicht vorgelesen haben, sondern dass die Befragten eine Antwort geben konnten, die dann vom Interviewenden einer der genannten Kategorien zugeordnet wurde, d.h., es liegt technisch zuerst eine offene Frage mit anschliessender Fremdkodierung vor, was zumindest potenziell eine zusätzliche Fehlerquelle sein kann, die durch die Schulung und Erfahrung der Interviewer auszugleichen ist. Vgl. Reimann/Büchi, Schweizer Freiwilligensurvey, 11. Die Anweisung lautete, im Zweifelsfall den Interviewten entscheiden zu lassen, ebd., 16 (Instruktionen).

Person im Blick auf das zivilgesellschaftliche Engagement genau einen Status zu. Jede Person ist entweder «nicht aktiv», «aktiv» (d.h. macht in einem der genannten Bereiche mit, *ohne* ein freiwilliges Engagement oder Ehrenamt zu übernehmen, spielt also z.B. in einer Fußballmannschaft oder einer Guggenmusik-Gruppe mit) oder «engagiert».[51] Da aus den weiter oben dargelegten theoretischen Gründen das zivilgesellschaftliche Engagement im Mittelpunkt des Forschungsinteresses steht, wurde aus der Variable «Engagementniveau» eine weitere Variable erzeugt, die die Engagierten von allen übrigen Befragten unterscheidet. Diese Variable ist technisch als Dummy-Variable gebildet, die die zivilgesellschaftlich Engagierten mit 1, alle übrigen mit 0 codiert. In einigen Auswertungen fungieren zusätzliche Variablen zu den Motiven des zivilgesellschaftlichen Engagements, zu den Bereichen des Engagements und Indikator-Variablen zum gesellschaftlichen Zusammenhalt als abhängige Variable.[52]

Zur Religion wurden zwei unabhängige Variablen gebildet. Die erste erfasst die (formale) Religionszugehörigkeit nach den für die Schweiz üblichen Gruppen, wobei gegenüber der Ausgangsvariable die Gruppen etwas zusammengefasst wurden, um Kategorien mit weniger als 1% der Fälle (65 Befragte) zu vermeiden. Die Variable enthält die Kategorien «katholisch, evangelisch-reformiert, evangelisch freikirchlich, muslimisch, andere Religionsgemeinschaften, keine Religionszugehörigkeit».[53] Die zweite Religionsvariable wurde aus den Ursprungsvariablen Häufigkeit des Gottesdienstbesuchs (FWM sd2202) und persönliche Religiosität (sd 2203) gebildet und stellt eine neue Typologie der Befragten nach religiösem Typ dar. Deren Herleitung und Zusammensetzung wird unter 4.1. näher erläutert.

51 Wichtig ist, daran zu erinnern, dass in dieser Benennung «aktiv» als «nur aktiv» zu lesen ist, denn die «Engagierten» sind entsprechend der Segmentierungsfragen des FWM automatisch auch «aktiv», d.h. in der ursprünglichen Variable eine Teilmenge der Gesamtheit «Aktive». Die neu codierte Variable «Engagementniveau» trennt also die «nur Aktiven» von den «Engagierten und zugleich Aktiven».

52 Vgl. die Details im technischen Anhang.

53 In der Ursprungsvariable sd2201 zeigen sich für die Erfassung des Unterschieds von römisch-katholischen und christ-katholischen Befragten Probleme. Die hohen Werte für «christ-katholisch (altkatholisch)» (7,2%) können nicht stimmen, da der Anteil jener katholischen Gemeinschaften, die sich im 19. Jahrhundert dem Unfehlbarkeitsdogma widersetzten und sich von Rom lossagten, mittlerweile nach Angaben der in dieser Frage verlässlicheren Volkszählungen deutlich unter 1% liegt. In der recodierten Variable wurden beide Gruppen zusammengefasst, was den Fehler in Bezug auf die Gesamtbevölkerung ausmittelt und zu einem Wert von 43,3% für alle Katholiken führt.

Als weitere unabhängige Variablen, die einen Einfluss auf die Höhe des zivilgesellschaftlichen Engagements ausüben sollten, wurden eine Reihe von sozio-demografischen Merkmalen wie Geschlecht, Alter, Familienstand etc., zwei Variablen zu räumlichen Kontexten (Region und Siedlungsart) sowie drei Indikator-Variablen zu Persönlichkeitsmerkmalen der Befragten gebildet, die die Introvertiertheit oder Geselligkeit einer Person sowie ihre Vertrauensbereitschaft und ihren Gesellschaftsbezug abbilden.[54]

Mithilfe der verfügbaren Daten und der solchermaßen gebildeten Variablen sollen folgende vier Hypothesen überprüft werden:

Je stärker Religion lebenspraktisch wirkt, d.h. je stärker eine subjektive religiöse Bindung *und* eine gemeinschaftliche religiöse Praxis beim Einzelnen zusammenfallen, desto eher ist diese Person auch zivilgesellschaftlich engagiert (H1).

Ursächlich für den behaupteten Zusammenhang ist eine unterschiedliche Motivation für das zivilgesellschaftliche Engagement: Je stärker Religion gelebt wird, umso stärker sind pro-soziale und altruistische Motive, die wiederum dazu führen, dass entsprechende Arten des zivilgesellschaftlichen Engagements wie etwa ein karitatives Engagement bevorzugt ausgeübt werden (H2).

Die positive Wirkung gelebter Religion zeigt sich daher besonders für die Politik: Je höher die religiöse Bindung, desto stärker ist das politische Engagement des Einzelnen (H3).

Der Effekt des zivilgesellschaftlichen Engagements auf die gesellschaftliche Integration ist umso größer, je stärker die religiöse Bindung ist (H4).

Bei der Überprüfung dieser Hypothesen ist zu berücksichtigen, dass die letzten drei Hypothesen sachlich in einem Bedingungsverhältnis zur ersten stehen. Die erste, grundlegende Hypothese dient dazu, zu überprüfen, ob überhaupt ein Zusammenhang besteht und gegebenenfalls dessen Stärke und Richtung – religiöse Bindungen könnten unter bestimmten Bedingungen ja auch das Engagement hemmen – zu bestimmen. Die Überprüfung dieser Grundhypothese ist entsprechend wichtig und auf sie wird in der folgenden Darstellung ein besonderes Gewicht gelegt. Die übrigen drei

54 Diese drei Persönlichkeitsmerkmale wurden hier durch recodierte Variablen zur Häufigkeit des Treffens mit anderen außerhalb von Familie und Beruf (FWM q01), zum allgemeinen Vertrauen in andere (q02) und zum politischen Interesse (q03) näherungsweise gemessen, da standardisierte Instrument zur Persönlichkeitsmessung wie etwa die verbreiteten Fragebatterien «Big Five» oder «Q21» nicht im FWM enthalten sind. Zu den Details siehe den technischen Anhang.

Hypothesen entwickeln den behaupteten Zusammenhang in verschiedene Richtungen weiter. Es geht einmal darum, die Frage nach dem Übergang von Zivilgesellschaft und politischer Sphäre genauer zu untersuchen (H2), denn eine positive bzw. verstärkende Wirkung von Religion auf die politischen Aktivitäten kann als ein Beitrag zur gesellschaftlichen Integration gesehen werden (vgl. oben Abschnitt 2.). Es liegt nahe, die Ursache für eine gegebenenfalls positive Rolle von Religion im Bereich der Handlungsmotive zu suchen (H3), denn in der Literatur ist vielfach behauptet worden, dass mit religiösen Einstellungen und Bindungen bestimmte pro-soziale und altruistische Werte und Haltungen verbunden sind, die auf Effekten der religiösen Sozialisation und/oder Face-to-Face-Kommunikation, d.h. auf Kontakten mit Gleichgesinnten beruhen. Und schließlich wird mit der vierten Hypothese eine einfache Ursachen-Wirkungs-Kette aufgestellt, in der angenommen wird, dass die gelebte Religion das zivilgesellschaftliche Engagement in einer Art und Weise verstärkt, dass Letzteres der gesellschaftlichen Integration in besonderem Maße förderlich ist (H4). Offenkundig ist gerade die letzte Hypothese recht voraussetzungsreich und in der Tat stößt deren Analyse mit den verfügbaren Daten an deutliche Grenzen. Ein Versuch soll gleichwohl gewagt werden.

Basismodell «Religion, Zivilgesellschaft und gesellschaftliche Integration»

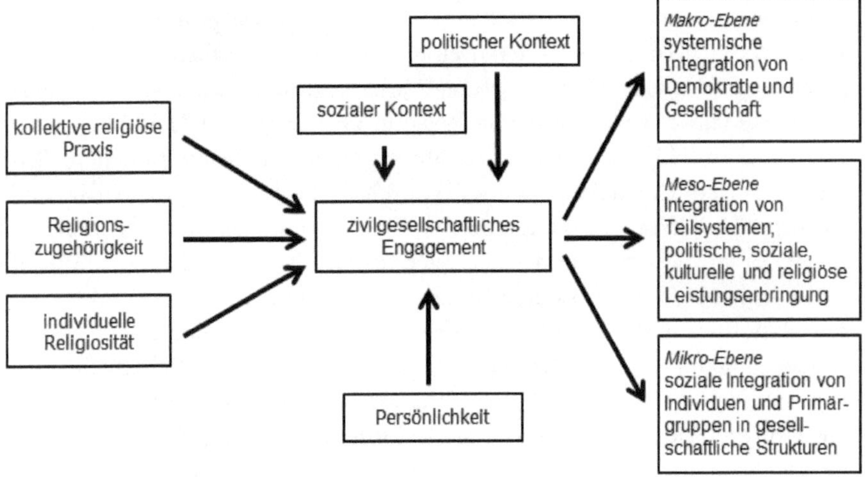

Abb. 2
Bemerkung: Direkte Ursachen bzw. Effekte (ohne Interaktionen und Wechselwirkungen).
Quelle: Eigene Darstellung.

Aus dem bisher Dargelegten ergibt sich insgesamt ein mögliches Wirkungsmodell, das von der Religion über das zivilgesellschaftliche Engagement zur gesellschaftlichen Integration auf der Makroebene führt (Abb. 2). Analog zur Makroebene lassen sich auch Wirkungen auf die (hier nicht zu untersuchende) Mikroebene der gesellschaftlichen Integration, die soziale Integration in der Bevölkerung und die politische Mobilisierung und Partizipation auf der (hier nur am Rande thematisierten) Mesoebene postulieren. Der soziale Kontext und Persönlichkeitsmerkmale werden im Blick auf das zivilgesellschaftliche Engagement als intervenierende Größen aufgefasst. Selbstverständlich schließt dieses Modell nicht aus, dass es wichtige Effekte von Religion in der Gesellschaft gibt, die nicht über das zivilgesellschaftliche Engagement vermittelt werden.

4. Die religiöse Zivilgesellschaft und ihre Integrationspotenziale in der Schweiz

4.1. Religion in der Schweiz: Säkularisierung, Pluralisierung und Individualisierung seit 1970

Der rasche soziale Wandel ist ein zentrales Charakteristikum der Schweizer Gesellschaft der Gegenwart. Seit 1970 hat die Einwohnerzahl des vergleichsweise kleinen Landes im Herzen Europas von 6,2 Millionen auf heute über 8 Millionen zugenommen. Dieses Bevölkerungswachstum resultiert ganz wesentlich aus Zuzügen in die Schweiz. Aber auch die Zahl der Geburten übertrifft die Zahl der Todesfälle anhaltend, was ebenfalls als ein Indiz für den dynamischen Wandel gelten kann. Trotz der schweren internationalen Finanz- und Wirtschaftskrise hat sich das Bruttoinlandsprodukt pro Kopf (BIP) zwischen 1990 und 2010 nominal um 45% erhöht.[55]

Religion in der Schweiz ist in diesen im europäischen Maßstab schnellen sozialen Wandel hineingestellt. Ihre Veränderungsrichtung ist aber nicht auf einen einfachen Nenner zu bringen. Vielmehr überlagern sich mehrere Großtrends. Sucht man nach einem Stenogramm für die empirischen Veränderungen von Religion, so findet man es am ehesten in der Zusammensetzung der Bevölkerung nach Religionszugehörigkeit, wie sie durch die Volkszählungen der Schweiz im Abstand von zehn Jahren erhoben worden ist (Tab. 1). Man verbleibt damit zwar zunächst weitgehend auf der Oberfläche der nominellen Religionszugehörigkeit, erhält aber ein in sich stimmiges Gesamtbild der tektonischen Verschiebungen wesentlicher Ausdrucksformen von Religion in der Schweiz.

55 Alle Angaben nach http://www.bfs.admin.ch/bfs/portal/de/index/themen/ (Zugriff 28.8.2015).

Tabelle 1
Entkirchlichung und Diversifizierung:
Religionszugehörigkeit in der Schweiz von 1970 bis 2000/10

	1980	1990	2000	1980	1990	2000	(2010)
	in Tausend			in Prozent			
Bevölkerung insgesamt	6366,0	6873,7	7288,0				
Reformiert	2865,7	2798,0	2569,1	45,0	40,7	35,3	30,9
Römisch-katholisch	3030,1	3172,3	3047,9	47,6	46,2	41,8	38,8
Christ-katholisch	16,6	11,7	13,3	0,3	0,2	0,2	-
Christlich-orthodox	37,2	71,5	131,9	0,6	1,0	1,8	-
Andere christliche Gemeinschaften	18,9	8,3	14,4	0,3	0,1	0,2	2,4
Jüdische Gemeinschaften	18,3	17,6	17,9	0,3	0,3	0,2	0,2
Islamische Gemeinschaften	56,6	152,2	310,8	0,9	2,2	4,3	4,5
Andere Kirchen und Religionsgemeinschaften	11,8	29,2	57,1	0,2	0,4	0,8	1,1
Keine Zugehörigkeit	241,6	510,9	809,8	3,8	7,4	11,1	20,1
Ohne Angaben	69,1	101,9	315,8	1,1	1,5	4,3	2,0

Bemerkung: Wegen geänderter Erhebungsmodalitäten (2010 = Wohnbevölkerung ab 15 Jahren) sind die Angaben für 2010 nicht mit denen der vorherigen Volkszählungsergebnisse zu vergleichen.
Quelle: Eigene Berechnungen und Darstellung nach BfS Volkszählungen 1980 bis 2000 und Registerzensus 2010.

Zunächst fällt auf, dass der Anteil der beiden großen christlichen Konfessionen, die in der Schweiz abgesehen von den Kantonen Genf und Neuenburg als kantonale Landeskirchen anerkannt und organisiert sind, in der Bevölkerung stark rückläufig ist. Dies gilt noch stärker für die reformierten Landeskirchen als für die katholische Kirche. Dem steht zunächst ein rasanter Anstieg jenes Bevölkerungsteils gegenüber, der sich zu keiner Religionsgemeinschaft zählt. Von 1980 bis heute ist dieser Anteil von unter 5% auf rund 20% angewachsen. Zugleich sind aber auch die kleineren Religionsgemeinschaften, seien sie christlich oder anderer Herkunft, Gewinner der Entwicklung. Ihr Anteil hat in der Regel erkennbar zugenommen. Dies gilt bekanntermaßen insbesondere für die Mitglieder islamischer Glaubensgemeinschaften, deren Bevölkerungsanteil sich von 1980 bis heute von unter 1% auf ca. 4,5% erhöht hat. Zugenommen hat auch der Anteil jener, für die zur Frage ihrer Religionszugehörigkeit keine Informationen vorliegen.

Diese Eckdaten deuten darauf hin, dass sich in der Schweiz die Prozesse der Entkirchlichung, d.h. der Rückgang der sozialen Bedeutung der beiden Großkonfessionen, und Säkularisierung im Sinne einer umfassenden Loslösung von religiösen Zugehörigkeiten und Bindungen, mit den Trends der Pluralisierung der religiösen Landschaft durch die Zunahme der Vielfalt organisierter Religionen, der Individualisierung, aber auch der Auswahl an religiösen Angeboten, überlagern.[56] Sicher nicht für alle, aber doch für die große Mehrzahl der Einwohner der Schweiz hat sich Religion von einer durch Geburt und regionale Herkunft bestimmten Größe zu einer in der Gestaltung der eigenen Lebensführung wählbaren Facette der eigenen Persönlichkeit gewandelt, was zumindest prinzipiell die Möglichkeit beinhaltet, Formen von Religion und Religiosität zu pflegen, die ohne eine öffentliche religiöse Praxis in einer privatisierten Art und Weise gelebt werden. Aus der Sicht der Individuen ist Glaube in der Schweiz zu einer Option geworden, die, wenn gewählt, nach wie vor hohe Verbindlichkeiten erzeugen kann, aber eben auch aus der eigenen Lebensführung ausgeschlossen werden kann.[57] Auch jene Religionsgemeinschaften wie die evangelischen Freikirchen oder religiöse Gemeinschaften von Migranten, in denen die soziale Verbindlichkeit höher ist als in der Bevölkerung allgemein, sind in diesen allgemeinen Kontext von Individualisierung und «Glaube als Option» eingebunden.

56 Vgl. grundlegend dazu Baumann/Stolz, Schweiz; Bochinger, Religionen.

57 Vgl. zur Struktur und Bindewirkung dieser Option Joas, Glaube.

Die Studie «Religion und Spiritualität in der Ich-Gesellschaft»[58] von Jörg Stolz et al. hat die aktuelle Verfassung der religiösen Landschaft auf der Ebene der Individuen eindrücklich ausgeleuchtet. Im Wesentlichen werden in dieser qualitative Interviews und eine Repräsentativbefragung verbindenden Studie vier große Gruppen oder Typen identifiziert. Der institutionelle Typ (17,5%) verbindet eine hohe institutionell geprägte Religiosität mit einer eher geringen alternativen Spiritualität und differenziert sich nochmals in die Mitglieder der Freikirchen und die Kernmitglieder der beiden großen Bekenntnisse. Die Masse der Bevölkerung (57,4%) wird zum distanzierten Typ gezählt, der ein mittleres Niveau institutioneller Religiosität aufweist. Innerhalb dieses Typs lassen sich drei etwa gleich große Untergruppen (distanziert-institutionelle, distanziert-säkulare und distanziert-alternative) nochmals unterscheiden. Die dritte Kategorie ist der alternative Typ (13,4%), der Menschen umfasst, die stärker an esoterischen und neuen Formen von Religion interessiert sind. Die vierte und letzte Kategorie bildet der säkulare Typ (11,7%), in dessen Reihen sich der harte Kern der Religionsgegner (3,8%) von den religiös Indifferenten unterscheiden lässt (3,3%).

Die Ergebnisse dieser außergewöhnlich aufschlussreichen Studie sprechen dafür, auch die Frage des Zusammenhangs von Religion und Zivilgesellschaft mithilfe einer solchen Typenbildung anzugehen. Nun ist es aber immer noch so, dass in speziellen Repräsentativbefragungen zur Religion die Informationen zum zivilgesellschaftlichen Engagement dürftig sind und umgekehrt Erhebungen wie der Freiwilligen-Monitor nur sehr wenige Fragen zur Religion stellen. Kombiniert man aber die Merkmale «Häufigkeit des Gottesdienstbesuchs» und «persönliche Religiosität» in einer Drei-mal-drei-Felder-Matrix, so entstehen Gruppen, die sich hinsichtlich ihrer Ausprägungen von Religion recht ähnlich wie in der Referenztypologie bei Stolz et al. unterscheiden. Dies soll hier auch durch die Wahl der Gruppenbezeichnungen ausgedrückt werden, die sich zum guten Teil an die Referenztypologie anlehnen (Abb. 3).

58 Stolz et al., Religion.

Typologie der Schweizer Wohnbevölkerung nach individueller Religiosität und rituellem Teilnahmeverhalten.

Religiosität / Gottesdienstbesuch	-	0	+
-	säkular 21,6%	indifferent 13,1%	spirituell 7,2%
0	konventionell 6,9%	distanziert-inst. 16,8%	spirituell-inst. 11,4%
+	rituell 1%	institutionell 7,5%	«fromm» 14,6%

Abb. 3
Bemerkung: «inst.» = institutionell. Variablen Gottesdienstbesuch (FWM 2009 sd2202) und persönliche Religiosität (sd2203) recodiert zu den drei Gruppen «gering» = -, «mittel» = 0, «stark» = +. Vgl. den Anhang für weitere Einzelheiten.
Quelle: Eigene Berechnungen (und Darstellung) nach FWM 2009.

Anhand der Daten des Freiwilligen-Monitors bilden jene, die selten oder nie einen Gottesdienst besuchen und sich selbst als kaum oder gar nicht religiös bezeichnen, den säkularen Typ. Jene, die gleich häufig den Gottesdienst besuchen, aber etwas religiös oder aber (sehr) religiös sind, werden als indifferenter bzw. spiritueller Typ bezeichnet. Jene, die ein paar Mal im Jahr einen Gottesdienst besuchen, aber sich selbst nicht als religiös bezeichnen, werden als konventioneller Typ bezeichnet. Davon unterscheiden sich jene, die sich als ein wenig religiös sehen und zugleich ab und zu zum Gottesdienst gehen, hier als Distanziert-institutionelle bezeichnet, sowie die sehr religiösen mit gelegentlichem Gottesdienstbesuch, die Spirituell-institutionellen. Die Gruppe der häufigen Gottesdienstteilnehmer (Gottesdienstteilnahme einmal pro Monat oder öfter) differenziert sich in die Rituellen (keine individuelle Religiosität), die Institutionellen (mittlere individuelle Religiosität) und die «Frommen» (hohe individuelle Religiosität).[59] Stellt man in Rechnung, dass trotz aller Säkularisierung die große Mehrheit der Schweizerinnen und Schweizer einer christlichen Religionsgemeinschaft angehört, so darf man die Typen, die das Wort «institutionell» und «rituell» enthalten, im Wesentlichen als kirchlich-distanziert u.ä. interpretieren.[60]

Schaut man auf die Anteile der neuen religiösen Typen an der Gesamtbevölkerung, so zeigt sich, dass die Typen der mittleren Achse am stärksten vertreten sind. Säkulare (21,6%), Distanziert-institutionelle (16,8%) und Fromme (14,6%) stellen zusammen 53%. Die nächstgrößte Gruppe sind die Spirituell-institutionellen (11,4%). Die verbleibenden fünf Typen bilden Gruppen unter 10%. Besonders fällt dabei auf, dass die Gruppe der Rituellen, d.h. jener, die sehr oft den Gottesdienst besuchen, aber sich persönlich als kaum oder gar nicht religiös bezeichnen, verschwindend klein ist.[61] Dies zeigt ganz deutlich, dass die Zeit des Milieu-Katholizismus oder des konventionellen reformierten Kirchentums in der Schweiz endgültig vorbei ist: Wer sich heute an der öffentlichen religiösen Praxis beteiligt, sieht sich selbst auch mindestens als etwas religiös an. Rein aus gesellschaftlicher Konvention des Umfelds entsteht keine gottesdienstliche Praxis mehr. Vergleicht man die Größenordnung der neun Gruppen mit den Typen bei Stolz et al., so sind erwartungsgemäß mehr oder weniger große Abweichungen ersichtlich, aber insgesamt ist das Bild nicht unähnlich. Auch die wesentlich einfacher gebildete Typologie auf der Basis des FWM erfasst die

59 Dieses religionsgeschichtlich alte Wort zur Beschreibung von gelebter Religion wurde nicht als Wertungswort gewählt, sondern um das Ineinander von religiöser Praxis und persönlicher Religiosität zum Ausdruck zu bringen. Die zunächst naheliegende Bezeichnung «religiös» als Oppositionsbegriff zur Kategorie «säkular» stand nicht zur Verfügung, weil auch eine ganze Reihe anderer Gruppen in abgestufter Form als religiös zu klassieren sind.

60 In den vorbereitenden Auswertungen zur vorliegenden Analyse wurden die Berechnungen auch nur für den christlichen Teil der Befragten durchgeführt, was aber im Blick auf die bivariaten und multivariaten Zusammenhänge im Ergebnis zu keinen substanziellen Unterschieden führte. Da die Informationsbreite höher ist, wenn sich die Auswertung auf alle Religionen bezieht, wird im Folgenden mit den Mitgliedern aller im FWM erfassten religiösen Gruppierungen weitergearbeitet.

61 Technisch resultierte daraus die Frage, ob diese Kategorie für die weitere Auswertung mit einer anderen zusammengelegt werden sollte. Da dieser Typ gleichwohl mehr als 50 Fälle umfasst und sich mit und ohne Zusammenlegung ganz ähnliche Resultate zeigten, wurde der vollständigen Berücksichtigung der Typologie der Vorzug gegeben.

Unterschiede auf der Phänomenebene näherungsweise ähnlich wie die differenziertere Bestimmung der Typen bei Stolz et al.[62]

Tabelle 2
Religiöse Typen nach Religionszugehörigkeit in %

Typ	Katholisch	Evgl.-ref.	Evgl.-freikirchl.	Muslimisch	Andere Religions-gem.	Keine Religions-zugeh.	Alle
säkular	12,9	16,8	6,7	14,3	9,6	56,5	21,6
indifferent	10,8	14,1	-	19,2	7,8	17,4	13,0
spirituell	5,7	6,4	9,6	24,2	6,1	9,8	7,2
konventionell	5,9	9,6	1,9	3,3	10,4	5,6	7,0
distanziert-institutionell	19,2	22,8	1,0	13,7	5,2	4,1	17,0
spirituell-institutionell	13,5	13,1	1,9	15,9	15,7	3,1	11,5
rituell	0,8	1,1	5,8	-	4,3	0,3	1,0
institutionell	12,1	6,0	11,5	-	3,5	1,0	7,7
fromm	19,0	10,1	61,5	9,3	37,4	2,3	14,1
Anzahl der Fälle	2651	1942	104	182	115	1044	6038

Bemerkung: Spaltenprozent.
Quelle: Eigene Berechnungen (und Darstellung) nach FWM 2009.

Innerhalb der Religionsgemeinschaften bzw. Kategorien der Religionszugehörigkeit verteilen sich die Mitglieder unterschiedlich auf die religiösen Typen (Tab. 2). Schaut man auf die Pole säkular und fromm, so zeigt sich eine hohe, aber keineswegs vollständige Deckung zwischen Personen ohne Religionszugehörigkeit und dem säkularen Typ. Innerhalb beider Konfessionen gibt es einen beträchtlichen Anteil solcher Mitglieder, die de facto dem säkularen Typ zuzuordnen sind. Bei den Frommen überwiegt der Anteil innerhalb des Katholischen (19,1%) gegenüber diesem Typ in den reformierten Landeskirchen (10,1%). Die höchsten Werte werden für diesen

62 Zahlenmäßige Unterschiede dürften am ehesten daraus resultieren, dass die Abgrenzungen zwischen benachbarten Gruppen etwas anders gezogen werden. So enthält die hier gefundene Gruppe der Säkularen neben den Säkularen von Stolz et al. auch Teile deren Typs des Distanziert-säkularen.

Typ in den Freikirchen (61,5%) und in der zusammenfassenden Kategorie der «anderen Religionsgemeinschaften» (37,4%), die im Wesentlichen Religionsgemeinschaften nicht west-europäischer Herkunft versammelt, gemessen. Überraschend dürfte sein, dass die Mitglieder muslimischer Gemeinschaften in ihrer Verteilung auf die neun Typen sehr starke Ähnlichkeiten zu den evangelisch-reformierten Kirchenmitgliedern aufweisen. Hohe persönliche Religiosität und ein regelmäßiger Moscheebesuch sind auch unter Muslimen selten (9,3%).[63]

4.2. Eckdaten: Religion, institutionalisierte Freizeitaktivitäten und formelles zivilgesellschaftliches Engagement

Im internationalen Vergleich ist die Schweizer Zivilgesellschaft sehr stark entwickelt.[64] Insgesamt beteiligten sich 2009 rund 58% aller Einwohner in der einen oder anderen Art und Weise an den Aktivitäten in Vereinen und Organisationen (Abb. 4). 42% der Bevölkerung sind gleichwohl ohne eine (aktuelle) Einbindung in diese Ausdrucksformen der Zivilgesellschaft.

63 Das gilt unter der Bedingung, dass sie eine der Landessprachen sprechen, denn die Stichprobe Telefonumfrage des FWM basiert auf Interviews in der Landessprache. Dass dies eine Hürde ist und die Verhältnisse unter anderssprachigen Muslimen daher abweichen könnten, zeigt sich an der relativ deutlichen Unterrepräsentation muslimischer Befragter in der Stichprobe. Innerhalb des FWM verteilen sich die Konfessionen auf die Befragten über 15 Jahre wie folgt: Katholisch 44,3%; Evangelisch-reformiert 31,9%; Evangelisch-freikirchlich 1,7%; Muslimisch 3,1%; Andere Religionsgemeinschaften 1,9%; Keine Religionszugehörigkeit 17,2%. Im Vergleich zu den Registerzensusdaten für die Bevölkerung über 15 Jahre sind katholische Befragte überrepräsentiert, Befragte ohne Religionszugehörigkeit und andere Religionsgemeinschaften ebenfalls unterrepräsentiert. Der FWM gibt die Relationen für die Religionszugehörigkeit in der Schweiz aber grundsätzlich ebenfalls zutreffend wieder.

64 Vgl. Freitag et al., Kapital; Stadelmann-Steffen et al., Freiwilligen-Monitor. Dieses Ergebnis hat auch der jüngst erschienene FWM 2016 bestätigt, der die Umfragedaten der dritten Befragung des Jahres 2014 präsentiert. Die Anteilszahlen der Inaktiven, Aktiven, Engagierten und ehrenamtlich Tätigen haben sich danach im Prinzip nicht verändert. Für Aktivität und Engagement sind leichte Zugewinne zu verzeichnen. Vgl. Freitag, Freiwilligen-Monitor.

Eckdaten zur Schweizer Zivilgesellschaft

Engagementniveaus in der Schweizer Zivilgesellschaft 2009

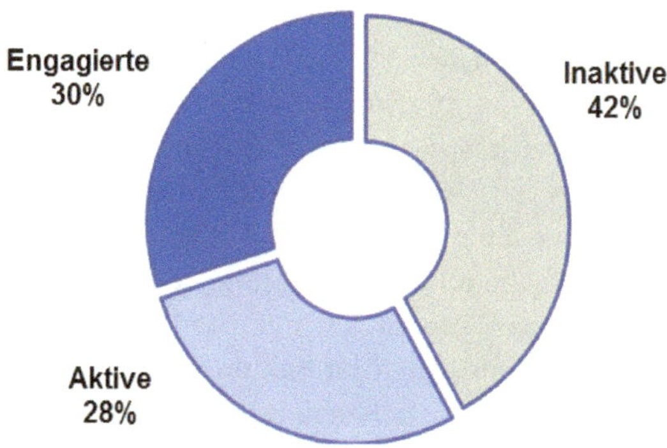

Bereiche zivilgesellschaftlichen Engagements 2009

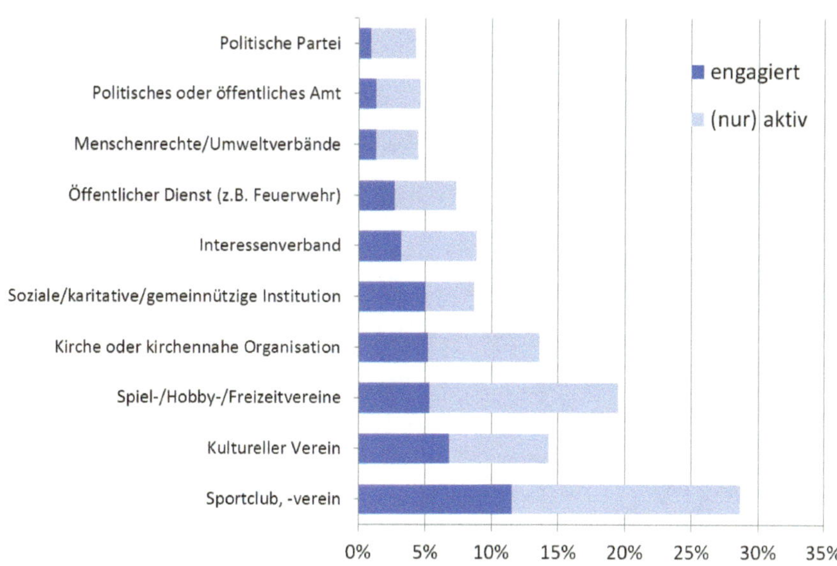

Abb. 4

Bemerkung: Angaben jeweils in % der Wohnbevölkerung über 15 Jahre.

Quelle: Eigene Berechnungen und Darstellung nach FWM 2009.

Differenziert man unter den Aktiven zwischen jenen, die «nur» aktiv sind, d.h. sich beteiligen, ohne besondere Verantwortung für bestimmte ehrenamtliche oder freiwillige Aufgaben zu übernehmen, und jenen, die zivilgesellschaftlich engagiert sind, so zeigt sich, dass beide Gruppen ungefähr gleich groß sind. 28% sind Aktive, 30% zivilgesellschaftlich Engagierte.[65]

Im organisierten Bereich der Schweizer Zivilgesellschaft gibt es deutliche Größenunterschiede nach Aktivität und Engagement zwischen den einzelnen Segmenten. Nimmt man die Aktiven und Engagierten zusammen, dann ist der Bereich Sport quantitativ führend, gefolgt von Freizeitvereinen sowie kulturellen Vereinen. Kirchen und kirchennahe Organisationen stellen den viertgrößten Bereich dar. Wesentlich weniger sind dagegen für eine politische Aufgabe im weitesten Sinne tätig. Das Schlusslicht bilden die Parteien, die mit ihren Aktivitäten nur rund 4% der Bevölkerung einbinden und einen Kreis von Engagierten haben, der (knapp) unter 1% der Bevölkerung ausmacht. Kaum höher liegen die Anteile für die politischen Ämter des Milizsystems und die Menschenrechts- und Umweltgruppen.

Im Folgenden stehen aus den oben genannten Gründen jene im Mittelpunkt der Untersuchung, die als Engagierte die wesentlichen Gestaltungs- und Organisationsaufgaben für die Vereine und Organisationen der Schweizer Zivilgesellschaft übernommen haben.

65 Dieser Anteil zivilgesellschaftlich Engagierter entspricht der Summe jener Befragten, die in den letzten vier Wochen freiwillig engagiert waren und/oder in den letzten 12 Monaten entsprechende längerfristige, aber punktuelle Verpflichtungen freiwillig oder ehrenamtlich übernommen haben.

4.3. Zusammenhänge: Religion als schwacher Einfluss unter anderen schwachen Faktoren zur Erklärung zivilgesellschaftlichen Engagements

Welche Einflüsse, wenn überhaupt, lassen sich auf das zivilgesellschaftliche Engagement der Schweiz nachweisen? Wird die Stärke des zivilgesellschaftlichen Engagements durch religiöse Faktoren beeinflusst? Und wie stark bzw. wichtig sind diese Einflüsse gegebenenfalls? Die Untersuchung dieser Fragen beginnt mit einer Analyse des Zusammenhangs von Religion und Zivilgesellschaft. Dazu werden die Mitglieder der Religionsgemeinschaften und die Befragten nach religiösem Typ jeweils in Bezug auf die drei Engagementniveaus unterschieden (Tab. 3).

Tabelle 3
Engagementniveau nach Religionszugehörigkeit in %

	Inaktive	Aktive	Engagierte	Alle
Katholisch	42,1	46,4	45,3	44,2
Evgl.-ref.	29,1	30,4	37,2	31,9
Evgl. freikirchl.	0,9	1,2	3,3	1,7
Muslimisch	4,8	3,5	0,3	3,1
Andere Religionsgem.	2,3	1,7	1,4	1,9
Keine Religionszugeh.	20,8	16,8	12,5	17,2
	100%	100%	100%	100%

Bemerkung: Spaltenprozent; n = 6306.
Quelle: Eigene Berechnungen (und Darstellung) nach FWM 2009.

Vergleicht man die verschiedenen Engagementniveaus auf ihre Zusammensetzung nach der Religionszugehörigkeit, so fallen deutliche Abweichungen zwischen der prozentualen Verteilung der Religionsgemeinschaften in der Gesellschaft («Alle») und ihrem Anteil in den drei Gruppen «inaktiv», «aktiv» und «engagiert» auf. Diese Abweichungen sind aber nicht ganz regelmäßig in Bezug auf die Frage eines Unterschieds zwischen der Zugehörigkeit zu einer Religion und der Nichtzugehörigkeit. Personen ohne Religionszugehörigkeit sind bezogen auf ihren Bevölkerungsanteil deutlich häufiger inaktiv und deutlich seltener engagiert. Demgegenüber weisen die Mitglieder der evangelisch-reformierten Landeskirchen im Vergleich zu ihrem Bevölkerungsanteil ein deutlich höheres Engagement auf. Dieser Effekt ist bei den evangelischen Freikirchen ebenfalls zu sehen, und er ist – stellt man deren geringen Bevölkerungsanteil in Rechnung – relativ sogar noch stärker als bei den Landeskirchen. Innerhalb der katholischen Bevölkerung entsprechen die Zahlen für die drei Engagementniveaus in etwa jeweils ihrem Bevölkerungsanteil. Die «anderen Religionsgemeinschaften» sowie vor allem die Mitglieder muslimischer Gemeinschaften sind dagegen unterdurchschnittlich oft zivilgesellschaftlich engagiert.

Dieser Befund scheint der oben vorgestellten Protestantismusthese auf den ersten Blick Recht zu geben. Wir werden aber noch sehen, dass der naheliegende Schluss von der prozentualen Verteilung auf eine Ursache in den Besonderheiten der evangelischen Konfession mit Vorsicht zu betrachten ist.

Personen nach religiösem Typ und zivilgesellschaftlichem Engagement

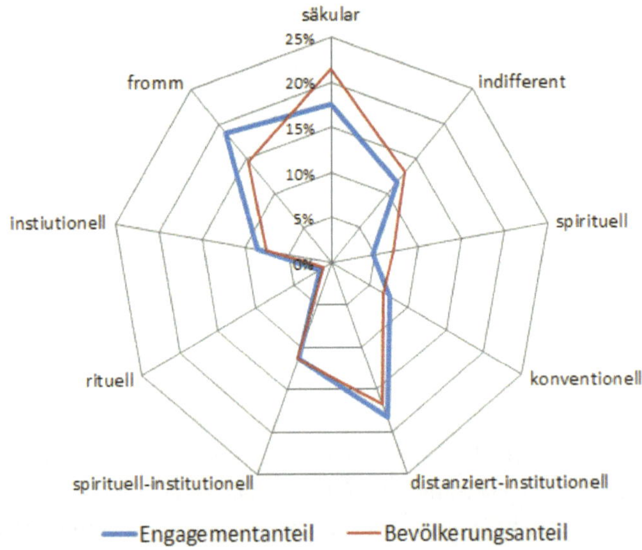

Abb. 5
Spaltenprozent; n = 6134.
Quelle: Eigene Berechnungen und Darstellung nach FWM 2009.

Vergleicht man die neun Gruppen der religiösen Typologie auf die Häufigkeit des zivilgesellschaftlichen Engagements ihrer Mitglieder ebenfalls in Relation zum Bevölkerungsanteil der neun Typen, so zeigt sich, dass sich die beiden «Eckgruppen» der Typologie (siehe oben Abb. 3), die Säkularen und die Frommen, geradezu spiegelbildlich verhalten. Erstere sind deutlich seltener zivilgesellschaftlich engagiert, letztere deutlich häufiger (Abb. 5). Entsprechend weichen die beiden Linienzüge des Radialdiagramms hier deutlich voneinander ab. Erhebliche Abweichungen finden sich auch für die Indifferenten und die Spirituellen. Relativ zu den Säkularen steigt hier die persönliche Religiosität zwar stark an, aber der Beitrag zum zivilgesellschaftlichen Engagement wird davon nicht positiv beeinflusst. Er bleibt deutlich unterdurchschnittlich. Die Spirituell-institutionellen weisen nur eine durchschnittliche Engagementquote auf. In der wie gesehen großen Mittelgruppe der Distanziert-institutionellen ist der Anteil der Engagierten etwas überdurchschnittlich. Die Überrepräsentation ist aber geringer als bei den Frommen, sodass die religiöse Mittelposition auch mit einer Mittelposition beim Engagement zusammenfällt. Alle anderen Gruppen sind nur sehr leicht überdurchschnittlich engagiert und daher unauffällig. Geringe oder hohe individuelle Religiosität zeigt hier keinen Effekt. Während also der Effekt der individuellen Religiosität zwar im Einzelfall erkennbar, aber insgesamt schwach bzw. in sich widersprüchlich ist, fördert die öffentliche religiöse Praxis das Engagementniveau. Für die Gruppen der religiösen Typologie ergibt sich in dieser bivariaten Betrachtung aber insgesamt ein Zusammenhang, der dem in Hypothese 1 formulierten strikten Zusammenhang recht nahekommt. Dieser generelle Befund eines positiven Zusammenhangs zwischen religiösem Typ und zivilgesellschaftlichem Engagement darf auch auf die Bevölkerung der Schweiz insgesamt übertragen werden, denn die statistische Wahrscheinlichkeit, dass die Unterschiede nur in der Stichprobe, aber nicht in der Bevölkerung vorkommen, ist verschwindend gering, d.h. die gefundenen Unterschiede sind hoch signifikant (Irrtumswahrscheinlichkeit $p < 0{,}001$). Das überrascht bei den gezeigten Unterschieden und angesichts der hohen Fallzahl allerdings nicht.

Für die Frage nach der Stärke des Zusammenhangs, die für kategoriale Daten, wie sie hier vorliegen, schwieriger zu beantworten ist, soll in einem Vergleich mit anderen bivariaten Zusammenhängen eine erste Antwort gegeben werden. Als statistische Maßzahl für den Vergleich unterschiedlicher Kreuztabellen steht «Cramers-V» zur Verfügung. Der CV-Wert ist für alle Tabellen zwischen 0 und 1 normiert, wobei 0 für die Unabhängigkeit der untersuchten Variablen voneinander und 1 für einen deterministischen

Zusammenhang steht. Hohe Werte, die es erlauben würden, von einem starken oder sehr starken Zusammenhang zu sprechen, werden in der Sozialforschung sehr selten nachgewiesen. Aufgrund der Vielschichtigkeit der sozialen Welt bleiben die (behaupteten) Kausalitäten bzw. Zusammenhänge oft recht schwach.

Für den Vergleich der religionsbezogenen Variablen werden gängige Variablen zur sozialen Lage der Befragten und zu räumlichen Kontexten sowie Indikatorvariablen zur Persönlichkeit herangezogen (Tab. 4). Dazu wurden drei verschiedene Varianten von Kreuztabellen erstellt, bei denen die abhängige Variable einmal die drei Engagementniveaus, ein andermal die dichotome Variable nicht engagiert/engagiert und schließlich im dritten Fall die dichotome Variable nicht aktiv/aktiv war.

Die Tabelle und ihre Gesamtaussage erschließen sich am einfachsten, wenn man zunächst auf die Rangplätze der jeweiligen Variablen schaut. In allen drei Varianten weist die Variable Staatsbürgerschaft den höchsten CV-Wert auf, d.h. sie hat einen besonders starken Einfluss auf die Frage, ob jemand zivilgesellschaftlich engagiert ist. Der Sprung zum höheren Engagement liegt im Unterschied zwischen Schweizer Staatsbürgern und Ausländern, egal ob aus dem EU-Ausland oder aus Drittstaaten. Konstant stark ist das Persönlichkeitsmerkmal des Gesellschaftsbezugs; wer politisch interessiert ist, ist eher zivilgesellschaftlich engagiert. Auch die anderen beiden Persönlichkeitsmerkmale sind für das zivilgesellschaftliche Engagement relevant (Rang 4 und 5). Davor liegt aber das Kriterium der Religionszugehörigkeit (Rang 3) und gleichauf die religiöse Typologie (Rang 5, der doppelt besetzt ist).[66] Alle übrigen Variablen sind schwächer, viele fallen sogar unter die Schwelle von 0,1. Alles in allem kann man festhalten, dass alle Variablen nur eine vergleichsweise geringe Erklärungskraft besitzen, innerhalb der herangezogenen Variablen die religionsbezogenen Variablen nicht die stärkste Erklärungskraft haben, aber auf jeden Fall zur Spitzengruppe der fünf im bivariaten Vergleich wichtigsten Variablen bzw. Faktoren gehören. Das ist zunächst ein beachtlicher Befund, der das Interesse an Religion als einem Faktor in der Schweizer Zivilgesellschaft rechtfertigt.

66 Zum Vergleich sind auch Religiosität und Gottesdienstbesuch getrennt angegeben. Der etwas höhere CV-Wert für die religiöse Typologie signalisiert, dass sie einen kleinen Mehrwert für die Erklärung zivilgesellschaftlichen Engagements bietet.

Tabelle 4
Erklärungsfaktoren des zivilgesellschaftlichen Engagements in der Schweiz. Bivariater Vergleich

	Engagementniveaus			nicht engagiert/engagiert			inaktiv/aktiv		
	Cramer-V	Signifikanz	Rang CV	Cramer-V	Signifikanz	Rang CV	Cramer-V	Signifikanz	Rang CV
Religion									
Religionszugehörigkeit	0,125	***	(3)	0,166	***	(3)	0,137	***	(5)
Subjektive Religiosität	0,031	*		0,038	*		0,036	*	
Religiöse Praxis	0,105	***		0,113	***		0,143	***	
Typologie Religiosität	0,118	***	(5)	0,125	***	(5)	0,158	***	(3)
Lebenslage									
Geschlecht	0,100	***		0,064	***		0,100	***	
Alter	0,105	***		0,117	***		0,116	***	
Bildung	0,078	***		0,104	***		0,087	***	
Zivilstand	0,068	***		0,066	***		0,024	***	
Haushaltsgröße	0,071	***		0,088	***		0,090	***	
Berufstätigkeit	0,055	***		0,075	***		0,056	***	
Führungsposition	0,122	***	(4)	0,120	***		0,840	***	
Mobilität	0,074	***		0,070	***		0,870	***	
Staatsbürgerschaft	0,148	***	(1)	0,197	***	(1)	0,169	***	(1)
Räumlicher Kontext									
Landesteil	0,089	***		0,092	***		0,034	***	
Siedlungsart	0,089	***		0,120	***		0,091	***	
Persönlichkeit									
Introvertiertheit/ Geselligkeit	0,110	***		0,125	***	(5)	0,144	***	(4)
Vertrauensbereitschaft	0,099	***		0,136	***	(4)	0,103	***	
Gesellschaftsbezug	0,136	***	(2)	0,173	***	(2)	0,165	***	(2)

Bemerkung: *** = hoch signifikant (<= 0,001); ** = sehr signifikant (<= 0,01); * = signifikant (<= 0,05); zur «Typologie Religiosität» siehe die Ausführung im Text; zu den Variablen im Einzelnen siehe den technischen Anhang des Beitrags.
Quelle: Eigene Berechnungen und Darstellung nach FWM 2009.

Der starke Effekt der Staatsbürgerschaft veranlasst dazu, zusätzlich ein spezielles Augenmerk auf den eingangs vorgestellten Zusammenhang von Religionszugehörigkeit und Engagement zu richten. Naheliegend ist es, diesen Zusammenhang für Befragte mit und ohne Schweizer Staatsbürgerschaft zu differenzieren und getrennte bivariate Berechnungen anzustellen. Der wesentliche Befund ist, dass in einer solchen Analyse die Differenz für Reformierte und Katholiken in der Gruppe der Schweizer Staatsbürger verschwindet. Unter ihnen sind Katholiken im Datensatz sogar ein wenig stärker engagiert als Protestanten. Jedenfalls widerspricht dieser differenzierte Befund der Protestantismusthese und verschiebt das argumentative Gewicht hin zur Religionsthese.[67] Außerdem zeigt sich, dass die Unterrepräsentation für Befragte muslimischen Glaubens für Schweizer wie Nichtschweizer besteht, sich diese Unterrepräsentation für die Befragten mit einer anderen Staatsbürgerschaft aus Nicht-EU-Ländern aber nochmals drastisch verschärft.[68]

Als nicht zutreffend muss auch die dritte Hypothese zurückgewiesen werden. Weder nach Religionszugehörigkeit noch nach religiöser Typologie zeigen sich für die Häufigkeit des politischen Engagements irgendwelche Auffälligkeiten bzw. signifikante Zusammenhänge. Im Großen und Ganzen finden sich politisch Engagierte, sei es in Parteien, Interessenverbänden, Umwelt- und Menschenrechtsgruppen oder politischen Ämtern, unter allen Befragten unabhängig von deren religiösen Bindungen.

Bevor in einem multivariaten Vergleich geprüft werden soll, welche der bislang untersuchten Faktoren eine eigenständige Erklärungsleistung für das zivilgesellschaftliche Engagement allgemein beitragen und in welche Richtung diese Faktoren wirken, soll die Rolle der Motive im Zusammenspiel mit den Gruppen der Typologie für das zivilgesellschaftliche Engagement und für die Bereiche des Engagements geklärt werden.

67 Die Erklärung für den Unterschied im bivariaten Ausgangsbefund liegt also in einem sozialstrukturellen, nicht aber einem religiösen Element: Es gibt Wenige, die mit einer auswärtigen Staatsbürgerschaft als Reformierte in die Schweiz einwandern, aber vergleichsweise viele Katholiken, die dies tun. Die meisten stammen aus Italien, Portugal, Frankreich und Spanien.

68 Einzelergebnisse nicht mitgeteilt. Siehe dazu auch unten 4.5. Vgl. zum hier angesprochenen Problemkreis die detaillierten Befunde vor allem zur Mesoebene von Religion bei Martin Baumann im vorliegenden Band.

4.4. Motive: Das Geheimnis des Zusammenhalts der Zivilgesellschaft

Der FWM hat den Engagierten unter den Befragten eine Batterie von Fragen zu den Motiven ihres Engagements gestellt. Diese Fragenbatterie erlaubt einen Einblick in die Motivstrukturen des Engagements unterschiedlicher Gruppen. Für jede Antwortkategorie konnten die Befragten auf einer Skala von 0 bis 10 angeben, wie wichtig ihnen das genannte Motiv ist. Höchst aufschlussreich ist der Vergleich der Mittelwerte der Motive für die neun religiösen Typen (Abb. 6).

Religion und die Motive zivilgesellschaftlichen Engagements in der Schweiz

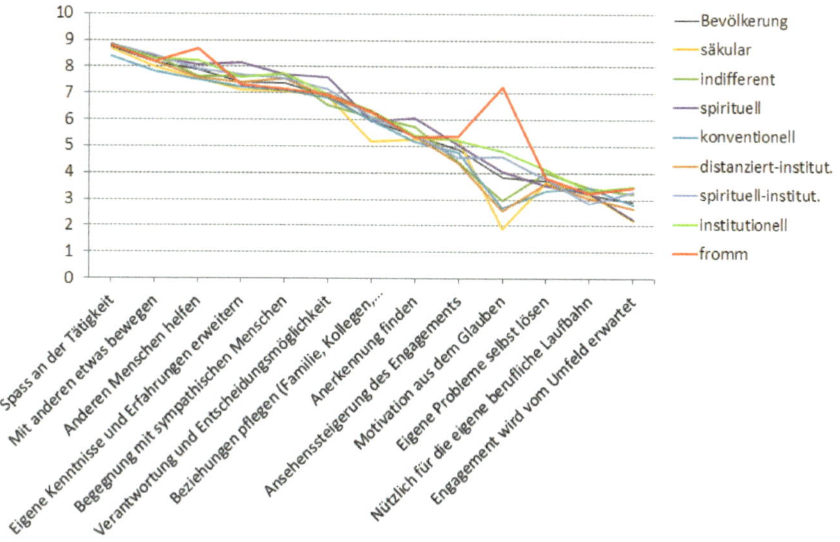

Abb. 6
Bemerkung: Mittelwerte der Zustimmung zu den einzelnen Motiven auf einer Skala von 0 bis 10 für die genannten Gruppen.
Quelle: Eigene Berechnungen und Darstellung nach FWM 2009.

Der Vergleich zeigt zwei Dinge. Erstens wird unmittelbar erkennbar, dass sich die Motivlagen zwischen den neun religiösen Gruppen bei den allermeisten Motiven nicht unterscheiden. Die Reihung nach der Höhe der Zustimmungswerte im Durchschnitt zeigt zudem, dass alle Befragten eine sehr hohe Ähnlichkeit in der Zustimmung zu den Motiven haben. Diese Ähnlichkeit über Gruppen hinweg, die sich doch in anderer Hinsicht deutlich in ihrem Tun und Selbstbild unterscheiden, dürfte eines der Erfolgsgeheimnisse der Schweizer Zivilgesellschaft sein. Wer sich in der Schweiz engagiert, trifft auf Mitmenschen, denen im Großen und Ganzen die gleichen Motive und Werte in ihrer freiwilligen Arbeit wichtig sind. Auffallend ist auch, dass sich dabei unter den wichtigsten Motiven bei allen Befragten gleichlautend sowohl eher erlebnisorientierte Motive («Spass haben») als auch zweckorientierte («mit anderen etwas bewegen») und altruistische Motive («anderen helfen») in etwa die Waage halten.

Auch der zweite Befund sticht sofort ins Auge: Bei einem Item unterscheiden sich die Gruppen deutlich. Die Wichtigkeit der «Motivation aus dem Glauben» für das zivilgesellschaftliche Engagement wird sehr unterschiedlich eingeschätzt. Einsam an der Spitze liegen hier die Frommen, den niedrigsten gemessenen Wert für das Motiv «Glauben» überhaupt geben die Säkularen an. Die übrigen Gruppen der religiösen Typologie reihen sich dazwischen ein. Erst auf den zweiten Blick sieht man, dass es eine ähnliche, aber weitaus geringere Spreizung noch bei einem anderen Motiv gibt. Die Motivation «anderen helfen» werten die Frommen überdurchschnittlich stark.

Diese partiellen Differenzen in der Motivlage dürften einen gewissen Einfluss auf die Art des ausgeübten Engagements nehmen. So liegen die Schwerpunkte des Engagements unter den Frommen in den kirchlichen Organisationen und im sozialen, karitativen und gemeinnützigen Bereich. In letzterem sind auch die Spirituellen und die Institutionellen stark engagiert. Die Säkularen hingegen sind besonders oft in Sportvereinen, kulturellen Vereinen und bei öffentlichen Diensten wie der Feuerwehr engagiert.[69]

4.5. *Potenziale: Religiöse Bindungen als eigenständiger Faktor in der Schweizer Zivilgesellschaft*

Der Testfall für die bislang vorgelegten Befunde ist, ob der Einfluss der Religion auch dann bestehen bleibt, wenn die Variablen nicht getrennt, sondern zusammen mit den übrigen Variablen in einem statistischen Modell zur Erklärung der Stärke des zivilgesellschaftlichen Engagements untersucht werden. Die Ergebnisse der logistischen Regression sind in sehr komprimierter Form in der folgenden Tabelle festgehalten (Tab. 5).[70]

69 Detailergebnisse hier nicht präsentiert.

70 Die Tabelle dient lediglich dazu, die zentralen Befunde der umfangreichen logistischen Regression anschaulicher zu präsentieren. Die vollständigen üblichen Statistiken zur logistischen Regression können der Tabelle im Anhang des Beitrags entnommen werden.

Tabelle 5
Überblick zu den Ergebnissen der logistischen Regression zum zivilgesellschaftlichen Engagement in der Schweiz

Unabhängige Variablen	Referenzkategorie (die übrigen Kategorien der Variable werden gegen diese getestet)	Anzahl der Vergleichs-kategorien in der Variable	Anzahl signifikanter Vergleichskategorien in der Variable (WALD > 3,841)	Wirkungsrichtung der Vergleichs-kategorien (in Klammern = sehr schwache Tendenz)	Signifikante Abweichung in der Variable
Religion					
Religionszugehörigkeit	keine Religionszugehörigkeit	5	4	+	Muslimisch = –
Befragte nach religiösem Typ	säkular	8	5	+	
Lebenslage					
Geschlecht	Frau	1	1	(+)	
Alter	Jugend (< 20)	6	1	0	Über 70 = –
Bildung	Obligatorische Schule	2	2	+	
Zivilstand	Nicht (mehr) verheiratet	1	1	(+)	
Haushaltsgröße	1 Person	2	0	0	
Berufstätigkeit	nicht erwerbstätig	2	0	0	
Führungsposition	Nein	1	1	+	
Mobilität/Sesshaftigkeit	Aufenthalt weniger als ein Jahr am Wohnort	4	3	+	
Staatsbürgerschaft	Schweiz	2	2	–	
Räumliche Kontexte					
Landesteil	Lateinische Schweiz	3	2	(+)	
Siedlungsart	ländliche Gemeinde	2	2	–	
Persönlichkeit					
Introvertiertheit/Geselligkeit	selten	3	3	+	
Vertrauensbereitschaft	gering	3	2	+	
Gesellschaftsbezug	gering	3	3	+	

Bemerkung: + = verstärkt das zivilgesellschaftliche Engagement; 0 = kein Effekt; - = schwächt das zivilgesellschaftliche Engagement. Zeichen in Klammern = der Effekt ist sehr schwach. Das Ergebnis des vollständigen Regressionsmodells und seiner Kennwerte wird im Anhang A.2 wiedergegeben.

Quelle: Eigene Berechnungen und Darstellung nach FWM 2009.

In der linken Spalte sind zunächst alle Variablen und ihre Zuordnung zu den vier Dimensionen des Regressionsmodells dargestellt. Das Gesamtmodell liefert im Maximum-Likelihood-Test ein hoch signifikantes Ergebnis und der Wert für den generellen Zusammenhang aller Variablen mit der dichotomen Variable zivilgesellschaftliches Engagement bzw. für die gesamte Erklärungskraft des Modells ist mittelstark. Für das Pseudo-R^2 nach McFadden wird ein Wert von 0,132 errechnet.[71]

Innerhalb eines solchen signifikanten und erklärungskräftigen Modells kann der Einfluss der einzelnen Variablen in Relation zu allen anderen Variablen untersucht werden. Dazu wird von den Kategorien jeder Variable ein Wert als Referenzkategorie bestimmt (Spalte 2), mit dem alle anderen Kategorien hinsichtlich ihrer Signifikanz (Spalte 3 und 4), Wirkungsrichtung und (indirekt) Wirkungsstärke (Spalte 5) verglichen werden. Dabei können innerhalb einer Variable einzelne Kategorien durchaus von der Gesamttendenz abweichen (Spalte 6).

Anhand des Modells wird zunächst ersichtlich, dass nicht alle Variablen gleich wichtig sind. Alter, Haushaltsgröße und Berufstätigkeit, die ja im bivariaten Vergleich einen Einfluss hatten, sind im multivariaten Modell ohne einen eigenen Einfluss, d.h. sie könnten ohne nennenswerte Informationsverluste herausgenommen werden. Sehr schwach schneiden die Variablen Geschlecht, Zivilstand, und Landesteil ab. Deutlich negativ auf die Stärke des zivilgesellschaftlichen Engagements wirken sich die Siedlungsart und die Staatsbürgerschaft aus. Ein Wohnort in der Agglomeration oder einer (Groß-)Stadt verringert das zivilgesellschaftliche Engagement. Noch deutlicher verringert die ausländische Staatsbürgerschaft letzteres. Positiv wirken sich alle Persönlichkeitsindikatoren, eine höhere Bildung und berufliche Erfahrungen in Führungspositionen aus, was auch mit den Befunden der bisherigen Forschung übereinstimmt.[72] Und schließlich zeigt das Modell, dass über alle anderen Variablen hinweg beide Religionsvariablen, die Religionszugehörigkeit und die Religionstypologie, einen eigenständigen

71 Zur Einordnung als mittelstarker Wert vgl. Diaz-Bone, Statistik, 244.

72 Vgl. Stadelmann-Steffen, Freiwilligen-Monitor, 56–58.

und positiven Einfluss auf die Höhe des zivilgesellschaftlichen Engagements selbst bei Kontrolle auf Drittvariablen behalten.[73]

4.6. Effekte: Profitiert der gesellschaftliche Zusammenhalt vom religiösen freiwilligen Engagement?

In diesem letzten Abschnitt der Analyse soll der Frage nachgegangen werden, ob – wie in Hypothese 4 behauptet – eine gewisse Kausalität und verstärkende Wirkung von der gelebten bzw. nichtgelebten Religion, wie sie in der Typologie abgebildet wird, über das zivilgesellschaftliche Engagement auf den gesellschaftlichen Zusammenhalt oder im Sinne des oben vorgestellten Wirkungsmodells auf die politische Gemeinschaft ausgeht. Für die Messung der Struktur und Reichweite dieses für die gesellschaftliche Integration als wichtig erachteten Konstrukts liegen im FWM im Prinzip keine geeigneten Daten vor. Mithilfe folgender Überlegungen soll zumindest die Plausibilität der Grundidee und eine mögliche Relevanz der in Hypothese 4 geäußerten Behauptungen in Augenschein genommen werden.

Ein wesentlicher Aspekt der politischen Gemeinschaft und der von ihr ausgehenden Integrationskraft liegt in der Reichweite dieser Gemeinschaft innerhalb einer Bevölkerung. Ganz ähnlich zur Argumentation der Notwendigkeit von *bridging social capital*, also von Netzwerkstrukturen und Vertrauensäußerungen, die über den engeren Kreis der Nahbeziehungen oder der eigenen Gruppe hinausgehen, soll angenommen werden, dass die politische Gemeinschaft umso integrationsstiftender ist, je stärker sie auf gruppenübergreifende Gemeinsamkeiten und den Einschluss von Minderheiten ausgerichtet ist.

Versuchsweise kann man die Stärke gruppenübergreifender Gemeinsamkeiten mit dem FWM mit zwei Indikatorvariablen messen. Die erste wurde gebildet aus der Differenz der Summe der Vertrauenswerte für Freunde und Verwandte sowie der Summe der Vertrauenswerte für Nachbarn und bei einer ersten Begegnung. Die Annahme ist, dass in Gesellschaften, deren politische Gemeinschaft eng definiert ist, schärfere Differenzen zwischen Nah- und Fremdvertrauen auftreten als in Ländern, in denen die politische Kultur die politische Gemeinschaft auf möglichst alle Gesellschaftsmitglie-

73 Die einzige signifikante Abweichung – eine Zugehörigkeit zu muslimischen Religionsgemeinschaften führt zu einer geringeren Wahrscheinlichkeit des zivilgesellschaftlichen Engagements im Vergleich zur Referenzkategorie «keine Religionszugehörigkeit» – weist darauf hin, dass die sehr stark negative Variable «Staatsbürgerschaft» hier mit dieser Religionsgemeinschaft interagiert.

der ausdehnt.[74] Als zweite, speziell auf das zivilgesellschaftliche Engagement bezogene Indikatorvariable, wird die Frage verwendet, ob man im Rahmen des Engagements mit Ausländerinnen und Ausländern zusammenkommt, mit denen man ansonsten «keinen Kontakt» hat.

Da eine Wirkung von Religion über das zivilgesellschaftliche Engagement auf die politische Gemeinschaft in den Blick genommen werden soll, bezieht sich die folgende Auswertung nur auf solche Befragte, die ein zivilgesellschaftliches Engagement ausüben.

Tabelle 6
Indikator «politische Gemeinschaft» (I): Vertrauensdifferenz nach religiösen Typen in %

	Gering (0 bis -4)	Mittel (-5 bis -9)	Stark (-10 und stärker)	Alle
säkular	12,7	19,1	36,4	17,2
indifferent	11,4	12,5	9,8	11,8
spirituell	5,6	4,6	2,3	4,9
konventionell	6,4	9,1	9,1	7,8
distanziert-institutionell	20,1	15,9	17,4	18,1
spirituell-institutionell	13,6	10,2	4,5	11,5
rituell	0,9	2,1	1,5	1,5
institutionell	8,8	8,4	6,8	8,5
fromm	20,5	18,1	12,1	18,8
	100%	100%	100%	100%

Bemerkung: Spaltenprozent; Die jeweilige relative Gruppengröße für die drei Vertrauensdifferenzkategorien beträgt 50%, 43% und 7%; nur Befragte, die zivilgesellschaftlich engagiert sind.
Quelle: Eigene Berechnungen und Darstellung nach FWM 2009.

74 Die Methode, mit einer Differenz zu arbeiten, zielt darauf, die unterschiedliche Vertrauensbereitschaft je nach Persönlichkeit der Befragten insofern auszugleichen, als dass die absolute Höhe der Vertrauensbekundung damit von untergeordneter Bedeutung ist.

Unter den Engagierten der Schweiz weisen rund 50% nur geringe Vertrauensunterschiede zwischen den Nahbeziehungen und dem Fremdvertrauen auf. 43% fallen in die mittlere Kategorie und 7% unterscheiden stark zwischen ihren persönlichen Beziehungen und dem Vertrauen zu ihrem weiteren Umfeld (Tab. 6). Innerhalb der durch diese drei Kategorien gebildeten Gruppen der Engagierten, sind die Engagierten nach ihrer Zugehörigkeit zu einer der neun Typen der Religionstypologie sehr unterschiedlich stark vertreten.

Tabelle 7
Indikator «politische Gemeinschaft» (II):
Kontakt zu Ausländern beim zivilgesellschaftlichen Engagement nach religiösen Typen in %

	Ja	Nein	Gesamtsumme
säkular	19,7	13,5	17,6
indifferent	10,9	12,9	11,6
spirituell	4,9	4,9	4,9
konventionell	7,6	7,7	7,6
distanziert-institutionell	18,0	18,5	18,2
spirituell-institutionell	10,6	12,5	11,3
rituell	1,7	1,4	1,6
institutionell	7,3	10,6	8,5
fromm	19,3	18,0	18,9
	100%	100%	100%

Bemerkung: Spaltenprozent; nur Befragte, die zivilgesellschaftlich engagiert sind.
Quelle: Eigene Berechnungen und Darstellung nach FWM 2009.

Dies tritt einmal mehr in einem qualitativen Unterschied zwischen den Säkularen und Frommen zutage. Die frommen Engagierten weisen eine deutlich niedrigere Vertrauensdifferenz aus, während die Säkularen in der dritten Gruppe mit einer starken Differenz ebenso deutlich überrepräsentiert sind. Die Gruppe der Distanziert-institutionellen liegt in der Mitte zwischen diesen beiden Extremen, tendiert aber insgesamt zu einer etwas niedrigeren Differenz. Diese Zahlen könnten also durchaus ein Indiz für den vermuteten verstärkenden Zusammenhang von Religion und zivilgesellschaftlichem Engagement für die systemische Integration durch eine Stärkung der politischen Gemeinschaft sein. Vorsicht ist allerdings geboten, denn für den zweiten behelfsweisen Indikator tritt ein vergleichbarer Zusammenhang nicht in Erscheinung (Tab. 7). Insgesamt haben rund 65% aller Engagierten bei ihrer Tätigkeit Kontakt zu Ausländern, die sie sonst nicht treffen. 35% haben keinen solchen Kontakt. Bei diesem Indikator weisen die Säkularen relativ zu ihrem Bevölkerungsanteil mehr Kontakte zu Ausländern auf. Alle anderen Gruppen sind aber mehr oder weniger entsprechend ihrer Größenordnung in der Gesamtbevölkerung vertreten. Signifikante Unterschiede ergeben sich daher insgesamt nicht.

5. Fazit: Religion für die Zivilgesellschaft – nicht nur in der Schweiz

Im Mittelpunkt der vorliegenden Untersuchung stand die Frage eines möglichen Zusammenhangs von Religion und zivilgesellschaftlichem Engagement in der Schweiz. Dazu wurden vier Hypothesen zu wesentlichen Aspekten formuliert. Es wurde ein positiver Zusammenhang des formellen freiwilligen Engagements mit der Art gelebter Religion, gemessen über die Typologie (H1) und mit der religiösen Motivation für ein Engagement (H2) behauptet. Speziell wurde Religion aufgrund ihrer pro-sozialen und altruistischen Orientierungen als förderlich für die Übernahme eines politischen Engagements vermutet (H3). Zusätzlich wurde angenommen, dass sich über den Einfluss der Religion auf das zivilgesellschaftliche Engagement positive Effekte für die systemische gesellschaftliche Integration einstellen (H4). Ausgehend von der Literatur wurden zudem gängige Vermutungen über die inhaltlichen Ursachen dieser potenziellen Wirkung von Religion in fünf unterschiedlichen sozialen Mechanismen verdichtet (Abschnitt 2).

Die Befunde der vorliegenden Sekundäranalyse des FWM sprechen ganz überwiegend eine klare Sprache. So hat sich die These, dass mit der gelebten Religion ein positiver Effekt auf die Höhe des zivilgesellschaftlichen Engagements ausgeht, grundsätzlich bewährt. Über alle bivariaten und multivariaten Auswertungen hinweg blieb der Effekt der religiösen Typologie signifikant und einflussreich. Allerdings war der Effekt eher schwach. Er ging vor allem von einigen Gruppen der religiösen Typen aus, nämlich den Säkularen und den Frommen. Der insgesamt schwache Effekt gilt aber auch für alle anderen Variablen des schlussendlich multivariat mit einer logistischen Regression berechneten Modells. Bis auf wenige Ausnahmen blieben alle herangezogenen Variablen einschließlich der Religion signifikant und trugen zusammen zur Verbesserung der Erklärungskraft des Modells bei. Bemerkenswert ist die Tatsache, dass relativ starke Effekte von den Indikatorvariablen für Persönlichkeitsmerkmale ausgingen. Dagegen spielten klassische Variablen zur Lebenslage, aber überraschenderweise auch zum räumlichen Kontext in der Schweiz, bestenfalls eine untergeordnete Rolle. Sehr bemerkenswert ist aber eine Ausnahme unter den Variablen zur Lebenslage: Die Frage der Staatsbürgerschaft hat einen vergleichsweise starken Einfluss auf das zivilgesellschaftliche Engagement. Staatsbürger aus EU-Ländern und vor allem aus anderen Staaten sind deutlich seltener engagiert als Schweizer, was auf eine wichtige, oft übersehene Problemzone in der Grundstruktur der Schweizer Zivilgesellschaft hindeutet.

Insgesamt fielen die berechneten multivariaten Modellverbesserungen im Ergebnis mehr oder weniger gering aus, sodass die Erklärungskraft aller Variablen auch in der Summe niedrig blieb. Für die Schweizer Zivilgesellschaft ist dies gleichwohl kein schlechter Befund, denn er bedeutet, dass sich das zivilgesellschaftliche Engagement der Schweiz insgesamt recht ausgewogen auf alle Religionen, Lebenslagen, Siedlungsgebiete und Persönlichkeitstypen verteilt.

Das Ergebnis für die Motive des zivilgesellschaftlichen Engagements nach religiösen Typen stimmt sehr gut mit diesem grundlegenden Befund überein. Überraschend einmütig fielen die Antworten zur Wichtigkeit der Motive unter den Befragten aus. So kann man festhalten, dass Personen säkularen Typs zwar grundsätzlich eine geringere Neigung zum zivilgesellschaftlichen Engagement aufweisen als Fromme, dass sich aber immer dann, wenn ein Engagement aufgenommen wird, die Motivationslagen zwischen den Gruppen im Prinzip nicht unterscheiden. Dies dürfte gleichsam das Erfolgsgeheimnis des zivilgesellschaftlichen Engagements in der Schweiz sein: Die Engagierten treffen auf Engagierte, deren Motivlagen sich kaum oder gar nicht von den eigenen unterscheiden; man versteht sich untereinander. Die wesentliche Ausnahme von diesem breiten motivationalen Konsens ist die Frage nach der Bedeutung der Religion als Motiv für ein zivilgesellschaftliches Engagement gewesen. Denn in der Aussage «Die Motivation für mein freiwilliges Engagement kommt aus meinem Glauben heraus», differierten die Typen stark und in einer erwartbaren Abstufung.

Angesichts des ansonsten breiten Konsenses in der Motivation entspricht dieses Ergebnis aber nicht ganz dem ersten Teil der zweiten Hypothese, die eine allgemeine Differenz bei den pro-sozialen und altruistischen Motiven angenommen hat. Was sich zeigt, ist aber eine gewisse Tendenz, dass mit zunehmender Wichtigkeit der gelebten Religion neben einem breiten Engagement für kirchliche Organisationen gerne auch solche Engagements übernommen werden, bei denen soziale, unterstützende und helfende Aspekte im Vordergrund stehen.

Für ein überdurchschnittliches Engagement religiöser Personen in der Politik spricht hingegen nichts. Die dritte Hypothese muss für die Schweiz als widerlegt gelten. Was in den Daten allenfalls auffällt, ist die Tatsache, dass jene, deren wichtigstes Engagement ein politisches Amt ist, an zweiter und dritter Stelle ihres freiwilligen Engagements häufig Sportvereine und kirchliche Organisationen nennen. Das ist ein plausibler Befund, denn gerade die Inhaber von Milizämtern sind für Informationen und ihre Wiederwahlchancen auf eine breite Vernetzung angewiesen. Gerade über diese beiden Bereiche der Zivilgesellschaft können sie große und zudem großenteils unterschiedliche Bevölkerungskreise erreichen.

Für die vierte Hypothese konnten allenfalls tastende Befunde beigebracht werden, denn die Messung der systemischen Integration ist generell in den Anfängen, und der FWM im Besonderen gibt in seinen verfügbaren Daten wenig her, was als Indikator herangezogen werden könnte. Es fehlt an geeigneten Maßen zur Bestimmung der Grenzen der politischen Gemeinschaft. Der Versuch, den Ein- oder Ausschluss tendenziell über ein Maß zur Stärke der Differenz des Vertrauens zwischen Nahbeziehungen und anderen Sozialbeziehungen zu erfassen, erbrachte immerhin den Befund, dass das zivilgesellschaftliche Engagement den Abstand generell verkürzt. Bezogen auf die zivilgesellschaftlich Engagierten differenziert nach religiösem Typ, zeigte sich ein auch statistisch signifikanter Unterschied mit einem bereits bekannten Muster: Die frommen Engagierten weisen wesentlich häufiger kürzere Distanzen auf als säkulare Engagierte. Zu diesem Befund passt aber nicht, dass die Messung zur Frage, ob das Engagement zu einem Kontakt mit Ausländerinnen und Ausländern führe, zu denen die Engagierten außerhalb ihrer Organisation «keinen Kontakt haben»[75], nicht in dieselbe Richtung wiesen. Dies mahnt zur Vorsicht. Aber angesichts der fehlenden bzw. wohl schlechten Indikatoren kann die Hypothese 4 derzeit

75 So die Fragestellung in FMW Q28.2.

zumindest nicht einfach verworfen werden. Hier ist Potenzial für weitere Untersuchungen mit besseren Daten.

Zuletzt ist der überraschende Befund zu würdigen, dass das Kriterium der Religionszugehörigkeit – mit und ohne Berücksichtigung der Staatsbürgerschaft – einen eigenständigen Effekt auf das zivilgesellschaftliche Engagement hat und zwar auch dann, wenn man auf den religiösen Typ hin kontrolliert. Das ist umso erstaunlicher, als die formale Religionszugehörigkeit oftmals mit einer geringen oder gar fehlenden religiösen Praxis einhergeht. So drängt sich am Schluss die Frage auf, welcher der in der Literatur angenommenen Mechanismen für die gefundenen Zusammenhänge inhaltlich stichhaltig zu sein scheint.

Offenkundig beruht der Befund der Überrepräsentation reformierter Befragter unter den Engagierten in der Schweiz auf einem Effekt, der aus der Staatsbürgerschaft herrührt. Jene Katholiken, die Schweizer Staatsbürger sind, sind sogar eher etwas stärker engagiert als reformierte Schweizer. Zumindest für die Schweiz steht die *Protestantismusthese* also auf schwachen Füßen, es sei denn man argumentiert, dass die Schweizer Katholiken quasi Krypto-Reformierte seien. Plausibler erscheint im Licht der Befunde die *Religionsthese*. Die Zugehörigkeit an sich zu einer Religionsgemeinschaft fördert das zivilgesellschaftliche Engagement. Personen ohne Religionszugehörigkeit weisen jedenfalls durchweg ein niedrigeres Engagement im Vergleich zu den Mitgliedern von Religionsgemeinschaften auf.

Die *Religiositätsthese* scheidet als Haupterklärung für die Stärke des zivilgesellschaftlichen Engagements auch in dieser Analyse aus. Anders als in der bisherigen Forschung zeigt sich aber ein moderierender Effekt, der im Rahmen der religiösen Typologie je nach Typ unterschiedlich ausfällt. Er sorgt dafür, dass die religiöse Typologie als Erklärung etwas besser taugt als der reine Bezug auf die öffentliche religiöse Praxis. Zugleich bedeutet dies aber auch, dass innerhalb der Typologie dem Faktor Gottesdienst das deutlich größere Gewicht zukommt. Die *Glaubenspraxisthese* ist und bleibt also wichtig, wenn nicht zentral. Ein wesentlicher Erkenntnisgewinn der Kombination dieser These mit der Religiositätsthese in der religiösen Typologie besteht darin, dass man anhand der Abstufungen im Engagement erkennen kann, dass es offenkundig nicht nur auf das gemeinsame Handeln in einem beliebigen Organisationsrahmen ankommt. Der *Organisationsthese* ist daher mit gewissen Vorbehalten zu begegnen. Gerade beim Segment der Frommen zeigt sich, dass erst die gemeinsame Glaubenspraxis im Zusammenspiel mit der inneren religiösen Haltung zu überdurchschnittlichen Engagementraten führt.

Im Rahmen der vorliegenden Daten konnten nur Effekte auf der Mikro- und bestenfalls ansatzweise der Makroebene analysiert werden. Berücksichtigt man die Tatsache, dass Religionsgemeinschaften und insbesondere die Landeskirchen einerseits in der Regel dezentrale Gelegenheitsstrukturen zu gemeinschaftlichen Aktivitäten und zum zivilgesellschaftlichen Engagement bieten und andererseits zugleich in vielfältiger Form in der Schweiz als politische Akteure und «Dienstleister» im Sozialstaat beteiligt sind, dürfte es naheliegen, der Mesoebene der religiösen Organisationen zukünftig in der Forschung mehr Aufmerksamkeit zu widmen. Sowohl der Umbau der Landeskirchen im Zeichen knapper werdender finanzieller Mittel als auch der wachsende Konkurrenzdruck am Markt für soziale Dienstleistungen verändert nicht nur die Sozialgestalt von Kirchengemeinden und Landeskirchen, sondern ist auch für die Schweizer Zivilgesellschaft höchst belangvoll. Im sogenannten Non-Profit-Sektor bzw. Dritten Sektor werden in religiösen Einrichtungen und Organisationen schweizweit 36 Prozent aller Arbeitsstunden von Freiwilligen geleistet. Der Gegenwert dieser Arbeit wird geschätzt mit 150 Mio. Franken pro Jahr angegeben.[76] Vielleicht sollte man den Niedergang der Kirchen und die voranschreitende Säkularisierung gesamtgesellschaftlich doch nicht ganz so auf die leichte Schulter nehmen, wie dies in der Öffentlichkeit und den Medien meist getan wird. Das wichtige Zusammenspiel von religiösen Aktivitäten und sozialer Integration auf der Mikroebene, von Religion und Dienstleistungserbringung bzw. politischer Interessenvertretung auf der Mesoebene sowie von religiösem zivilgesellschaftlichen Engagement und gesellschaftlicher Integration auf der Makroebene verdient jedenfalls die Aufmerksamkeit nicht nur der Sozialwissenschaften und Theologie, denn es ist ein Baustein und eine Ressource für das Funktionieren von Demokratie und freiheitlicher Gesellschaft nicht nur in der Schweiz.

76 Vgl. Lichtsteiner/Bächtold, Zahlen, 10; Helmig/Lichtensteiner/Gmür, Der Dritte Sektor.

Anhang

A.1 Beschreibung der in der logistischen Regression verwendeten unabhängigen Variablen nach dem Codebuch des Freiwilligenmonitors 2009

Alle Variablen sind wie in der Darstellung des Regressionsmodells in Tab. 5 im Text bzw. im Anhang A.2 angeordnet. Die Originalvariablen wurden entsprechend der in A.2 im Gesamtmodell aufgeführten Variablenausprägungen recodiert. Alle Berechnungen erfolgten unter Benutzung der im Datensatz der Umfrage zur Verfügung gestellten Gewichtungsvariable *gew_totn*. Die Konstruktion der neu gebildeten abhängigen Variable «Engagement» ist im Text beschrieben.

Religionszugehörigkeit:

Frage Sd22.1:	Welcher Kirche oder Religionsgemeinschaft gehören Sie an?
Antwortkategorien:	A Evangelisch-reformierte (protestantische); B Römisch-katholische; C Christ-katholische (altkatholisch); D Evangelikale (Freikirche); E Christlich-orthodoxe; F Andere christliche Kirche oder Gemeinschaft; G Jüdische; H Muslimische; I Buddhistische; J Hinduistische; K Andere Religionsgemeinschaft; L Keine; Weiß nicht; k.A.

Befragte nach religiösem Typ:

Frage Sd22.2:	Wie häufig nehmen Sie an Gottesdiensten teil? (Kategorien NICHT vorlesen)
Antwortkategorien:	A nie; B Nur bei Familienanlässen; C An kirchlichen Feiertagen und bei Familienanlässen; D Ein paar Mal pro Jahr; E Etwa einmal pro Monat; F Alle zwei Wochen; G Einmal pro Woche; H Mehrmals pro Woche; Weiß nicht; k.A.
Frage Sd22.3:	Unabhängig davon, wie oft Sie an Gottesdiensten teilnehmen, wie religiös schätzen Sie sich auf einer Skala von 0 bis 10 ein, wo 0 bedeutet «gar nicht religiös» und 10 bedeutet «sehr religiös»?
Antwortkategorien:	0;1;2;3;4;5;6;7;8;9;10; Weiß nicht; k.A.

Geschlecht:

Frage Sd02:	Geschlecht der befragten Person
Antwortkategorien:	A Männlich; B Weiblich

Alter:

Frage Sd01:	Was haben Sie für einen Jahrgang?
Antwortkategorien:	Offen; k.A.

Bildung:
Frage Sd21: Welches ist die höchste Ausbildung, die Sie mit einem Zeugnis oder einem Diplom abgeschlossen haben?
Antwortkategorien: A Keine Ausbildung abgeschlossen; B Ist noch in obligatorischer Schule; C Obligatorische Schule; D Anlehre (in Betrieb und Schule); E Berufslehre, BMS; F Vollzeitberufsschule (Handelsmittelschule / Lehrwerkstätte); G Berufsmaturität; H Diplommittelschule, allgemein bild. Schule (Verkehrsschule); I Maturitätsschule, Lehrseminar (alt); J 1-2-jährige Handelsschule / Haushaltslehrjahr; K Höhere Berufsausbildung mit Meisterdiplom, Eidg. Fachausweis; L Techniker. oder Fachschule (2 Jahre Voll- oder 3 Jahre Teilzeit); M Höhere Fachschule/Fachhochschule, HTL, HMV (3 Jahre Voll- oder 4 Jahre Teilzeit, Lehrseminar (neu); N Universität, ETH (Lizentiat, Diplom, Dissertation, Habilitation, Nachdiplom); O Andere Ausbildung; Weiß nicht; k.A.

Zivilstand:
Frage Sd07: Wie ist Ihr Zivilstand?
Antwortkategorien: A Ledig; B Verheiratet; C Geschieden/getrennt; E Verwitwet; Weiß nicht; k.A.

Haushaltsgröße:
Frage Sd08: Wie viele Personen leben normalerweise in Ihrem Haushalt, Sie selber mitgerechnet?
Antwortkategorien: A Anzahl Personen .....; B Weiß nicht; k.A.

Berufstätigkeit:
Frage Sd14: Sind Sie Vollzeit, Teilzeit oder nicht erwerbstätig?
Antwortkategorien: A Vollzeit; B Teilzeit; C nicht erwerbstätig; Weiß nicht; k.A.

Führungsposition:
Frage Sd17: Haben Sie eine Vorgesetztenfunktion? Wenn Rentner (Sd15 Code A): Haben Sie eine Vorgesetztenfunktion gehabt?
Antwortkategorien: Ja; Nein; Weiß nicht; k.A.

Mobilität/Sesshaftigkeit:
Frage Sd03: Wie lange leben Sie schon an Ihrem aktuellen Wohnort?
Antwortkategorien: A Seit der Geburt; B Seit mehr als 10 Jahren; C Seit 3 bis 10 Jahren; D Seit 1 bis 3 Jahren; E Weniger als 1 Jahr; Weiß nicht; k.A.

Staatsbürgerschaft:
Frage Sd05: Was ist Ihre Nationalität?
Antwortkategorien: A Schweiz; B Deutschland; C Italien; D Frankreich; E Mazedonien; F Österreich; G Kroatien; H Portugal; I Spanien; J Türkei; K Albanien; L England; M Kosovo; N Serbien; O Montenegro; Anderes nämlich: ......; Weiß nicht; k.A.

Landesteil:

Frage Sd24: Können Sie mir zum Schluss noch die Postleitzahl Ihres Wohnorts sagen? (Im Originaldatensatz schon weiterverarbeitet zur Variable *tbl_reg*)

Antwortkategorien: Offen; Weiß nicht; k.A. (Kategorien in *tbl_reg* = Französische Schweiz; Alpen/Voralpen; Westmittelland; Ostmittelland; Tessin)

Siedlungsart:

Frage Sd24: Können Sie mir zum Schluss noch die Postleitzahl Ihres Wohnorts sagen? (Im Originaldatensatz schon weiterverarbeitet zur Variable *tbl_sda*)

Antwortkategorien: Offen; Weiß nicht; k.A. (Kategorien in *tbl_reg* = Kernstadt; Agglogemeinde; isolierte Stadt; ländliche Gemeinde)

Introvertiertheit/Geselligkeit:

Frage Q01: Wie oft treffen Sie sich mit Freunden, Verwandten oder Arbeitskollegen außerhalb der Arbeit? (VORLESEN)

Antwortkategorien: A Nie; B Weniger als einmal im Monat; C Einmal pro Monat; D Mehrmals pro Monat; E einmal pro Woche; F Mehrmals pro Woche; G Jeden Tag

Vertrauensbereitschaft:

Frage Q02: Würden Sie sagen, dass man den meisten Menschen vertrauen kann, oder kann man im Umgang mit anderen Menschen nicht vorsichtig genug sein? Wenn wir eine Skala nehmen, bei der 0 bedeutet, dass man im Umgang mit anderen Menschen nicht vorsichtig genug sein kann, 10 bedeutet, dass man den meisten Leuten vertrauen kann, wo auf dieser Skala würden Sie sich selbst einschätzen?

Antwortkategorien: 0;1;2;3;4;5;6;7;8;9;10; Weiß nicht; k.A.

Gesellschaftsbezug:

Frage Q02.1: Wie sieht es denn für bestimmte Personengruppen aus. Wenn Sie wieder die Skala von 0 bis 10 nehmen, wobei 0 «gar kein Vertrauen» bedeutet und 10 «großes Vertrauen» bedeutet, wie groß ist Ihr Vertrauen gegenüber: Ihren Verwandten; Freunden; Nachbarn; Personen, denen Sie zum ersten Mal begegnen

Antwortkategorien: jeweils 0;1;2;3;4;5;6;7;8;9;10; Weiß nicht; k.A.

A.2 Gesamtmodell und Teilstatistiken der binären logistischen Regression

Zusammenfassung der Kenndaten des Gesamtmodells (n= 5879)

Likelihood-Ratio-Test des Modells

	-2 LogLikelihood	Chi-Quadrat	df	Sig.
Ausgangsmodell (nur Konstante)	7245,902			
Gesamtmodell	6279,582	966,32	48	,000

Pseudo-R-Quadrat

	Wert
Cox und Snell	0,150
Nagelkerke	0,211
McFadden	0,132

Parameterschätzungen der Kategorien der Variablen im Modell

	B	Standard-fehler	Wald	df	Sig.	Exp(B)	Unter-grenze[1]	Ober-grenze
Konstanter Term	-3,53199	,325	117,866	1	,000			
Religionszugehörigkeit								
Katholisch	,323	,104	9,608	1	,002	1,381	1,126	1,693
Evgl.-ref.	,450	,106	17,894	1	,000	1,568	1,273	1,931
Evgl. freikirchl.	1,018	,243	17,572	1	,000	2,767	1,719	4,454
Muslimisch	-1,696	,466	13,242	1	,000	,183	,074	,457
Andere Religionsgem.	,310	,276	1,256	1	,262	1,363	,793	2,343
Keine Religionszugeh.	(Referenz)							
Religiöser Typ								
indifferent	,104	,115	,823	1	,364	1,110	,886	1,390
spirituell	-,123	,152	,656	1	,418	,884	,657	1,191
gesell.-konventionell	,268	,134	3,965	1	,046	1,307	1,004	1,701
distanziert	,259	,108	5,708	1	,017	1,295	1,048	1,602
spirituell-kirchlich	,149	,122	1,473	1	,225	1,160	,913	1,475
kirchl.-rituell	,775	,301	6,618	1	,010	2,171	1,203	3,918
volkskirchlich	,286	,137	4,388	1	,036	1,332	1,019	1,741
kirchlich-fromm	,605	,118	26,216	1	,000	1,832	1,453	2,309
säkular	(Referenz)							

Geschlecht								
Mann	,184	,074	6,208	1	,013	1,201	1,040	1,388
Frau	(Referenz)							
Alter								
20-29	,202	,154	1,723	1	,189	1,223	,905	1,653
30-39	,093	,167	,309	1	,578	1,097	,791	1,522
40-49	,136	,171	,627	1	,428	1,145	,819	1,602
50-59	,086	,179	,234	1	,629	1,090	,768	1,547
60-69	-,046	,194	,056	1	,813	,955	,654	1,396
70-79	-,730	,210	12,127	1	,000	,482	,319	,727
Jugend (unter 20)	(Referenz)							
Bildung								
Sekundarstufe II (Matura u.ä.)	,251	,111	5,077	1	,024	1,285	1,033	1,598
Tertiärstufe (Univ. u.ä.)	,307	,074	17,070	1	,000	1,359	1,175	1,572
Obligatorische Schule	(Referenz)							
Zivilstand								
verheiratet	,226	,096	5,591	1	,018	1,254	1,039	1,512
nicht (mehr) verheiratet	(Referenz)							
Haushaltsgröße								
2-3 Personen	-,064	,127	,250	1	,617	,938	,732	1,204
4 und mehr Personen	,260	,147	3,120	1	,077	1,297	,972	1,731
1 Person	(Referenz)							

Berufstätigkeit								
Vollzeit	,066	,094	,484	1	,487	1,068	,888	1,284
Teilzeit	,180	,098	3,351	1	,067	1,197	,987	1,451
nicht erwerbstätig	(Referenz)							
Führungsposition								
ja	,344	,072	22,982	1	,000	1,411	1,225	1,624
nein	(Referenz)							
Mobilität/Sesshaftigkeit								
Seit der Geburt	,405	,202	4,006	1	,045	1,499	1,008	2,229
Seit mehr als 10 Jahren	,513	,192	7,097	1	,008	1,669	1,145	2,434
Seit 3 bis 10 Jahren	,388	,194	3,994	1	,046	1,474	1,008	2,157
Seit 1 bis 3 Jahren	,324	,215	2,279	1	,131	1,383	,908	2,106
Weniger als 1 Jahr	(Referenz)							
Staatsbürgerschaft								
EU	-,906	,110	67,389	1	,000	,404	,325	,502
Andere Staaten	-1,295	,210	38,198	1	,000	,274	,182	,413
Schweiz	(Referenz)							
Landesteil								
Alpen/Voralpen	,255	,092	7,758	1	,005	1,290	1,078	1,544
Westmittelland	,187	,095	3,900	1	,048	1,206	1,001	1,452
Ostmittelland	,073	,089	,664	1	,415	1,075	,903	1,280
Lateinische Schweiz	(Referenz)							

Siedlungsart								
Kernstadt/Stadt	-,528	,088	36,035	1	,000	,590	,497	,701
Agglogemeinde	-,415	,074	31,399	1	,000	,660	,571	,763
Ländliche Gemeinde	(Referenz)							
Introvertiertheit/Geselligkeit								
mehrmals pro Monat	,410	,145	8,037	1	,005	1,507	1,135	2,001
einmal pro Woche	,782	,133	34,661	1	,000	2,186	1,685	2,835
mehrmals pro Woche	1,012	,128	62,561	1	,000	2,752	2,141	3,536
gesellige Treffen selten	(Referenz)							
Vertrauensbereitschaft								
mäßig	,142	,122	1,354	1	,245	1,152	,907	1,463
hoch	,383	,113	11,516	1	,001	1,466	1,175	1,828
sehr hoch	,456	,112	16,639	1	,000	1,578	1,267	1,965
gering	(Referenz)							
Gesellschaftsbezug								
mäßig	,355	,090	15,516	1	,000	1,427	1,195	1,702
hoch	,604	,089	46,257	1	,000	1,830	1,538	2,178
sehr hoch	,843	,110	58,530	1	,000	2,324	1,872	2,884
gering	(Referenz)							

Bemerkung: 1) Unter- und Obergrenze der 95%-Konfidenzintervalle für Exp(B)

Literatur

Altermatt, Urs, Katholizismus und Moderne. Studien zur Sozialgeschichte der Schweizer Katholiken im 19. und 20. Jahrhundert, Zürich 1989.

Adloff, Frank, Zivilgesellschaft. Theorie und politische Praxis, Frankfurt a. M. 2005.

Anheier, Helmut K./Toepler, Stefan/List, Regina, Hg., International Encyclopedia of Civil Society, New York 2010.

Baumann, Martin/Stolz, Jörg, Hg., Eine Schweiz – viele Religionen. Risiken und Chancen des Zusammenlebens, Bielefeld 2007.

Bertelsmann Stiftung, Hg., Religionsmonitor 2008, Gütersloh 2007.

Bochinger, Christoph, Hg., Religionen, Staat und Gesellschaft. Die Schweiz zwischen Säkularisierung und religiöser Vielfalt, Zürich 2012.

Bruce, Steve, Secularisation and Politics, in: Haynes, Jeffery, Hg., Routledge Handbook of Religion and Politics, New York 2009, 145–158.

Casanova, José, Public Religions in the Modern World, Chicago/London 1994.

Damberg, Wilhelm, Abschied vom Milieu? Katholizismus im Bistum Münster und in den Niederlanden 1945-1980, Paderborn 1997.

Diaz-Bone, Rainer, Statistik für Soziologen, Konstanz 2006.

Esser, Hartmut, Was ist dran am Begriff der «Leitkultur»?, in: Kecskes, Robert/Wagner, Michael/Wolf, Christof, Hg., Angewandte Soziologie, FS für Jürgen Friedrichs, Wiesbaden 2004, 199–214.

Esser, Hartmut, Soziologie. Spezielle Grundlagen, Bd. 2: Die Konstruktion der Gesellschaft, Frankfurt a. M. 2000.

Freitag, Markus, Hg., Freiwilligen-Monitor Schweiz 2016, Zürich 2016.

Freitag, Markus, Hg., Das soziale Kapital der Schweiz, unter Mitarbeit von Kathrin Ackermann et al., Zürich 2014.

Gabriel, Karl, Zwischen Säkularisierung, Individualisierung und Entprivatisierung. Zur Widersprüchlichkeit der religiösen Lage heute, in: Walf, Knut, Hg., Erosion. Zur Veränderung des religiösen Bewusstseins, Luzern 2000, 9–28.

Gabriel, Karl/Höhn, Hans-Joachim, Hg., Religion heute – öffentlich und politisch. Provokationen, Kontroversen, Perspektiven, Paderborn 2008.

Graf, Friedrich Wilhelm, Die Wiederkehr der Götter. Religion in der modernen Kultur, München 2004.

Große Kracht, Hermann Josef, Kirche in ziviler Gesellschaft. Studien zur Konfliktgeschichte von katholischer Kirche und demokratischer Öffentlichkeit, Paderborn 1997.

Gärtner, Christel, Die Rückkehr der Religion in der politischen und medialen Öffentlichkeit, in: Gabriel, Karl/Höhn, Hans-Joachim, Hg., Religion heute – öffentlich und politisch. Provokationen, Kontroversen, Perspektiven, Paderborn 2008, 93–108.

Helmig, Bernd/Lichtsteiner, Hans/Gmür, Markus, Hg., Der Dritte Sektor der Schweiz. Die Schweizer Länderstudie im Rahmen des Johns Hopkins Comparative Nonprofit Sector Project (CNP), Bern 2010.

Herb, Karlfriedrich/Hidalgo, Oliver, Alexis de Tocqueville, Frankfurt a. M. 2005.

Huber, Stefan, Zentralität und Inhalt. Ein neues multidimensionales Messmodell der Religiosität, Wiesbaden 2003.

Joas, Hans, Glaube als Option. Zukunftsmöglichkeiten des Christentums, Freiburg i. Br./Basel/Wien 2012.

Kleemann, Georg M., Die Öffentlichkeitsrelevanz von Kirche und Theologie, in: Gabriel, Karl/Höhn, Hans-Joachim, Hg., Religion heute – öffentlich und politisch. Provokationen, Kontroversen, Perspektiven, Paderborn 2008, 175–192.

Kocka, Jürgen, Zivilgesellschaft in historischer Perspektive, in: Forschungsjournal Neue Soziale Bewegungen 16(2003), 29–37.

Könemann, Judith, Weder «Staat» noch «Privat». Zur Rolle der Kirchen in zivilgesellschaftlicher Öffentlichkeit, in: Orientierung 70(2006), 202–207.

Krause, Boris et al., Religiosität und Kirchlichkeit im Spiegel soziologischer Theorie und Empirie. Studie im Auftrag der Pastoralkommission der Deutschen Bischofskonferenz, Berlin 2009.

Krech, Volkhard, Wo bleibt die Religion? Zur Ambivalenz des Religiösen in der modernen Gesellschaft, Bielefeld 2011.

Lichtsteiner, Hans/Bächtold, Stefan, Neueste Zahlen zur Freiwilligenarbeit in der Kirche, in: bulletin. Das Magazin des SEK 2010, H.3, 8-10.

Liedhegener, Antonius, Art. Churches and Denominations, in: Anheier, Helmut K./Toepler, Stefan/List, Regina, Hg., International Encyclopedia of Civil Society, New York 2010, 133–138.

Liedhegener, Antonius, Religion, Bürgergesellschaft und Pluralismus. Gesellschaftliche und politische Integration aus der Perspektive demokratischer politischer Systeme, in: Arens, Edmund, Hg., Integration durch Religion? Geschichtliche Befunde, gesellschaftliche Analysen, rechtliche Perspektiven, Zürich/Baden-Baden 2014, 63–84.

Liedhegener, Antonius, Religion in Zivilgesellschaft, Öffentlichkeit und Politik in demokratischen politischen Systemen. Sechs Fallbeispiele und ein heuristisches Modell der empirischen politischen Theorie, in: Könemann, Judith/Wendel, Saskia, Hg., Religion, Öffentlichkeit, Moderne. Transdisziplinäre Perspektiven, unter Mitarbeit von Martin Breul, Bielefeld 2016, 93–127.

Liedhegener, Antonius/Werkner, Ines-Jacqueline, Religion, Zivilgesellschaft und politisches System – ein offenes Forschungsfeld, in: Liedhegener, Antonius/Werkner, Ines-Jacqueline, Hg., Religion zwischen Zivilgesellschaft und politischem System. Befunde – Positionen – Perspektiven, Wiesbaden 2011, 9–36.

Linz, Juan J./Stepan, Alfred, Problems of Democratic Transition and Consolidation. Southern Europe, South America, and Post-Communist Europe, Baltimore/London 1996.

Nolte, Paul, Religion und Bürgergesellschaft. Brauchen wir einen religionsfreundlichen Staat?, Berlin 2009.

Pickel, Gert, Religionssoziologie. Eine Einführung in zentrale Themenbereiche, Wiesbaden 2011.

Pickel, Gert/Gladkich, Anja, Säkularisierung, religiöses Sozialkapital und Politik – Religiöses Sozialkapital als Faktor der Zivilgesellschaft und als kommunale Basis subjektiver Religiosität?, in: Liedhegener, Antonius/Werkner, Ines-Jacqueline, Hg., Religion zwischen Zivilgesellschaft und politischem System. Befunde – Positionen – Perspektiven, Wiesbaden 2011, 81–109.

Pollack, Detlef, Still alive – das Säkularisierungsparadigma, in: Liedhegener, Antonius/Tunger-Zanetti, Andreas/Wirz, Stephan, Hg., Religion – Wirtschaft – Politik. Forschungszugänge zu einem aktuellen transdisziplinären Feld, Zürich/Baden-Baden 2011, 41–60.

Pollack, Detlef, Kirche zwischen Staat und Zivilgesellschaft: Überlegungen zum gesellschaftliche Ort der Kirchen in der Bundesrepublik Deutschland, in: Strachwitz, Rupert Graf, Hg., Kirche zwischen Staat und Zivilgesellschaft (Maecenata Institut, Nr. 9), Berlin 2002, 21–41.

Pollack, Detlef/Müller, Olaf/Pickel, Gert, Church and Religion in the Enlarged Europe: Analyses of the Social Significance of Religion in East and West, in: Pollack, Detlef/Müller, Olaf/Pickel, Gert, Hg., Social Significance of Religion in the Enlarged Europe. Secularization, Individualization and Pluralization, Farnham/Burlington 2012, 1–26.

Pollack, Detlef/Rosta, Gergely, Religion in der Moderne. Ein internationaler Vergleich, Frankfurt a. M./New York 2015.

Putnam, Robert D., Bowling Alone. The Collapse and Revival of American Community, New York et al., 2000.

Putnam, Robert D., Bowling Alone: America's Declining Social Capital, in: Journal of Democracy 6(1995), 64–78.

Putnam, Robert D./Campbell, David E., American Grace. How Religion Divides and Unites US, with the Assistance of Shaylyn Roney Garrett, New York et al. 2010.

Reimann, Werner/Büchi, Andrea, Schweizer Freiwilligensurvey 2009 – Methodenbericht, Adligenswil 2010.

Riesebrodt, Martin, Die Rückkehr der Religionen. Fundamentalismus und der «Kampf der Kulturen», München 2000.

Roßteutscher, Sigrid, Religion, Organisationsstrukturen und Aktivbürger – oder: Ist der Protestantismus demokratischer als der Katholizismus?, in: Liedhegener, Antonius/Werkner, Ines-Jacqueline, Hg., Religion zwischen Zivilgesellschaft und politischem System. Befunde – Positionen – Perspektiven, Wiesbaden 2011, 110–137.

Roßteutscher, Sigrid, Religion, Zivilgesellschaft, Demokratie. Eine international vergleichende Studie zur Natur religiöser Märkte und der demokratischen Rolle religiöser Zivilgesellschaften, Baden-Baden 2009.

Rüsen, Jörn, Zivilgesellschaft und Religion – Idee eines Verhältnisses, in: Augustin, Christian/Wienand, Johannes/Winkler, Christiane, Hg., Religiöser Pluralismus und Toleranz in Europa, Wiesbaden 2007, 249–259.

Stadelmann-Steffen, Isabell/Traunmüller, Richard/Gundelach, Birte/Freitag, Markus, Freiwilligen-Monitor Schweiz 2010, Zürich 2010.

Stark, Rodney, Secularization, R.I.P., in: Sociology of Religion 60(1999) H.3, 249–265.

Stark, Rodney/Finke, Roger, Acts of Faith. Explaining the Human Side of Religion, Berkely /Los Angeles 2000.

Stadelmann-Steffen, Isabell/Traunmüller, Richard/Gundelach, Birte/Freitag, Markus, Freiwilligen-Monitor Schweiz 2010, Zürich 2010.

Stolz, Jörg et al., Religion und Spiritualität in der Ich-Gesellschaft. Vier Gestalten des (Un-)Glaubens, St. Gallen 2014.

Tocqueville, Alexis de, Über die Demokratie in Amerika, aus dem Französischen neu übertragen von Hans Zbinden, 2 Teile, Zürich 1987 (frz. 1835/1840).

Traunmüller, Richard, Religion und Sozialkapital. Ein doppelter Kulturvergleich, Wiesbaden 2012.

Traunmüller, Richard, Religion und Sozialintegration. Eine empirische Analyse der religiösen Grundlagen sozialen Kapitals, in: Berliner Journal für Soziologie 19(2009) H.3, 435–468.

van Deth, Jan W., Measuring Social Capital, in: Castiglione, Dario/ders./Wolleb, Guglielmo, Hg., Handbook of Social Capital, New York 2008, 150–176.

Vortkamp, Wolfgang, Integration – ja, aber wie?, in: Die Neue Gesellschaft/Frankfurter Hefte (2011) H.7/8, 86–91.

Westle, Bettina/Gabriel, Oscar W., Hg., Sozialkapital. Eine Einführung, Baden-Baden 2008.

Autoren

Edmund Arens, geb. 1953, Prof. Dr. theol. habil.; studierte katholische Theologie und Philosophie an den Universitäten Münster und Frankfurt. 1982 Promotion, 1989 Habilitation für Fundamentaltheologie an der Universität Münster; 1991–1996 Heisenberg-Stipendiat der Deutschen Forschungsgemeinschaft; 1992 Gastprofessur am Union Theological Seminary (New York); seit 1996 Professor für Fundamentaltheologie an der Universität Luzern. Forschungsschwerpunkte: Politische Theologie, theologische Handlungstheorie, Öffentliche Theologie, Religionstheorie und Religionstheologie. Neuere Veröffentlichungen: Gottesverständigung. Eine kommunikative Religionstheologie, Freiburg 2007; Hg., Zeit denken. Eschatologie im interdisziplinären Diskurs, Freiburg 2010; Hg., Gegenwart. Ästhetik trifft Theologie (QD 246), Freiburg 2012; Mithg., Integration durch Religion? Geschichtliche Befunde, gesellschaftliche Analysen, rechtliche Perspektiven (Religion – Wirtschaft – Politik Bd. 10), Zürich/Baden-Baden 2014.

Martin Baumann, geb. 1960, ist seit 2001 Professor für Religionswissenschaft an der Kultur- und Sozialwissenschaftlichen Fakultät und seit 2010 Prorektor Forschung der Universität Luzern. Er promovierte 1993 an der Universität Hannover mit einer Studie zu Buddhisten und buddhistischen Gemeinschaften in Deutschland und habilitierte sich 1999 an der Universität Leipzig mit einer Arbeit zu Diaspora und Hindus auf Trinidad. Er lehrt und forscht zu Migration, Religion und gesellschaftliche Integration, Diaspora und Religionspluralität sowie buddhistischen und hinduistischen Traditionen im Westen. Laufende Forschungsprojekte sind «Kuppel – Tempel – Minarett. Religiöse Bauten zugewanderter Religionen in der Schweiz» (www.unilu.ch/ktm) und «Imame, Rapper, Cybermuftis. Muslimische jugendliche und islamische Autorität» (www.unilu.ch/imracry). Neuere Veröffentlichungen: Becoming a CSO, a Civil Society Organisation? Dynamics of Religious Diaspora Communities in Civil Society and Public Space, in: Nordic Journal of Religion and Society, 27, 2, 2014, 113–130; Ko-Autor, Der Hindutempel in Trimbach. Von der Idee bis zur Einweihung, Luzern 2014; Ko-Autor, Jung, muslimisch, schweizerisch. Muslimische Jugendgruppen, islamische Lebensführung und Schweizer Gesellschaft. Ein Forschungsbericht, Luzern, 2013.

Antonius Liedhegener, geb. 1963, ist Professor für Politik und Religion am Zentrum für Religion, Wirtschaft und Politik (ZRWP) an der Universität Luzern. Studium der Geschichtswissenschaft und Katholischen Theologie an der Westfälischen Wilhelms-Universität Münster und der University of Southampton. Promotion in Geschichte in Münster, Habilitation in Politikwissenschaft an der Friedrich-Schiller-Universität Jena. Langjähriges Mitglied des Sprecherrats des DVPW-Arbeitskreises «Politik und Religion/politics and religion». 2012 Fellow am Max-Weber-Kolleg der Universität Erfurt. Neuere Veröffentlichungen: Religion in Zivilgesellschaft, Öffentlichkeit und Politik in demokratischen politischen Systemen. Sechs Fallbeispiele und ein heuristisches Modell der empirischen politischen Theorie, in: Könemann, Judith/Wendel, Saskia, Hg., Religion, Öffentlichkeit, Moderne. Transdisziplinäre Perspektiven, unter Mitarbeit von Martin Breul, Bielefeld 2016, 93–127; Verstehen und Erklären in der empirischen politikwissenschaftlichen Religionsforschung. Plädoyer für einen begründeten methodologischen Pluralismus, in: Politische Vierteljahresschrift 56(2015) H.4, 682–693 (zusammen mit Daniel Thieme, Jena); Politik und Religion in der Vergleichenden Politikwissenschaft, in: Lauth, Hans-Joachim/Kneuer, Marianne/Pickel, Gert, Hg., Handbuch Vergleichende Politikwissenschaft, Wiesbaden 2016 (Online verfügbar unter http://link.springer.com/referencework/10.1007/978-3-658-02993-7, Druck im Erscheinen); Mithg., Integration durch Religion? Geschichtliche Befunde, gesellschaftliche Analysen, rechtliche Perspektiven (Religion – Wirtschaft – Politik Bd. 10), Zürich/Baden-Baden 2014.

Zeitfracht Medien GmbH
Ferdinand-Jühlke-Straße 7
99095 Erfurt, Deutschland
produktsicherheit@kolibri360.de